中国自由贸易试验区
提升发展蓝皮书

主　编◎李光辉

中国商务出版社

·北京·

图书在版编目（CIP）数据

中国自由贸易试验区提升发展蓝皮书／李光辉主编
. --北京：中国商务出版社，2023.12
ISBN 978-7-5103-4938-6

Ⅰ.①中… Ⅱ.①李… Ⅲ.①自由贸易区—经济发展
—研究报告—中国 Ⅳ.①F752

中国国家版本馆 CIP 数据核字（2023）第 232418 号

中国自由贸易试验区提升发展蓝皮书

主　编◎李光辉

出版发行：中国商务出版社有限公司
地　　址：北京市东城区安定门外大街东后巷 28 号　邮　　编：100710
网　　址：http://www.cctpress.com
联系电话：010—64515150（发行部）　　010—64212247（总编室）
　　　　　010—64515164（事业部）　　010—64248236（印制部）
责任编辑：云　天
排　　版：北京天逸合文化有限公司
印　　刷：宝蕾元仁浩（天津）印刷有限公司
开　　本：787 毫米×1092 毫米　1/16
印　　张：22.5　　　　　　　　　　　　字　　数：332 千字
版　　次：2023 年 12 月第 1 版　　　　　印　　次：2023 年 12 月第 1 次印刷
书　　号：ISBN 978-7-5103-4938-6
定　　价：79.00 元

本书编委会

主　编　李光辉

副主编　陆善勇　梁运文　黄立群

编委会　(按姓氏笔画顺序)

王玉洁　韦倩青　龙桂杰　田国君　毕雨沁

刘　敏　李俞沁　张亚威　陈伟宏　周荣生

莫光辉　黄菀馨

前　言

　　建设自由贸易试验区是以习近平同志为核心的党中央在新时代推进改革开放的一项重要战略举措，在我国改革开放进程中具有里程碑意义。党的十八大以来，我国先后部署设立22个自由贸易试验区，形成了覆盖东西南北中的试点格局，推出了一大批高水平制度创新成果，建成了一批世界领先的产业集群，为高质量发展作出了重要贡献。2022年，党的二十大报告首次提出要实施自由贸易试验区提升战略，这是新时代新征程上我国推进高水平对外开放的重大举措，对加快构建新发展格局，着力推进我国经济高质量发展意义重大。

　　中国（广西）自由贸易试验区研究院自成立以来，一直把我国自由贸易试验区建设的体制机制创新、先行先试、制度型开放等内容作为研究对象，在党的二十大报告提出实施自由贸易试验区提升战略之后，中国（广西）自由贸易试验区研究院研究团队随即展开中国自由贸易试验区提升发展的理论与实践研究，从中国自由贸易试验区提升发展的背景、研究进展、总体思路、重点内容等方面展开分析和探索，构建了一套中国自由贸易试验区提升发展的综合绩效评价指标体系，包含了制度创新能力提升、风险防控能力提升、示范复制推广力度、营商环境优化、开放辐射联动能力提升5个一级指标，这也成为本蓝皮书的第一篇——理论篇。

　　基于上述理论分析框架，本蓝皮书在国家批复同意的各批次自贸试验区中挑选了一些具有代表性的自贸试验区，梳理总结了它们的提升发展战略、提升发展行动、取得成效及存在问题，并提出下一步提升发展建议，形成本蓝皮书的第二篇——区域篇。第三篇——沿边片区篇重点总结了广西、云南、黑龙江 3 个省区的自由贸易试验区片区的发展成效。在此基础上，本蓝皮书选取了在制度创新水平、沿边开放发展水平、服务国家战略能力、带动区域发展能力、产业特色与质量、要素聚集能力、营商环境水平等七大方面提升发展的典型案例，形成本蓝皮书的第四篇——典型案例篇，以期总结中国自由贸易试验区提升发展的经验，为后续自贸试验区提升战略的进一步实施提供借鉴。

本蓝皮书在编写过程中，中国（广西）自由贸易试验区南宁片区管理委员会、中国（广西）自由贸易试验区崇左片区管理委员会、中国（广西）自由贸易试验区钦州港片区管理委员会、中国（云南）自由贸易试验区昆明片区管理委员会、中国（云南）自由贸易试验区红河片区管理委员会、中国（云南）自由贸易试验区德宏片区管理委员会、中国（黑龙江）自由贸易试验区哈尔滨片区管理委员会、中国（黑龙江）自由贸易试验区黑河片区管理委员会、中国（黑龙江）自由贸易试验区绥芬河片区管理委员会、中国（广东）自由贸易试验区广州南沙新区片区管理委员会、中国（山东）自由贸易试验区济南片区管理委员会、中国（安徽）自由贸易试验区芜湖片区管理委员会等给予了相关参考材料支持，特此鸣谢。

由于时间有限，书中难免有不足之处，敬请读者指正。

作　者

2023 年 11 月

目　录

理论篇

区域篇

沿边片区篇

典型案例篇

理论篇

第一章 中国自由贸易试验区提升发展的理论分析

建设自由贸易试验区，是以习近平同志为核心的党中央在新时代推进改革开放的一项战略举措，在我国改革开放进程中具有里程碑意义。自2013年9月建立中国（上海）自由贸易试验区以来，我国先后设立22个自由贸易试验区和海南自由贸易港，形成了覆盖东西南北中的试点格局。十年来，各自由贸易试验区坚持大胆试、大胆闯、自主改，围绕开放高地、制度创新、风险防控、服务国家战略和复制推广五大功能，以制度创新为核心任务，以防控风险为主要底线，以开放促改革、促发展，加快政府职能转变，扩大投资、货物贸易、服务贸易领域开放，创新投资管理体制、贸易监管制度和金融制度，完善法治和政策保障，率先建立同国际经贸通行规则相衔接的制度体系，把自贸试验区建设成为投资贸易自由、规则开放透明、监管公平高效、营商环境便利的国际高标准自由贸易园区，以准入前国民待遇加负面清单为核心的外商投资管理体制已经实现，以国际贸易"单一窗口"为基础的货物贸易监管体系已经建立，以"放管服"改革为特征的现代化政府治理体系初步建立，以自由贸易账户为代表的金融领域开放创新举措持续推出，以服务国家战略为根本的对外开放区域布局不断优化，建成了一批世界领先的产业集群，向世界亮明了"中国开放的大门只会越来越大"的鲜明态度。党的二十大报告提出，"加快建设海南自由贸易港，实施自由贸易试验区提升战略"。实施自由贸易试验区提升战略，有利于对标高标准国际经贸规则，在国际竞争中提升企业核心竞争力，有利于充分运用国际国内两个市场、两种资源，在开放合作中实现经济质升量增。党的二十大部署实施自由贸易试验区提升战略，将自由贸易试验区建设提高到战略层面，赋予了自由贸易试验区更加重大的历史使命。

第一节　中国自由贸易试验区提升发展的背景

一、十年来自贸试验区建设成就显著

（一）制度创新成果丰硕

截至 2023 年，21 个自贸试验区累计有 302 项制度创新成果得以复制推广[①]，包括以国务院发函等方式集中复制推广的自贸试验区改革试点经验共 7 批、合计 167 项，由国务院自贸试验区工作部际联席会议办公室（设在商务部）总结印发供各地借鉴的"最佳实践案例"共 4 批、合计 61 个，各部门自行复制推广的改革试点经验 74 项。这些成果既有准入前国民待遇加负面清单管理模式、跨境服务贸易负面清单、国际贸易"单一窗口"等根本性的制度变革，也有围绕海关通关一体化等领域的系统性制度创新，还有工程建设项目审批等领域的全流程制度优化。地方层面形成的制度创新成果更多，据不完全统计，省级层面复制推广的制度创新成果达 4000 余项。

（二）开放型经济有实效

《中国自由贸易试验区发展报告（2023）》指出，2022 年，21 个自贸试验区实际使用外资 2225.2 亿元，占全国的 18.1%。其中，高技术产业实际使用外资 863.4 亿元，同比增长 53.2%。21 个自贸试验区实现进出口总额 7.5 万亿元，同比增长 14.5%，占全国的 17.8%。据商务部自贸区港司数据，2023

[①]　2023 年 11 月 1 日，新疆自贸试验区揭牌成为我国第 22 个自贸试验区。此数据只统计到 2023 年，故此处仍为 21 个自贸试验区。

年上半年，21 个自贸试验区实际使用外资 1300 亿元，同比增长 8.2%，高出全国平均水平 10.9 个百分点。总体来看，21 个自贸试验区以不到千分之四的国土面积，实现了占全国 18.4% 的外商投资和 18.6% 的进出口总额。可见，自贸试验区在扩大贸易投资规模、优化贸易投资结构方面有着积极作用，有利于促进我国开放型经济体制更高水平发展。

（三）更好服务国家战略

自贸试验区的根本原则就是服务国家战略。从分批设立的 22 个自贸试验区建设总体方案及其试点任务来看，也明显体现出服务国家重大发展战略的布局意图。这些国家战略包括西部大开发、振兴东北老工业基地、中部地区崛起、京津冀协同发展、长江经济带发展、粤港澳大湾区建设、长三角一体化发展、黄河流域生态保护和高质量发展、"一带一路"倡议等。

（四）助力产业高质量发展

自贸试验区立足自身资源禀赋，打造市场化、法治化、国际化营商环境，优化要素配置与供给，形成了油气、新能源、生物医药等一批世界领先的产业集群。此外，自贸试验区在区域协同、跨境合作等方面也进行了积极探索。例如，沿边自贸试验区基于"沿边+跨境"的区位特色，抢抓 RCEP 机遇，统筹利用国内国际两个市场、两种资源，与周边国家开展跨境产能合作，推进产业链供应链的跨境布局。发展至今，我国自贸试验区在制度型开放创新上取得一系列收获的基础上，培育了一系列外向型高端产业集群，推动了国民经济和跨境贸易、投资的高质量发展。当前，我国迈入了提升自贸试验区建设的新的历史阶段，要求各自贸试验区围绕制度型开放，推进最佳实践试点，充分发挥改革开放综合试验平台的作用。

二、国际经贸形势转变要求自贸试验区必须提升发展

（一）中美战略博弈加剧

2018 年美国两党经过多年争论正式达成共识，将中国定位为"首要战略

竞争对手"，组建遏制围堵中国的国际联盟。美国从"重返亚太"到推行"印太战略"，组建美日印澳"四方安全对话"机制和启动"印太经济框架谈判"，试图改变中国周边的战略环境。与此同时，美国组建芯片联盟，在国际上推动"去中国化"和选择性"脱钩"，加上新冠疫情冲击全球供应链的稳定性，导致供应链短链化和区域化。美国的遏制政策对我国产业升级造成严重的负面冲击，跨国企业为保证供应链韧性推行"中国+1"模式，加速供应链与价值链重构，中国面临产业外迁和转移的巨大压力。在原材料和劳工成本持续上升的情况下，需要自贸试验区从制度层面降低企业的制度交易成本，改善我国营商环境。

（二）全球经济区域化与全球治理碎片化

全球大国竞争从经济之争转变为规则之争、制度之争和主导权之争。全球治理体系加速演变，国际经贸规则加速重构。2018年以来，《全面与进步跨太平洋伙伴关系协定》（CPTPP）、《欧盟—日本经济伙伴关系协定》（EJEPA）、《美墨加三国协议》（USMCA）等高标准区域贸易协定相继达成生效，正在引领新一轮国际经贸规则重构，形成"货物—服务—投资"三位一体的国际经贸新规则体系。这些区域贸易协定具有全面性与高标准性、排他性和保护性、对等开放与公平贸易、边境内规制融合、以价值观和意识形态划线阵营化为核心等重要特征。以美国为首的西方国家正在将这些新规则推向美国—欧盟贸易与技术理事会（TTC）、印太经济框架（IPEF）以及世界贸易组织（WTO）等多边贸易体系。这些国际经贸新规则在货物贸易、服务贸易、投资规则、国有企业、数字贸易、劳工标准、竞争中性、知识产权保护、环境保护、市场经济导向等方面，拉大与我国规则的差距与分歧。而制度差异已经成为我国对外制度碰撞与摩擦的重要根源，如果不能适应国际经贸规则的新一轮重构，我国国际经贸环境将迅速恶化，发展的国际空间也将受到严重挤压。维护稳定的国际经贸环境，需要对标国际先进规则，推动制度型开放，对外构建高标准开放型经济体系，对内构建高质量市场经济制度，且具有高度紧迫性。

三、新开放格局构建对自贸试验区发展提出了更高要求

党的二十大报告对如何实施更大范围、更宽领域、更深层次对外开放，提出了明确的要求。更大范围对外开放，既要继续坚持对发达国家的开放，更要扩展对发展中国家的开放，还要优化国内对外开放的区域布局。更宽领域对外开放，既要继续坚持扩大制造业开放，也要扩大服务业开放。更深层次对外开放，既要扩大边境开放，推动贸易投资自由化便利化，也要推进边境内开放，以制度型开放推进构建更高水平开放型经济新体制。这一全新开放格局，对自贸试验区的发展提出了更高要求。

李强总理指出，面向未来，自贸试验区要在新起点上大力实施提升战略，形成更多引领性、标志性制度创新成果，打造更多高能级开放平台，壮大现代产业发展新动能，以高水平开放促改革、促发展。要把"提升"的着力点放在对接高标准国际经贸规则、推进制度型开放上，坚持试点先行，重点在实现货物贸易更高水平自由便利、引领服务贸易创新发展、深化重点领域改革开放、探索构建跨境数据管理新模式、对接"边境后"规则等方面积极试点。要坚持上下联动，加强组织实施，分批有序推进，提高工作穿透力，形成推进自贸试验区建设强大合力。

四、实施自贸试验区提升战略是自贸试验区建设再上新台阶的内在要求

随着各自贸试验区试验任务的逐步完成，亟须通过实施自贸试验区提升战略，统筹考虑和深入研究新试验任务的制定与实施问题，研究进一步发挥自贸试验区作为改革开放综合试验平台作用的路径和方式。对于没有自贸试验区的省份，也亟须通过新设自贸试验区贯彻国家实施自贸试验区提升战略的有关要求，以推动自贸试验区改革开放在更大范围内开展风险测试和压力测试，在更大范围释放自贸试验区改革开放红利，在新时代新征程上推动自贸试验区建设再上新台阶。

第二节   中国自由贸易试验区提升发展的研究进展

一、自贸试验区发展面临的问题

裴长洪、全毅等学者认为世界经济增长率趋于下滑，我国对外贸易、吸引外资受到外部环境的影响；逆全球化思潮涌动，贸易保护主义、单边主义盛行；新冠疫情和俄乌冲突对世界经济贸易冲击严重（裴长洪，2023；全毅，2023）。

裴长洪、全毅等学者认为在自贸试验区改革试验方面缺乏自主权，制度创新协调成本高（全毅，2021），自贸试验区的改革试验自主权还不够大，影响了改革试验的深入进行和制度创新的系统集成（裴长洪，2023）；功能定位出现偏差，深层次的体制机制创新有待突破（全毅，2021）；对标 CPTPP 等高标准经贸协定规则，扩大开放进程相对缓慢（全毅，2021）。各自贸区产业能级发展不平衡；自贸试验区的运转与国家战略的契合衔接不够（裴长洪，2023）。

崔卫杰认为实施自贸试验区提升战略要破解的主要难题有：因获得感不强而致使某些改革创新事项搁置的问题；因缺乏有效激励约束机制而推进动力不足的问题；因对系统集成认识不足而以"碎片化"否认制度创新成效的问题（崔卫杰，2023）。

朱福林认为自贸试验区面临的主要问题有：顶层设计不足导致管理机制不畅；高价值制度创新较为缺失；重大开放风险压力测试不足；对接国际经贸规则发展前沿存在一定的差距等（朱福林，2021）。

二、自贸试验区提升发展的路径

裴长洪认为自贸试验区提升发展要正确认识和分析世界经济形势，危中有机，危可转机，挑战前所未有，应对好了，机遇也就前所未有。转变思路，实施创新驱动，以构建新发展格局理念作为自贸区改革试验和建设的指导思想。赋予自贸试验区更大的改革自主权，坚持稳中求进，扎实推进自贸试验区的改革试验。有序扩大服务业对外开放，稳慎推进人民币国际化。推进贸易创新发展，促进贸易强国建设。建立与双边自由贸易区、共建"一带一路"以及国家外交战略的契合点，形成同频共振，增强联动效应（裴长洪，2023）。

全毅认为自贸试验区提升发展应对接国家新发展战略和创新型国家体制建设，继续扩大开放；对标新一代国际高标准经贸规则，进行开放压力测试；加强制度的系统集成创新，增强改革的整体性与协调性；创新自贸试验区运行机制，发挥中央部委与地方政府的积极性（全毅，2023）。

崔卫杰认为自贸试验区提升发展应聚焦六大主要任务：一是提升制度创新能级，加快构建高水平社会主义市场经济体制；二是提升服务产业能级，推动建设现代化产业体系；三是提升区域协调能级，促进区域协调发展；四是提升开放发展能级，引领高水平对外开放；五是提升联动发展能级，充分发挥自贸试验区辐射带动作用；六是提升安全发展能级，统筹开放与安全（崔卫杰，2023）。

朱福林认为自贸试验区提升发展应进一步完善顶层设计，畅通管理机制；加大放权力度，构建容错纠错机制，鼓励大胆探索制度创新和压力测试；积极对接国际经贸新规则，校准"边境后"管理体制（朱福林，2021）。

仲伟东、李江涛认为应精准实施错位竞争策略，优化自贸区布局；构建基于要素流动的制度集成创新，增强发展协同性；推进政府机构职能优化，推动治理创新（仲伟东、李江涛，2022）。

赵福军认为应在以下6个方面提升：一是提升制度创新水平，进一步增强制度创新的系统集成性。二是提升自贸试验区发展水平，进一步发挥在吸引外资、外贸发展中的作用。三是提升服务国家战略大局的能力，进一步发挥示范引领作用。四是提升辐射带动能力，进一步发挥在促进地方经济社会发展中的作用。五是提升产业的特色鲜明性，进一步加快产业高质量发展。六是提升自贸试验区的功能，进一步增强对要素的凝聚力（赵福军，2023）。

吕越认为数字贸易高质量发展对实施自贸试验区提升战略具有重要的推动作用，应以数字贸易高质量发展引领自贸试验区提升（吕越，2023）。

第三节　中国自由贸易试验区提升发展的总体思路

一、指导思想

以习近平新时代中国特色社会主义思想为指导，深入贯彻党的二十大精神，全面贯彻落实习近平总书记关于自由贸易试验区建设的重要指示精神，立足新发展阶段，完整、准确、全面贯彻新发展理念，服务构建新发展格局，聚焦"开放型经济发展先行区、实体经济创新发展和产业转型升级示范区"战略定位，坚持以制度创新为核心，对接高标准国际经贸规则开展先行先试，全面推进自贸试验区高质量发展，大胆试、大胆闯、自主改，建成具有国际影响力和竞争力的自由贸易试验区。

二、基本思路

（一）高质量履行我国已实施的多双边国际经贸协定

自贸试验区提升发展，要求各自贸试验区率先全面高质量地履行我国已实施的多双边国际经贸协定，尤其是协定中非强制性的鼓励义务在自贸试验区中要作为"硬纪律"先试先行。据统计，《区域全面经济伙伴关系协定》（RCEP）中有超过200项"软义务"，比如：在可行的情况下，对快运货物、易腐货物给予6小时通关；在可能的范围内，通过互联网公布所有影响服务贸易的法律法规；鼓励成员在电子商务中使用可交互操作的电子认证；在不触犯缔约方公共政策目标和基本安全利益的前提下，不得要求将计算设施本地化，或阻止跨境传输信息等。

（二）高标准对接我国已申请加入的多边经贸协定的规则

自贸试验区提升发展，要求各自贸试验区率先高标准对接我国已申请加入的多边经贸协定的规则，如WTO的《政府采购协定》（GPA）、CPTPP和

《数字经济伙伴关系协定》（DEPA）；不仅要积极对接"边境上"的市场准入措施，更要"颗粒化"地对接"边境后"措施，比如 GPA 中的"其他实体"，CPTPP 中的知识产权保护、电子商务、政府采购、国有企业和指定垄断、劳工、环境等方面的规则，DEPA 中的电子单证与纸质单证具有同等法律效力等。

（三）高品质服务我国国家战略

自贸试验区提升发展，要求各自贸试验区围绕建设国内国际双循环相互促进战略链接这一重心，不仅要考量制度型开放对推进先进产业在自贸试验区集聚的效果，以及对构建安全可控、具有韧性的跨境供应链的效应；而且要考量扩大制度型开放对促进规则、规制、管理、标准等制度型改革的成效，以及对跨境贸易、投资、国民经济增长和社会就业的影响。实施区域协调发展战略是新时代国家重大战略之一，是贯彻新发展理念、建设现代化经济体系的重要组成部分。实施自由贸易试验区提升战略，应加快构建自由贸易试验区内部各片区间、自由贸易试验区与省内各地区及邻近省份、沿海内陆沿边不同自由贸易试验区间以及国内自由贸易试验区与国际自由贸易园区、自由贸易协定（FTA）等多个层面的区域协调发展关系。当前科技创新已成为国际战略博弈的主要战场，党的二十大报告强调，要坚持面向世界科技前沿、面向经济主战场、面向国家重大需求、面向人民生命健康，加快实现高水平科技自立自强。根据科技部火炬中心的数据，目前，在全国 23 家国家自主创新示范区（涉及 66 家国家高新区）中，有 19 家实现了国家自主创新示范区和自由贸易试验区的"双自联动"。实施自由贸易试验区提升战略，应同创新驱动发展战略有机结合起来，坚持制度创新和科技创新双轮驱动，在破除制约科技创新的体制机制障碍和激发创新活力方面积极试制度、出经验。自贸试验区提升发展，还要求进一步服务好国家开放战略、新兴产业发展战略等。

（四）发挥比较优势实现差异化发展

自贸试验区提升发展，要围绕自身战略定位和区位优势，差别化探索推进提升战略深入实施。东部地区的自由贸易试验区，要进一步提升产业链供应链现代化水平，带动新产业、新模式发展。在中西部，各自由贸易试验区应加快培育更多内陆开放高地，更好融入和服务"一带一路"建设。沿边地区的自由贸易试验区要找准与周边国家和地区的互补优势，提升沿边开放水平。

（五）率先加大高水平开放压力测试和健全完善配套保障制度体系

当前部分自由贸易试验区在一定程度上沿袭了综保区的建设经验，制度创新重货贸而轻服贸，海关程序与贸易便利化改革多而外商投资准入改革寡，与投资自由化便利化相配套的资金、人员、企业经营自由化便利化水平有限。应更加注重开展高水平开放压力测试，依托海南自由贸易港、横琴自由贸易片区、上海临港新片区洋山特殊综保区等重大基础性改革试验，加快推动"一线放开、二线管住、区内自由"特殊海关监管模式、货物贸易"零关税"、服务贸易和投资"既准入又准营"、自由贸易账户本外币一体化和资本项目可兑换、金融领域宏观审慎监管、人员出入境居住便利、低税率和简税制财税政策等与高标准国际经贸规则相适应相衔接的改革措施在自由贸易试验区全覆盖，避免制度创新的"碎片化""同质化""小修小补""空悬虚转"，防止沦为"栽盆景"。同时，应更加注重解放思想、实事求是，以调查研究为谋事之基、成事之道，坚持"风物长宜放眼量"。

第四节　中国自由贸易试验区提升发展的重点内容

一、制度创新水平提升发展

高度重视制度创新这一核心，将自贸试验区建成制度的策源地，为自贸试验区发展提供根本推动力量。实施自贸试验区提升战略，应更大力度地推进制度创新这一核心任务，增强对于高端要素的吸引力。

（一）推进自主创新方面

推进创新体制改革，让科技创新成果不断涌现；加强投资的负面清单制度，加强对于国际规则的对接，提高投资便利化水平；全面对接 CPTPP、DEPA 等国际高标准经贸规则，聚焦贸易自由便利、扩大外资市场准入、数据跨境流动、"边境后"规则贯通等重点领域先行先试，不断丰富测试样本和试验内容，为各类经营主体投资创业营造良好环境，借鉴国内外已有经验，加强海关和检验检疫以及分类监管等贸易监管制度建设，提升贸易便利化；推进金融制度改革创新，吸引资本和金融机构进驻，促进金融服务业发展，更好地服务于实体经济；加强对于市场发展的事中、事后监管，促进公平竞争，营造良好营商环境。

（二）推动重点领域创新方面

围绕构建高水平社会主义市场经济体制，深入推进重点领域制度创新。进一步有序放开市场准入限制，坚持"两个毫不动摇"，深化国资国企改革，优化民营企业发展环境，支持中小微企业发展；进一步深化简政放权、放管结合、优化服务改革；进一步深化要素市场化改革，构建全国统一大市场；进一步完善产权保护、市场准入、公平竞争、社会信用等市场经济基础制度；进一步深化金融体制改革，强化金融稳定保障体系；进一步加强反垄断和反不正当竞争，破除地方保护和行政性垄断，依法规范和引导资本健康发展。

二、开放发展水平提升发展

（一）提升对接高标准国际经贸规则的能力水平

自贸试验区应率先主动对标对接 RCEP、CPTPP、DEPA 等高水平国际经贸规则，不断优化制度创新领域，在"市场准入、投资保护、竞争中立、环境政策、争端解决机制"等具有重大战略意义及引领作用的领域进行压力测试和重点突破，提升规则、规制、管理、标准等制度型开放的层级，实现高标准国际经贸制度供给。

（二）提升市场准入水平

进一步完善市场准入制度设计，优化放管服改革，打造市场化、法治化、国际化营商环境，持续破除市场准入壁垒，使各类市场主体可依法平等进入负面清单之外的领域和行业，尤其是负面清单应与国际通行规则进一步衔接，持续推动清单事项缩减。

（三）提升改革系统集成、协同创新水平

加强更高层面总揽全局的顶层设计，理顺自贸试验区管理体制机制，真正赋予自贸试验区更大改革自主权，提升系统集成性制度创新水平。打造全国统一的制度创新共享平台，探索自贸试验区跨区域、跨境，以及与其他特定功能区（如开发区、高新区、国家级新区等）的联动协同机制，实现要素资源配置的优化、协同和共享，推动自贸试验区形成优势互补、互利共赢、协同创新的良好发展格局。

三、服务国家战略能力提升发展

以服务国家战略为重要任务和契机，推进建设对外开放合作的载体，为自贸试验区发展提供平台支撑。自贸试验区本身承载着国家深化改革和开放合作平台的作用，同时，很多自贸试验区所在的区域也叠加承担着很多其他的国家战略，应充分发挥这些国家战略的政策优势，进一步加强优化整合。结合已有的新兴产业、技术创新，以及企业总部所在地，打造具有特色的对外开放合作新高地，既是促进资源要素集聚的需要，也是提升影响力的重要举措。

（一）提升服务"双循环"战略能力

加强在"双循环"中的全球核心资源配置能力。培育和发展全球化的资源配置主体，自主掌握关键核心资源，不断完善资源配置所需要的基础设施网络，同时提供国际化、市场化的制度型公共产品，形成难以撼动的功能性优势。对标国际经贸最高规则。加大压力测试，先行先试投资、贸易、金融等治理体系和能力的现代化。同时，大胆探索环境治理、创新治理等新的治理领域，推动治理体系和治理能力的现代化。以制度型公共产品的供给来加快经验的复制推广，同时为积极参与并完善全球治理作出贡献。及时总结、归纳，满足国内规章制度、法律法规完善的需要，满足双边和多边谈判、"一带一路"政策沟通的需要，更要为中国积极参与乃至部分引领全球治理作出贡献。

（二）提升服务区域一体化战略能力

自贸试验区服务区域一体化涵盖京津冀协同发展、粤港澳大湾区建设、长三角一体化发展等。自贸试验区围绕区域一体化积极开展差异化试点任务，建立区域自贸试验区联盟，加强自贸试验区之间的联动。支持自贸试验区进一步发挥比较优势，提升联动发展水平。一是在制度创新上加强联动，强化创新的整体性、关联性和协同性。二是在服务国家战略方面加强联动，促进信息沟通、资源共享、要素流动畅通。三是在推动产业发展上加强联动，促进特色产业开放发展和协同布局，在更大范围内实现资源的有效配置。四是在成果复制推广上加强联动，促进自贸试验区之间、自贸试验区与其他开放平台之间的联动，更大范围地复制推广改革创新的成熟经验做法。

（三）提升服务创新驱动发展和科技自立自强战略能力

党的二十大报告强调，加快实施创新驱动发展战略。加快实现高水平科技自立自强，以国家战略需求为导向，集聚力量进行原创性引领性科技攻关，坚决打赢关键核心技术攻坚战。坚持瞄准未来科技和战略新兴产业前沿领域，率先开展原创性、引领性科技攻关，引领核心技术新突破。坚持自主创新与开放创新、政府引导与市场机制的辩证统一、兼容并蓄，深化技术评估、技术转移、技术投融资等改革探索，用好用足全球创新资源，促进创新要素高效便捷流动。坚持统筹自由贸易试验区和国家自主创新示范区联动发展，加强在创新主体引育、要素集聚、机制优化等方面的协同创新，放大政策集成效应和综合效益。坚持将提升创新驱动发展能力作为检验自由贸易试验区建设成效的重要标准，聚焦产业链打造创新链、依托创新链布局产业链，推动质量变革、效率变革、动力变革，建设开放创新综合试验区。

四、带动区域发展能力提升发展

（一）差异化发展服务地方经济

受地理区位、禀赋特征等因素的影响，我国的区域经济发展水平具有显著差异，表现为明显的东、中、西梯度发展格局。东部沿海地区地理区位优势明显，人均 GDP 和消费水平高，经济发展处于较高水平，而中西部地区经济发展水平相对落后。现有自贸试验区按照地理区位分布可以大致分为四大"自由贸易经济带"，即由上海、浙江、福建和广东 4 个自贸试验区构成的东南沿海自由贸易经济带，天津和辽宁 2 个自贸试验区构成的环渤海自由贸易经济带，陕西、四川、重庆、湖北和河南 5 个自贸试验区构成的中西部内陆自由贸易经济带，广西、云南、黑龙江、新疆 4 个自贸试验区构成的沿边自由贸易经济带等。根据不同区域的比较优势，结合各地的异质性特征，各自贸试验区的发展定位、目标和措施等均有不同，各自在相应的开放领域发挥着独特的优势。

（二）促进区域协同发展

实施自由贸易试验区提升战略，要在促进区域协调发展上有更大作为。围绕促进区域协调发展，在内陆地区建设具有开创性的高能级自贸试验区。建议重点考虑在中西部、东北等内陆地区设立具有开创性、标志性和引领性的特殊经济功能区，为内陆地区实现赶超搭建高能级开放发展平台。通过提升现有自贸试验区能级、增设新片区或新增自贸试验区等，更好满足促进区域协调发展的需要。要以各自贸片区为"辐射点"，通过同周边地区互联互通、创新协同、产业联动连接成"线"，并带动省内地区以及邻近省份组成"团"或形成"圈"；"一带一路"、长江经济带等重大战略布局促进沿海内陆沿边不同"点""团""圈"的联动互济，加快形成"带"和"轴"，从而实现全国整个"面"的协调发展，即点线聚圈、点圈成轴、以轴带面的自由贸易试验区区域协调发展格局。省内探索建立"自由贸易区+联动区（中心城市）+辐射区（主要城市群或都市圈）+全域协同"的四位一体新格局。省与省之间，打造制度创新与高质量发展联盟，切实服务和促进国家重大战略特别是重大区域战略的实施。加快创建长江经济带自由贸易试验区联盟，全面深化长三角、长江中游城市群和成渝地区双城经济圈在系统集成制度创新、开放平台建设、产业梯度对接与协同、物流通道共谋共享、区域政务服务和通关一体化等领域的合作交流，切实发挥自贸试验区在推动长江经济带高质量发展上的引领示范和辐射带动作用。

（三）优化空间布局

进一步优化自由贸易试验区的空间布局，根据当前国际形势组建东北自由贸易试验区联盟，有效整合俄罗斯符拉迪沃斯托克港、东方港、纳霍德卡港、斯拉夫扬卡港，朝鲜限元汀里—罗津港等内贸货物跨境运输中转口岸资源，同时，适当扩大东部沿海相应的内贸货物跨境运输入境口岸范围，加快东北地区重要能源、原材料和粮食等大宗商品的"北货南运"，并积极对接和有效落实《中俄货物贸易和服务贸易高质量发展的路线图》《中华人民共和国与欧亚经济联盟经贸合作协定》，进一步提升中国与欧亚经济联盟的经贸合作水平，助力东北全面振兴，充分发挥其在增强国内大循环内生动力和可靠性、提升国际循环质量和水平方面的功能优势。

五、产业特色与质量提升发展

（一）围绕数字经济发展，推动具备条件的自贸试验区升级

随着数字经济和数字贸易快速发展，全球数字经济加快向三次产业渗透，数字经济领域的全球竞争更趋激烈。但数字化的全球市场和国际规则尚未形成，我国亟须集聚数字资源、创新数字规则、引领数字经济发展的新型自贸试验区。为满足数字经济和数字贸易发展需要，可推动具备条件的自贸试验区率先升级。以数字化融合化提升产业的全球价值链竞争力，通过稳链、强链、补链、延链"四位一体"，构建形成企业联动、布局完善、创新协同、价值升级、安全稳定的产业链"有机"发展生态，打造建设现代化产业体系"样板间"。

（二）围绕建设现代化产业体系，基于重点领域开展全产业链制度创新

探索有利于巩固优势产业领先地位的重点领域，推动战略性新兴产业融合集群发展，加快现代服务业同先进制造业、数字经济同实体经济等深度融

合的有效路径，全面破解制约产业高质量发展的体制机制障碍，以产业纵向整合、横向聚合、规模化发展为主导，创新制度性要素供给，形成覆盖全产业链的系统性政策制度体系和制度创新工作推进机制。

（三）有侧重构建高端产业集群

结合工业和信息化部"国家先进制造业集群"、科技部火炬中心"创新型产业集群"、发展改革委"战略性新兴产业集群"等的布局建设情况，充分发挥产业集群要素资源集聚、产业协同高效、产业生态完备等优势，围绕新一代信息技术、高端装备制造、生物医药、新能源、新材料等领域，构建自由贸易试验区产业集群梯次发展体系。在集成电路、新型显示器件、下一代信息网络、信息技术服务、人工智能等新一代信息技术领域，重点支持上海、北京、武汉、合肥、杭州、深圳、郑州、成都等；在生物医药及高端医疗器械领域，重点支持上海、深圳、广州、北京、苏州等；在新能源汽车领域，重点支持上海、武汉等；在高端装备制造领域，重点支持深圳、广州、青岛、长沙、西安等，打造具有国际竞争力甚至全球影响力的世界级产业集群，并辐射和带动周边其他地区形成优势互补、有效协同、各具特色的产业链供应链生态。在数字贸易领域，依托北京中关村产业园、上海浦东软件园等国家数字服务出口基地，打造数字贸易示范区。大力支持北京、浙江、上海、广东、江苏等地区建设数字贸易先行示范区，在完善数字贸易新基建、产业、平台、生态、制度、监管等全产业链和构建同国际高标准经贸规则相衔接的发展体系，培育具有全球数字技术影响力、数字资源配置力的数字贸易龙头企业等方面发挥引领示范作用。支持湖北、四川、福建、重庆、辽宁、山东、安徽等地区找准定位、立足优势建设数字贸易集聚区，实现差异化突破、协同性发展。

六、要素聚集能力提升发展

（一）提升全球要素资源配置能力

以进一步促进全球高端和新型要素在自贸试验区安全畅通流动为改革

方向，围绕推进服务业高水平开放、提升经营主体全球运作水平、实施开放便利的人才政策等方面进行整体设计，更好地利用国内国际两个市场、两种资源。

（二）提升人才资源服务体系

支持自贸试验区引进国际一流教育资源，开展国际合作办学试点。探索自贸试验区国际人才服务管理改革试点。建立完善自贸试验区柔性引才机制，支持建设海外人才离岸创新创业基地。探索建立与国际接轨的人才评价体系，将国际注册会计师、精算师、建筑师等知名度高、通用性强的职业资格作为高层次人才评价参考标准。支持自贸试验区开展人工智能、大数据、智能制造、区块链等新兴专业高级职称评审。支持自贸试验区持续优化外国人来华工作便利化服务举措，为特定领域外国人才办理工作许可提供绿色通道。建设自贸试验区国际化人才综合服务平台，开展"一站式"公共服务。支持自贸试验区开展新时代和谐劳动关系创建活动，保障人才权益。

（三）提升金融服务实体经济效能

支持符合条件的银行、证券、期货、保险机构在自贸试验区展业经营，在依法合规、风险可控的前提下研发适应自贸试验区企业需求的金融产品。积极争取国家支持开展跨境贸易投资高水平开放试点、本外币合一银行结算账户体系试点。推进区域性股权市场区块链试点、私募股权份额转让试点等区域性股权市场创新试点工作。支持创建以中新合作为引领的综合金融改革试验区，提升跨境贸易和跨境投融资便利化水平，完善科技创新金融服务体系。扩大自贸试验区企业出口信用保险承保覆盖面。支持自贸试验区用好绿色金融货币政策工具，引导金融机构加大绿色低碳领域优惠利率贷款、信用贷款及中长期贷款投放力度。

（四）促进数据安全有序跨境流动

争取国家在自贸试验区建立跨境数据流动安全管理试点。支持自贸试验区企业申报数据出境安全评估，签订个人信息出境标准合同，开展数据安全管理认证和个人信息保护认证。制定自贸试验区数据分类分级工作指引，指导企业识别认定重要数据。制定自贸试验区核心数据和重要数据目录、数据出境负面清单。支持有条件的片区建设数据出境安全公共服务平台。鼓励建设数据安全监管平台，提升数据安全监测预警和应急处置能力。支持自贸试验区企业参与数据跨境流动国际规则制定。引导自贸试验区企业以合同、协议等方式，推动境外数据接收者申请并通过我国数据安全管理和个人信息保护认证。

（五）优化产业资源要素配置

发挥政府公共资源供给和市场监管作用，加快建设要素市场，打破人员、技术、资金、数据、土地等方面壁垒。以产业链、供应链为纽带，增加混合产业用地供给，促进土地用途混合利用和建筑复合使用。鼓励通过政府收储、土地转让、土地出租"嫁接"企业等方式盘活利用低效土地和厂房，引进高端产业项目。开展工业企业资源集约利用综合评价，对评价结果较好的企业落实用电、用气、排污等激励措施。

七、营商环境水平提升发展

（一）推动营商环境系统集成创新

支持自贸试验区围绕政策、市场、政务、法治、人文等环境，对标世界银行宜商环境评估体系和国际经贸规则，聚焦市场准入、金融服务、公平竞争、政府采购、知识产权保护等重点领域加强探索实践，强化制度创新集成效应。鼓励自贸试验区全方位、常态化跟进国内外营商环境创新案例，主动对标找差，不断加大制度创新力度，打造营商环境高地。

（二）提升行政审批和管理服务水平

持续推动向自贸试验区下放更多行政区经济社会管理权限，编制公布自贸试验区行政许可事项清单。深化"证照分离"改革，加大"告知承诺制"推广力度，在更多行业推动"一业一证"改革。优化政务服务"一网通办"，推动高频政务服务事项"全程网办"。支持自贸试验区打造"免证园区"，加快推进电子证照应用和互联互通。探索建立企业破产案件简化审理和简易破产程序。实施省级及以上重大制造业项目环评承诺制审批，将符合生态环境准入的项目纳入绿色通道，提高审批效率。

（三）完善以信用为基础的新型监管机制

推进"审管执信"闭环管理体系建设，逐步拓展事项范围。探索"无感式"联合监管，推广以远程监管、移动监管、预警防控为特征的新型监管模式。加强涉企信息归集共享，健全企业信用修复机制。开展信息通信行业信用记分内部试点。加强金融领域风险监管，强化市场主体注册登记、银行开户、税务登记等全流程监管。加强反洗钱、反恐怖融资和反逃税资金监管。

（四）强化竞争政策基础性地位

落实公平竞争审查制度，清理和取消内外资企业在资质获取、招投标等方面的差别化待遇。除涉及关系国民经济命脉的重要行业和关键领域、重点产业、重大基础设施、重大建设项目以及其他重大经济利益安全外，一般行业禁止对外商投资做出业绩性要求。探索建立竞争政策有效性及市场竞争状况评估机制。支持开展商业秘密保护创新试点。

（五）完善商事纠纷多元化解机制

支持自贸试验区建设法治园区，争取国家支持设立最高人民法院第三国际商事法庭、南京国际商事法庭。完善"一站式"国际商事纠纷解决机制，推动实现调解、仲裁与诉讼相衔接的国际商事纠纷多元解决机制全覆盖。发挥自贸试验区知识产权纠纷人民调解委员会、国际商事仲裁中心等作用，为企业提供方便快捷的仲裁调解服务。

第五节 中国自由贸易试验区提升发展的 评价指标体系构建

一、指标体系构建的原则

(一) 系统性原则

自贸试验区提升发展是一个复杂的系统，包含多种因素和结构，经济系统只是其中的一个子系统，与其他系统相互联系、相互影响。因此，在构建指标体系时应当充分考虑到各个子系统，并使所选择的指标能充分反映各子系统的提升发展情况。比如，投资自由便利和贸易自由便利既要借鉴世界银行和世界经济论坛关于投资便利化和贸易自由化的总体框架，又要结合我国自贸试验区建设的目标定位和自身的发展实际进行具体评价指标的设计。

(二) 实用性原则

自贸试验区的提升发展是一项艰巨的工程，没有太多成熟且可复制的经验可供参考。另外，不同的国家、地区有不同的经济发展实际，因此，在构建指标体系时要充分考虑相关数据的可获得性以及数据处理的难易程度，还要考虑使用这些指标所产生的费用和需要的时间，为保证后期的评估效果做准备。

(三) 独立性原则

为了保证计量结果的准确性，在进行数据统计和检验时必须消除各数据之间的相关性，因此构建的指标体系中所包含的单项指标应该保持相对独立，以最大限度地减少指标间的重复。充分考虑选取的各个一级指标、二级指标之间的独立性问题，以保证评估结果的准确度。

（四）可比性原则

自贸试验区的提升发展是一个目标，同时也是一个长期的发展过程。因此，所构建的指标体系应当随着自贸试验区的发展做出适当的调整，反映其动态变化的特点。但在一定时期内必须具有相对稳定性，这样才能既反映自贸试验区的建设和发展现状，也体现自贸试验区发展动态变化。

二、中国自由贸易试验区提升发展的评价指标体系构建的依据

因为自由贸易试验区提升发展是基于自贸试验区原本的发展的，所以，在构建指标体系的时候，除了考虑"提升"，还必须考虑各自贸试验区批准设立时的总体方案，本书根据自贸试验区建设的总体目标、细分功能定位以及上一节所提 7 个方面提升方向和目标，设置自贸试验区提升发展评价一级指标。分别为"制度创新能力提升""风险防控能力提升""示范复制推广力度""营商环境优化""开放辐射联动能力提升" 5 个一级指标。根据商务部印发的《自贸试验区重点工作清单（2023—2025 年)》、国务院印发的《关于在有条件的自由贸易试验区和自由贸易港试点对接国际高标准推进制度型开放的若干措施》以及自贸试验区内企业对自贸区制度创新的需求，构建中国自由贸易试验区提升发展综合绩效评价指标体系。

自贸试验区提升发展的评价指标体系是从动因、过程和效果 3 个维度对自贸区进行综合评价的。从动因上看，"制度创新能力提升"属于自贸试验区提升发展的动机和目标所在，制度创新为我国扩大开放和服务国家战略探索新思路和新途径，更好地为全国开放型经济服务。从过程上看，在制度创新落实的过程中，一方面需要开放和改革创新的"风险防控能力提升"，体现自贸试验区的"安全阀"功能，将可能的试错与风险限于一定的范围内；另一方面也需要将自贸试验区试点成熟的制度创新措施复制推广到国内其他地区，发挥自贸试验区"由点及面"的示范作用。从效果上看，通过"营商环境优化"和"开放辐射联动能力提升"指标，体现打造国际化和法治化的营商环

境是自贸试验区的重要目标之一；而"开放辐射联动"指标则能够体现自贸
试验区在外向型经济发展的深化程度，以及反映是否符合国家对各地自贸试
验区的区域辐射带动的特色定位，通过实施提升发展战略前后指标对比，体
现提升发展战略带来的辐射效应的提升。总体指标体系分为三级，三级指标
下需要继续细化的，在各个部分指标说明中列出。具体指标设置见表1-1。

表1-1　中国自由贸易试验区提升发展评价指标体系

一级指标	二级指标	三级指标
制度创新能力提升	方案任务措施总体落实	完全落实任务比重
		基本落实任务比重
	对标高标准国际经贸投资规则落实	投资自由便利
		贸易自由便利
	扩大开放领域任务落实	制造业领域开放
		服务业领域开放
	国内制度改革领域提升任务落实	政府职能转变
		事中事后监管
风险防控能力提升	投资风险防控	产业预警体系及信息发布
		数据安全有序流动
	金融风险防控	跨境资金流动风险监管
		跨部门金融协同监管
		金融消费者权益保护
	贸易风险防控	货物风险管理机制
		企业分级管理机制
		特殊物品进口风险防控机制
示范复制推广力度	制度创新示范	最佳实践案例数量及占比
		全国首创案例数量及占比
	制度对外复制推广	向所在省市复制推广数量及占比
		向全国范围复制推广数量及占比
	借鉴推广外地制度经验	特殊监管区域借鉴推广数量及占比
		非特殊监管区域借鉴推广数量及占比

一级指标	二级指标	三级指标
营商环境优化	开办企业	开办企业手续
		开办企业耗时
		开办企业成本
	税款缴纳	纳税次数
		纳税时间
		报税后流程
	政务服务能力	网上政务服务能力
		政务服务满意度
		与国家政务服务平台数据共享
		契约执行效率
开放辐射联动能力提升	扩大开放成效提升	新增设立外资企业数占所在省市比重变化
		实际吸引外资额占所在省市比重变化
		服务业扩大开放项目落地比重变化
		服务业利用外资额占所在省市比重变化
	对内区域辐射成效提升	对内辐射区域外资增长的贡献变化
		对内辐射区域出口增长的贡献变化
		对内辐射区域进口增长的贡献变化
	对外区域辐射成效提升	自贸试验区对外投资占所在省市比重变化
		对外辐射区域进出口比重变化
		对外辐射区域投资比重变化

三、各项指标的设计说明

(一)"制度创新能力提升"的各级指标说明

"制度创新能力提升"一级指标下设"方案任务措施总体落实""对标高标准国际经贸投资规则落实""扩大开放领域任务落实""国内制度改革领域提升任务落实"4个二级指标，主要考量制度创新在原有方案落地和对标高标准规则、扩大开放领域及体制机制方面的提升。"制度创新能力提升"部分项目细化到四级指标，详见表1-2。

表1-2 制度创新能力提升评估指标体系

一级指标	二级指标	三级指标	四级指标
制度创新能力提升	方案任务措施总体落实	完全落实任务比重	
		基本落实任务比重	
	对标高标准国际经贸投资规则落实	投资自由便利	投资准入 投资与外汇转移 投资与税收
		贸易自由便利	市场准入与国民待遇 TBT 和 SPS 跨境贸易自由便利 货物放行和清关 进出口和过境相关手续
	扩大开放领域任务落实	制造业领域开放	装备制造业行业 新一代信息技术行业 医药科技制造行业 其他先进制造业
		服务业领域开放	电信服务业 金融服务业 健康服务业 航运服务业 旅游服务业 其他服务业
	国内制度改革领域提升任务落实	政府职能转变	行政权责清单制度 商事制度改革 综合执法体系
		事中事后监管	社会信用体系 守信激励和失信惩戒机制 社会力量参与市场监督

"方案任务措施总体落实"指标，反映各地自贸试验区在执行国务院关于各自贸区建设总体方案、深化方案、提升发展方案等任务措施的总体情况，

通过 2 个三级指标体现，分别是"完全落实任务比重"和"基本落实任务比重"，评分方法分别为"完全落实任务数/全部任务数"和"基本落实任务数/全部任务数"。其中，完全落实是指已出台法律法规并有相关项目落地；基本落实是指已出台法律法规尚未有项目落地，从而反映任务措施执行的程度差异。

"对标高标准国际经贸投资规则落实"指标，主要反映对标国际高标准经贸规则的相关条款在自贸试验区试点的落实情况。该二级指标下设 2 个三级指标，分别是"投资自由便利"和"贸易自由便利"。从"投资自由便利"指标来看，本书在 RCEP 规则基础上，选择了"投资准入""投资与外汇转移""投资与税收"3 个四级指标。其中，"投资准入"指标主要包括准入前国民待遇和负面清单管理模式，以及负面清单高透明度，因此在评分方法上需同时考虑这两点；"投资与外汇转移"指标主要指与投资有关的外汇可在经常项目和资本项目下自由转移的相关措施；"投资与税收"指标主要指是否有业绩要求作为税收优惠的前提。从"贸易自由便利"指标来看，本书主要在对标国际高标准经贸规则的货物贸易规则的基础上，选择部分适合在自贸试验区试点的条款进行对比，具体包括："市场准入与国民待遇"，涵盖修理或改变后再入境的货物、货物的临时入境和再制造货物 3 个方面的措施；"TBT 和 SPS"，其中，技术性贸易壁垒（TBT）主要涉及标准、技术法规和合格评定程序等方面的措施，卫生与植物卫生措施（SPS）主要指动植物检疫和食品安全领域所采取的卫生措施。评价包含化学物质、ICT 产品、药品、化妆品、医疗设备等技术性贸易措施规则方面的试点，假如对标 CPTTP 规则，则还应增加七大类产品：葡萄酒和蒸馏酒、信息及通信技术产品、药品、化妆品、医疗设备、预包装食品和食品添加剂、有机农产品等特定产品；"跨境贸易自由便利"包括出口成本、进口成本、物流的竞争力；"货物放行和清关"，包括抵达前处理、AEO 互认、快运货物、易腐货物等措施；"进出口和过境相关手续"，包括手续和文件要求、采用国际标准、单一窗口等措施。

"扩大开放领域任务落实"指标包括 2 个三级指标，分别是"制造业领域开放"和"服务业领域开放"。其中,"制造业领域开放"主要根据是否有政策细则和是否落地进行评分,为体现制造业开放领域提升,进一步细分为"装备制造业行业""新一代信息技术行业""医药科技制造行业""其他先进制造业"4个四级指标。"服务业领域开放"指标也采用同样的评价方法,鉴于各自贸试验区建设方案中涉及服务业开放的领域较多,因而进一步细分为"电信服务业""金融服务业""健康服务业""航运服务业""旅游服务业"和"其他服务业"6个四级指标。

"国内制度改革领域任务落实"指标主要体现在"政府职能转变"和"事中事后监管"两个领域。根据国务院关于各地自贸试验区的总体方案中的任务措施,"政府职能转变"指标可以细分为"行政权责清单制度""商事制度改革"和"综合执法体系"3个四级指标。其中,"行政权责清单制度"包括权力清单发布和责任清单发布;"商事制度改革"包括企业名称登记、住所登记、经营范围登记、登记电子化和电子营业执照、注销登记5个评分领域;"综合执法体系"主要根据自贸区是否成立专门的综合执法部门以及司法体系效率和仲裁效率进行评分。

"事中事后监管"指标包括"社会信用体系""守信激励和失信惩戒机制""社会力量参与市场监督"3个四级指标。其中,"社会信用体系"主要根据自贸区纳入社会信用体系的部门数量以及是否常态化运行进行评分;"守信激励和失信惩戒机制"主要根据自贸区是否以法规形式构建守信激励和失信惩戒机制进行评分;"社会力量参与市场监督"主要根据自贸区是否通过法规形式明确社会力量参与市场监督,以及是否形成相关案例进行评分。

(二)"风险防控能力提升"的各级指标说明

"风险防控能力提升"指标主要包括"投资风险防控""金融风险防控"和"贸易风险防控"3个二级指标。

表 1-3　风险防控能力提升评估指标体系

一级指标	二级指标	三级指标	四级指标
风险防控能力提升	投资风险防控	产业预警体系及信息发布	
		数据安全有序流动	数据中心总机架数 数据流动治理体系完善度 跨境数据服务便利度
	金融风险防控	跨境资金流动风险监管	
		跨部门金融协同监管	
		金融消费者权益保护	
	贸易风险防控	货物风险管理机制	
		企业分级管理机制	
		特殊物品进口风险防控机制	

根据国务院关于各地自贸试验区方案中的任务要求，"投资风险防控"指标主要包括"产业预警体系及信息发布"和"数据安全有序流动"2个三级指标，前者主要评价自贸试验区在选择重点敏感产业基础上，是否配合国家有关部门建立与开放市场环境相匹配的产业预警体系，以及是否及时发布产业预警信息；后者主要看自贸试验区是否通过部门信息数据的共享，构建了投资风险的信息化监测体系。"数据安全有序流动"可从基础设施和具体政策层面考量。其中包括"数据中心总机架数""数据流动治理体系完善度""跨境数据服务便利度"3个四级指标。"数据中心总机架数"考量数据安全有序流动的硬件服务能力；"数据流动治理体系完善度"主要从营造开放性数字营商环境政策的完善程度考量，首先考量有没有，再考量是否完善，有无数据分类分级体系，有无相关法律法规等；"跨境数据服务便利度"主要考量数据交互、业务互通、监管互认、服务共享等方面的国际合作及数字确权等基础设施建设情况。

"金融风险防控"指标主要通过"跨境资金流动风险监管""跨部门金融协同监管"和"金融消费者权益保护"3个三级指标体现。"跨境资金流动风险监管"指标主要评价是否探索建立了与自贸试验区相适应的新型跨境资金流动风险监管体系；"跨部门金融协同监管"主要评价人民银行、外汇管理、税务等部门是否形成了跨部门的反洗钱、反恐怖融资、反逃税工作机制；"金融消费者权益保护"指标，主要评价关于金融消费者权益保护机制的创新措施,如鼓励金融行业协会、自律组织独立或者联合依法开展专业调解,建立调解与仲裁、诉讼的对接机制等。

"贸易风险防控"指标主要通过"货物风险管理机制""企业分级管理机制"和"特殊物品进口风险防控机制"3个三级指标体现。其中,"货物风险管理机制"反映了国际上对于货物贸易监管的趋势,即通过建立一套完善的货物风险管理制度,将监管重心放在高风险货物上,从而保证货物安全;"企业分级管理机制"则强调对企业主体的监管,通过建立对不同信用企业的分级管理,将监管重心放在高风险企业或低信用企业上,从而精确把握风险目标来源;"特殊物品进口风险防控机制"则强调对基因类产品、病毒细菌等特殊物品风险监管机制的评价,考量自贸试验区是否建立了针对特殊物品的分类管理、事中事后监管的风险防控机制。

(三)"示范复制推广力度"的各级指标说明

"示范复制推广力度"指标下设"制度创新示范""制度对外复制推广""借鉴推广外地制度经验"3个二级指标。其中,"制度创新示范"指标包括"最佳实践案例数量及占比"和"全国首创案例数量及占比"2个三级指标。前者主要测算商务部认定的各地自贸试验区最佳实践案例在全国总案例中的占比;后者主要测算商务部认定的各地自贸试验区全国首创案例在全国总案例中的占比。这两个指标都反映了各地自贸试验区制度创新措施的质量,以评估其是否在全国范围内产生了制度示范作用。

表1-4 示范复制推广评估指标体系

一级指标	二级指标	三级指标
示范复制推广力度	制度创新示范	最佳实践案例数量及占比
		全国首创案例数量及占比
	制度对外复制推广	向所在省市复制推广数量及占比
		向全国范围复制推广数量及占比
	借鉴推广外地制度经验	特殊监管区域借鉴推广数量及占比
		非特殊监管区域借鉴推广数量及占比

"制度对外复制推广"指标下设"向所在省市复制推广数量及占比"和"向全国范围复制推广数量及占比"2个三级指标。前者反映各地自贸试验区制度创新措施在所在省市复制推广的效应，主要测算自贸试验区制度创新成果向所在省市复制推广数量在所有措施中的占比；后者则反映各地自贸试验区制度创新措施在全国范围复制推广的效应，主要测算自贸试验区制度创新成果向全国复制推广数量在所有措施中的占比。

"借鉴推广外地制度经验"指标是从另一个维度反映各地自贸试验区积极学习和借鉴外地制度创新经验的程度，这样也可以反映各地自贸试验区之间的互通有无和相互学习借鉴的情况。该指标下设"特殊监管区域借鉴推广数量及占比"和"非特殊监管区域借鉴推广数量及占比"2个三级指标，前者主要评价特殊监管区域借鉴复制外地措施数量的占比，根据各地自贸试验区的定位，海关特殊监管区域的发展定位以贸易监管制度和贸易便利化创新为主，因而这个指标从某种程度上反映了自贸区在贸易领域学习和借鉴外地制度创新措施的情况；后者则反映自贸试验区非海关特殊监管区域在学习和借鉴外地制度创新措施方面的情况，更多体现在投资、金融等领域。

(四)"营商环境优化"的各级指标说明

"营商环境优化"指标框架下，本书选择了适合自贸试验区营商环境优化评价的3个二级指标，分别是"开办企业""税款缴纳"和"政务服务能力"。

表1-5　营商环境优化评估指标体系

一级指标	二级指标	三级指标
营商环境优化	开办企业	开办企业手续
		开办企业耗时
		开办企业成本
	税款缴纳	纳税次数
		纳税时间
		报税后流程

续表

一级指标	二级指标	三级指标
营商环境优化	政务服务能力	网上政务服务能力
		政务服务满意度
		与国家政务服务平台数据共享
		契约执行效率

这个板块在指标评价上，部分采用世界银行《营商环境报告》中的方法。其中，"开办企业""税款缴纳"参考《营商环境报告》的口径设计，"政务服务能力"指标则根据自贸试验区对营商环境的新要求设立。"政务服务能力"主要考量自贸试验区的硬软件服务能力，下设"网上政务服务能力""政务服务满意度""与国家政务服务平台数据共享""契约执行效率"等指标。

（五）"开放辐射联动能力提升"的各级指标说明

"开放辐射联动能力提升"指标着眼于自贸试验区提升发展前后的效果对比，主要考量提升发展战略对内对外辐射联动能力提升的结果。下设"扩大开放成效提升""对内区域辐射成效提升""对外区域辐射成效提升"3个二级指标。

表1-6 开放辐射联动能力提升评估指标体系

一级指标	二级指标	三级指标
开放辐射联动能力提升	扩大开放成效提升	新增设立外资企业数占所在省市比重变化
		实际吸引外资额占所在省市比重变化
		服务业扩大开放项目落地比重变化
		服务业利用外资额占所在省市比重变化
	对内区域辐射成效提升	对内辐射区域外资增长的贡献变化
		对内辐射区域出口增长的贡献变化
		对内辐射区域进口增长的贡献变化
	对外区域辐射成效提升	自贸试验区对外投资占所在省市比重变化
		对外辐射区域进出口比重变化
		对外辐射区域投资比重变化

"扩大开放成效提升"包括"新增设立外资企业数占所在省市比重变化""实际吸引外资额占所在省市比重变化""服务业扩大开放项目落地比重变化""服务业利用外资额占所在省市比重变化"4个三级指标。其中,"新增设立外资企业数占所在省市比重变化"主要评价新增设立外资企业数量在自贸试验区提升发展前后的变化;"实际吸引外资额占所在省市比重变化"主要评价实际吸引外资额在自贸试验区提升发展前后的变化;"服务业扩大开放项目落地比重变化"主要评价服务业扩大开放项目落地在自贸试验区提升发展前后的变化;"服务业利用外资额占所在省市比重变化"主要评价服务业利用外资额在自贸试验区提升发展前后的变化。

"对内区域辐射成效提升"指标反映自贸试验区提升发展前后对辐射区域的外资和外贸增长的带动作用变化,下设"对内辐射区域外资增长的贡献变化""对内辐射区域出口增长的贡献变化"和"对内辐射区域进口增长的贡献变化"3个三级指标,分别反映自贸试验区对内辐射区域外资增长的贡献变化、对内辐射区域出口增长的贡献变化和对内辐射区域进口增长的贡献变化。

"对外区域辐射成效提升"指标反映自贸试验区提升发展前后对辐射区域外的外资和外贸增长的带动作用变化,下设"自贸试验区对外投资占所在省市比重变化""对外辐射区域进出口比重变化"和"对外辐射区域投资比重变化"3个三级指标,分别体现自贸试验区作为对外投资平台的作用变化、自贸试验区对外辐射区域进出口贸易的作用变化和自贸试验区对外辐射区域投资的作用变化。

参考文献

[1] 全毅,张婷玉.中国自由贸易试验区转型升级方向与发展路径 [J].经济学家,2021(10):100-109.

[2] 裴长洪,崔卫杰,赵忠秀,等.中国自由贸易试验区建设十周年:回顾与展望 [J].国际经济合作,2023(4):1-32.

[3] 崔卫杰.实施自贸试验区提升战略的六大任务 [J].开放导报,2023(4):23-31.

［4］全毅，林春丽. 以制度型开放推进实施自贸试验区提升战略［J］. 开放导报，2023（4）：41-47.

［5］吕越，于喆宁，李天宇. 以数字贸易高质量发展引领自贸试验区提升［J］. 开放导报，2023（4）：66-72.

［6］仲伟东，李江涛. 大力实施好自贸试验区提升战略［N］. 学习时报，2023-08-09（5）.

［7］朱福林. 中国自由贸易试验区发展脉络、主要成效及高质量发展对策［J］. 北京工商大学学报（社会科学版），2021（3）：14-22.

［8］赵福军. 实施自由贸易试验区提升战略该从何处着力［N］. 中国经济时报，2023-02-22（8）.

［9］彭羽. 我国自贸试验区评估体系及在海南的实践［M］//钟业昌，沈玉良. 中国（海南）自由贸易试验区发展报告（2020）. 北京：社会科学文献出版社. 2020：122-157.

［10］刘晶，杨珍增. 中国自由贸易试验区综合绩效评价指标体系研究［J］. 亚太经济，2016（3）：113-121.

［11］周广澜，范志颖，王健. 中国自由贸易试验区发展绩效评估研究［J］. 中国经贸导刊，2021（12）：40-42.

区域篇

第二章　中国（上海）自由贸易试验区
提升发展战略与行动

2014 年 4 月，国务院印发《进一步深化中国（上海）自由贸易试验区改革开放方案》[1]。上海自贸试验区实施范围从 28.78 平方公里扩展到 120.72 平方公里，发展目标从具有国际水准的自由贸易试验区提升为开放度最高的自由贸易园区，任务措施从改革开放创新举措上升到创新制度体系。

2017 年 3 月，国务院印发《全面深化中国（上海）自由贸易试验区改革开放方案》[2]，确定了上海自贸试验区的建设目标：到 2020 年，率先建立同国际投资和贸易通行规则相衔接的制度体系，把自贸试验区建设成为投资贸易自由、规则开放透明、监管公平高效、营商环境便利的国际高标准自由贸易园区。该方案同时还提出在洋山保税港区和上海浦东机场综合保税区等海关特殊监管区域内，设立自由贸易港区。

2019 年 7 月，国务院印发《中国（上海）自由贸易试验区临港新片区总体方案》[3]（以下简称《总体方案》），决定在上海大治河以南、金汇港以东以及小洋山岛、浦东国际机场南侧区域设置新片区，先行启动南汇新城、临港

---

[1]　国务院：《进一步深化中国（上海）自由贸易试验区改革开放方案》，中华人民共和国人民政府，https://www.gov.cn/zhengce/content/2015-04/20/content_ 9631.htm.

[2]　国务院：《全面深化中国（上海）自由贸易试验区改革开放方案》，中华人民共和国人民政府，https://www.gov.cn/zhengce/content/2017-03/31/content_ 5182392.htm.

[3]　国务院：《中国（上海）自由贸易试验区临港新片区总体方案》，中华人民共和国人民政府，https://www.gov.cn/zhengce/content/2019-08/06/content_ 5419154.htm.

装备产业区、小洋山岛、浦东机场南侧等区域，面积为119.5平方公里。该《总体方案》提出，到2025年，建立比较成熟的投资贸易自由化便利化制度体系，打造一批更高开放度的功能型平台，集聚一批世界一流企业，区域创造力和竞争力显著增强，经济实力和经济总量大幅跃升；到2035年，建成具有较强国际市场影响力和竞争力的特殊经济功能区，形成更加成熟定型的制度成果，打造全球高端资源要素配置的核心功能，成为中国深度融入经济全球化的重要载体。《总体方案》不断深化改革内容方案，全面系统集成改革创新成效逐步显现，推动了特殊经济功能区和现代化新城高质量高效率建设。

设立洋山特殊综合保税区体现"特中之特"。在临港新片区建立洋山特殊综合保税区，作为对标国际且公认竞争力最强自由贸易园区的重要载体，在全面实施综合保税区政策的基础上，取消不必要的贸易监管、许可和程序要求，实施更高水平的贸易自由化便利化政策和制度，这成为中国海关特殊监管区域又一次重大制度创新。

2023年6月，国务院印发《关于在有条件的自由贸易试验区和自由贸易港试点对接国际高标准推进制度型开放若干措施》[①] 的通知，提及：为更好服务加快构建新发展格局，着力推动高质量发展，在有条件的自由贸易试验区和自由贸易港聚焦若干重点领域试点对接国际高标准经贸规则，统筹开放和安全，构建与高水平制度型开放相衔接的制度体系和监管模式。

第一节　中国（上海）自由贸易试验区提升发展战略

为实现上海自贸试验区临港新片区要进行更深层次、更宽领域、更大力度的全方位高水平开放，使其成为集聚海内外人才开展国际创新协同的重要基地、统筹发展在岸业务和离岸业务的重要枢纽、企业"走出去"发展壮大的重要跳板、更好利用两个市场两种资源的重要通道、参与国际经济治理的

---

① 国务院：《关于在有条件的自由贸易试验区和自由贸易港试点对接国际高标准推进制度型开放的若干措施》，中华人民共和国人民政府，https://www.gov.cn/zhengce/content/202306/content_6889026.htm.

重要试验田，有针对性地进行体制机制创新，强化制度建设，提高经济质量的重要指示要求，充分发挥临港新片区改革开放排头兵和试验田作用，在上海创建国家服务贸易创新发展示范区中先行先试，上海自贸试验区2023年8月制订《关于支持临港新片区深化高水平制度型开放推动服务贸易创新发展的实施方案》[①]。

一、指导思想

以"五个重要"为统领，对标 CPTPP、DEPA 等高标准国际经贸规则，根据国家部署，全面实施跨境服务贸易负面清单管理模式，放宽临港新片区服务贸易市场准入限制，构建"五自由一便利"制度型开放体系。依托临港新片区集成电路、生物医药、人工智能、智能新能源汽车、民用航空等前沿产业发展优势，推动核心产业与服务贸易联动发展，建设以数字贸易、新兴金融、航运服务、技术贸易为代表的开放型服务贸易体系，在上海创建国家服务贸易创新发展示范区中先行先试。

二、主要目标

到 2025 年，临港新片区服务贸易规模实现跨越式创新发展。贸易规模进一步扩大，服务贸易进出口总额五年累计达 2000 亿元；其中，跨境数字贸易额年均增长 10%。平台功能进一步完善，上海数字贸易国际枢纽港临港示范区品牌影响力不断提升。竞争实力进一步增强，服务贸易进出口总额占全市服务贸易总量比重显著提升。

三、加强制度创新

（一）加强组织领导

建立临港新片区服务贸易创新发展推进机制，统筹协调各项工作。由管

---

① 上海市商务委员会：《临港新片区管委会、上海市商务委员会关于发布〈关于支持临港新片区深化高水平制度型开放推动服务贸易创新发展的实施方案〉的通知》，上海市政府，https://www.shanghai.gov.cn/gwk/search/content/e76c8ab8ecb34a62852987d059dce155.

委会主要领导任组长、分管领导任副组长，加强横向协作和纵向联动。

（二）加强考核评估

搭建协同配合、高效推进的服务贸易绩效评价体系，优化体考核机制，推动服务贸易创新试点评估工作，确保任务举措落实落地。

（三）加强统计监测

完善区域服务贸易统计制度，加强与相关单位数据信息共享与交流，依托大数据资源平台，夯实服务贸易数据底座，形成服务贸易数据统计常态化机制。

（四）提升临港新片区差异化探索能力

围绕深化以"五自由一便利"为核心的制度型开放体系建设，提出一批符合国家战略需要、经营主体需求、区域定位特点的改革创新举措，打造更具国际市场影响力和竞争力的特殊经济功能区。如扎实推进洋山特殊综合保税区扩区建设，深化区港一体化运作，推动保税研发设计、保税检测维修、保税展示交易等"保税+"新业态集聚发展。

四、提升金融创新支持服务贸易发展的能力

（一）开展跨境金融先行先试

深化合格境外有限合伙人（QFLP）试点和合格境内有限合伙人（QDLP）试点。支持金融机构在依法合规、风险可控、商业可持续的前提下为临港新片区内企业和非居民提供跨境发债、跨境投资并购和跨境资金集中运营等跨境金融服务。探索发展人民币离岸交易，支持金融机构围绕离岸经贸业务提供人民币离岸金融服务。鼓励金融机构应用人工智能、区块链等技术，打造金融科技应用示范场景。鼓励保险公司依托自由贸易账户开展保险跨境业务创新，加快打造再保险"国际板"，吸引各类保险机构设立再保险运营中心。加快发展新金融服务，支持在临港新片区注册的企业、工作或生活的个人依

法跨境购买境外金融服务，境外金融服务的具体种类由国家金融管理部门另行规定。

（二）提升资金流动便利

支持真实合规的、与外国投资者投资相关的所有资金可自由汇入、汇出且无迟延。推进国际金融资产交易平台建设。深化跨境资金池运用、丰富跨境资产管理业态，鼓励跨国公司设立全球或区域资金管理、运营中心等功能性机构。鼓励基于自由贸易账户开展业务创新，在分账核算的电子围网下实现临港新片区内资金自由流入流出和自由兑换。

五、打造上海数字贸易国际枢纽港临港示范区

（一）加强数字基础设施建设

完善国际通信海缆设施布局建设，推进国家（上海）新型互联网交换中心建设及国际互联网专用通道应用。推动高等级算力中心建设投用和算力交易平台设立运营，探索功能型数据中心试点。

（二）促进数据安全有序流动

依托"国际数据港"建设，探索建立数据流动管理体系和安全评估机制。针对跨境支付、供应链管理、服务外包等典型应用场景，开展数据跨境合规服务，促进数据安全有序流动。按照"通道、产业、空间三步走"的规划，为国际数据业务提供载体支撑，进一步形成国际数据产业集聚效应。

（三）推动数据要素产业发展

推进国际数据港核心承载区"信息飞鱼"全球数字经济创新岛建设。支持上海数据交易所与国际数据港先导区功能联动，试点推动海外数据在新片区交易。建立数据流通交易配套制度，试点开展公共数据授权运营，支持数据要素功能平台落地新片区。探索研制可信数据合规流通制度标准体系，

打造全国首个数字信任试验区，创建数据特色园区，构建数商体系和衍生新业态，为数据要素创新发展提供制度创新和平台支撑。

（四）推进数字贸易创新发展

对接高标准国际经贸规则，高质量建设国际数据产业园，开展数据监管沙盒试点，推动电子发票、数字身份等一批跨境数据合作项目落地。加快建设上海数字贸易国际枢纽港临港示范区，引育一批数字贸易标杆企业，建设一批数字贸易功能性平台，打造数字贸易创新发展高地。

（五）打造"丝路电商"合作功能

支持深化"丝路电商"合作，支持建立跨境电商全球集散分拨中心，研究探索货物进出仓海关监管新模式。支持建立电子认证服务互通平台，满足电子合同、电子化原产地证书等数字化单证业务在线交换及验证需求，逐步增强跨境贸易数字信任能力。

六、深化服务贸易重点领域创新发展

（一）提升高端产业引领能力

瞄准集成电路、生物医药、人工智能、民用航空等重点产业发展的堵点难点问题，在支持全产业链融合升级、强化科技创新支撑保障、应用测试场景开放等领域加强制度集成创新，助力打造多个世界级前沿产业集群。如扩大生物医药特殊物品通关便利化改革的试点范围，建立进出境全流程联合监管机制，进一步提升特定血液制品、动物源性产品等特殊物品的审批验放效率。

（二）强化国际航运服务能级

支持优化和完善临港新片区航运服务业配套政策，加快"中国洋山港"船籍港建设。集聚船舶管理、船舶登记、船舶检验、海事仲裁等组织机构，发展航运金融、航运交易、航运结算、航材租赁等高端航运服务业。建设国际中转集拼服务中心，开展出口拼箱、国际中转拆拼箱等多业态同场作业试点。优化监管流程，扩大沿海捎带政策实施效果。推动航运指数期货上市交易，支持集装箱舱位交易平台，提升市场资源配置能力。探索推进人民币计价的国际航运保险业务。优化出入境检查流程，提升口岸通关效率，保障船舶快进快出，确保海运货物高效稳定流通。

（三）完善技术贸易交易体系

在集成电路、生物医药、民用航空等领域支持进口国内急需的技术密集型、知识密集型服务，支持企业扩大各类技术出口。全面落实技术进出口合同登记备案等便利化措施，支持企业开展跨境技术合作。推动上海技术交易所国际交易中心创新发展。加强与知名技术转移机构和科技创新主体合作，探索建立跨境技术交易结算体系，促进科技成果全球信息互通、流动配置和转化应用。完善软件及产品跨境交易规制，对于进口、分销、销售或使用大众市场软件（不包括用于关键信息基础设施的软件）及含有该软件产品的，不将转让或获取企业、个人所拥有的相关软件源代码作为条件要求。

（四）推动商文体旅外向发展

搭建国家级文化数智平台，推动文化大数据开发及应用，建设海外传播渠道，促进数字化技术研发与商业化应用。加强直播基地建设，搭建国际化库存交易供应链平台，开展直播视频内容输出业务。加快数字影视基地建设，开展海内外影视版权综合代理和版权运营业务，提升数字文化贸易行业能级。推动引入国际精品赛事，促进户外、水上、冰雪等体育项目与入境游深度融合。

（五）扩大教育医疗领域开放

创新办学机制，筹建具有先进办学理念的高品质基础教育学校。鼓励高水平高等教育中外合作办学，支持境外高水平大学在临港合作办学，引进国际一流、满足高层次人才子女教育需求的社会办非学制类职业培训机构、学制类职业教育机构，支持设立独立法人外籍人员子女学校。鼓励医疗机构提供国际商业医疗保险直付服务。

七、优化自贸试验区服务营商环境

（一）加强国际交流合作

深化与中国香港、新加坡、阿联酋迪拜等国际高水平自贸园区交流合作，推动临港新片区以高水平开放促进深层次市场化改革，构建与国际贸易和投资通行规则相衔接的、规范透明的开放型制度体系，打造中国企业"走出去"发展壮大的重要跳板。充分利用市贸促会在国际联络、会议展览、法律仲裁、经贸咨询等领域的国际资源，推动区内企业积极参加海外高能级会展。

（二）培育服务贸易主体

依托服务贸易创新发展大会、新兴金融大会、世界顶尖科学家论坛等高能级活动，引入一批具有较强市场竞争力和国际影响力的服务贸易龙头企业，培育一批细分领域"隐形冠军"中小企业，构建有竞争力的服务贸易企业梯队。围绕服务企业运营，创新发展供应链金融、知识产权融资等生产性金融服务，增强对创新型中小服务企业的金融支持力度。加大出口信用保险对服务贸易的支持力度。

（三）培养引进服务贸易人才

发挥"顶科论坛"溢出带动效应，筹建上海财经大学滴水湖金融学院，鼓励国内外知名猎头公司入驻，搭建服务贸易人才数据库、管理平台，建立多层次、多渠道的梯度式服务贸易人才培育体系和开放共享的人才引进体系，形成具有国际战略思维、开拓创新能力的服务人才队伍，推动全球服务领域人才合理流动。

（四）丰富重点空间载体

打造洋山特殊综合保税区新型贸易示范区和创新业态承载地。深化区港一体化运作，推动保税功能拓展延伸，发展保税维修检测、保税研发设计、保税展示交易、保税租赁贸易等创新业态。聚焦离岸跨境金融、新型国际贸易、高端航运服务等开放型核心功能，打造滴水湖金融湾服务贸易示范基地，重点布局总部经济、服务经济及外向型经济，加快培育世界级服务贸易优势产业集群。

（五）搭建专业服务平台

鼓励研发、设计、包装、物流、分销、金融等为制造业服务的服务业发展，构建具有国际竞争力的生产性服务业体系。争取设立上海国际商事法院。完善临港新片区涉外商事纠纷解决机制，打造调解、仲裁、诉讼相衔接的一站式争议解决中心。推动境外知名仲裁及争议解决机构在临港新片区设立业务机构，开展国际商事、海事、投资等领域民商事争议仲裁业务。推动实施专业服务"跟随出海"战略。打造集法律、会计、咨询、融资、通关服务、知识产权服务、供应链管理、人才资源等各类专业服务于一体的"服务贸易一站式服务体系"。

（六）优化服贸营商环境

构建对标国际通行规则的商事登记体系。深入推进公平竞争审查。完善与服务贸易领域创新发展相适应的包容审慎监管方式。加强知识产权保护执法和维权服务，强化知识产权海外维权援助和指导，吸引一批知识产权相关配套服务机构，提升临港新片区知识产权运营、交易便利度，形成有利于技术贸易和知识产权保护的营商环境。

（七）促进人员流动自由

为临港新片区人员出入境和外籍人员停居留提供便利。允许外商投资企业内部调动专家的随行配偶和家属享有与该专家相同的入境和临时停留期限。支持境外专业人员依法为区内的企业和居民提供专业服务，建立健全境外专业人员能力评价评估工作程序。拓宽境外税务、涉外律师、国际仲裁、技术转移转化、资产评估等高端专业服务人才引进范围。优化涉外劳动人事服务保障体系，健全涉外劳动人事争议仲裁巡回庭工作机制。允许在国（境）外高水平大学取得本科及以上学历的优秀外籍毕业生在临港新片区直接就业。

（八）提升国际规则衔接能力

全面对接 CPTPP、DEPA 等国际高标准经贸规则，聚焦贸易自由便利、扩大外资市场准入、数据跨境流动、"边境后" 规则贯通等重点领域先行先试，不断丰富测试样本和试验内容，为各类经营主体投资创业营造良好环境。如率先对接 CPTPP 关于货物的国民待遇和市场准入部分条款，制定上海市再制造产品进口试点方案，积极争取开展高技术含量、高附加值、符合环保要求的再制造业务。

八、提升全球要素资源配置能力

以进一步促进全球高端和新型要素在自贸试验区安全畅通流动为改革方向，围绕推进服务业高水平开放、提升经营主体全球运作水平、实施开放便利的人才政策等方面进行整体设计，更好利用国内国际两个市场两种资源。如加快推进上海石油天然气交易中心建设，完善交易中心系统功能、规则制度和配套政策，引进更多高能级油气贸易主体，持续扩大油气贸易人民币结算规模。

第二节　中国（上海）自由贸易试验区提升发展行动

一、以加快政府职能转变为核心的制度创新

强化纾困解难为企服务。2022 年 6 月，《上海海关支持上海特殊监管区域复工复产促进外贸保稳提质若干措施》[①] 提出，充分发挥特殊监管区域联席会

[①]　上海市人民政府:《上海海关支持上海特殊监管区域复工复产促进外贸保稳提质若干措施》，上海市人民政府，https://www.shanghai.gov.cn/wwzwgwm/20220624/d15ace52e7af49c687fe3cbe6c211c0d.html.

议机制作用，加强与市有关主管部门和区域管理主体协作配合，主动排摸企业在物流、生产等环节对海关优化监管服务诉求。结合地方政府、企业提出的具体问题，建立快速响应渠道，做到及时解答、高效处置。加大海关政策引导和专项业务指导力度，支持企业充分利用海关监管创新措施复工达产、保链提质。

创新性制度供给，为上海保税区域诚信示范试点建设赋能。2022 年底，上海市社会信用建设办公室和上海市海关特殊监管区域联席会议办公室联合印发了《中国（上海）自由贸易试验区保税区域诚信建设示范区试点方案》①。主要包括：一是探索开展产业链供应链信用培育模式。围绕集成电路、生物医药等领域产业链供应链的上下游企业，开展诚信示范企业培育，促进链上企业提升信用管理水平，降低全产业链综合成本。二是探索形成央地协同的信用管理方式。通过优化保税区域一体化信息管理服务平台数字化支撑，推进多部门间系统的有效对接，实现信用数据和信用应用结果共享，进一步扩大诚信示范企业信用激励措施的覆盖面。三是探索建立信用风险预判预警机制。在重点监管领域，积极应用信用报告和信用风险预警，对跨行业跨区域风险，主动监测和识别。

助力企业促发展资源规划政策。推进重点区域规划制定；衔接成片开发和城市更新政策，打造城市更新样板，提升张江科学城、国际旅游度假区及浦东中部地区等的发展定位和城市功能；加大土地出让力度；支持以招挂复合、预申请等方式优选开发建设主体，打造高品质城市综合体。

2023 年 9 月，《上海市落实〈关于在有条件的自由贸易试验区和自由贸易港试点对接国际高标准推进制度型开放的若干措施〉实施方案》② 正式印发。

推动货物贸易创新发展。上海自贸试验区及临港新片区要制定再制造产

---

① 中国（上海）自由贸易试验区管理委员会：《上海：自贸区保税区域诚信示范试点建设加速推进》，中国（上海）自由贸易试验区管理委员会，https://www.pudong.gov.cn/china－shftz/qydt/20230625/761834.html.

② 上海市人民政府：《上海市落实〈关于在有条件的自由贸易试验区和自由贸易港试点对接国际高标准推进制度型开放的若干措施〉实施方案》，上海市人民政府，https://www.shanghai.gov.cn/nw12344/20230921/39626f989993402aaaaaec1cb2e7620d.html.

品进口试点方案，及时报国家商务主管部门批准后实施。自境外暂时进入上海自贸试验区及临港新片区的部分货物，在入境时纳税义务人向海关提供担保后，可以暂不缴纳关税、进口环节增值税和消费税。企业办理进口海关申报时，海关对于企业提供的原产地证书，如仅存在印刷错误、打字错误、非关键性信息遗漏等微小差错或文件之间的细微差异，在确认货物原产资格情况下，可给予企业享受优惠关税待遇，企业不必反复修改、递交申请材料。

推进服务贸易自由便利。外资金融机构在上海自贸试验区及临港新片区申请开展中资金融机构已开展的新金融业务的，在沪金融管理部门根据国家金融管理部门明确的外资金融机构开展新金融服务的机构类型、机构性质、许可要求和许可程序，充分给予机构国民待遇并进行审慎监管。

二、创新金融服务方案

提升金融创新服务。2022年10月，浦发银行升级推出新版上海自贸试验区金融服务方案。[①] 浦发银行通过"融资+融智+融技"三位一体解决方案，为区内科技企业提供全生命周期的跨境金融服务；以绿色贷款、绿色债券、碳市场交易等金融产品为抓手，助力区内绿色产业发展及低碳转型；不断丰富"浦银避险"业务内涵并与自贸业务相结合，为上海巩固人民币金融资产配置和风险管理中心地位贡献浦发智慧。

新版服务方案新增20余项重点产品和服务，注重提升企业的服务体验。方案涵盖了与新型贸易、高端航运、前沿科技、金融要素及同业相关的13个行业，并在此基础上增加了"绿色金融"和"总部经济"方案；首次通过场景化服务优化企业体验，即银行主动熟悉客户的业务模式，再将政策、银行产品以及科技手段三者结合起来，形成对客户具体业务的场景化服务。本次服务方案汇集了离岸经贸、跨境电商、全球司库、海外资金安全、跨境船舶管理、自贸债等12个服务场景；首次呈现浦发银行"自贸贸E通""海鸥债工作室"两大服务平台，"自贸贸E通"致力于为企业提供便利化服务，呈现

---

① 上海市人民政府：《浦发银行升级推出新版上海自贸区金融服务方案》，上海市人民政府，ht-tps：//www.shanghai.gov.cn/nw31406/20221018/74b8f38d4ec4470895622dcfeb03fad3.html.

自贸跨境便利化产品体系和科技支持。"海鸥债工作室"将在浦发银行已经参与了 10 余单自贸债承销、一级市场投资、二级市场交易转让以及资金清算的经验的基础上，更深入地探索自贸债发行模式和市场发展。

上海自贸试验区积极开展金融创新实践①，主要包括以下 3 个方面。

（一）金融开放创新方面

聚焦落实金融扩大开放举措，进一步打造金融开放枢纽门户。

1. 临港新片区开展跨境贸易投资高水平开放外汇管理改革试点

2022 年 1 月 28 日，国家外汇管理局上海市分局印发《中国（上海）自由贸易试验区临港新片区开展跨境贸易投资高水平开放外汇管理改革试点实施细则》，在临港新片区开展跨境贸易投资高水平外汇管理改革试点。试点政策涵盖 9 项资本项目改革措施、4 项经常项目便利化措施，以及 2 项加强风险防控和监管能力建设的相关要求。

2. 上海加速推动自贸试验区离岸债券业务创新

2021 年起，上海自贸试验区离岸债券业务持续创新推广，逐步开拓了中国债券市场开放新路径。2021 年 5 月，海通证券作为总协调人支持上海地产集团发行了首单自贸试验区离岸人民币债券，由中央国债登记结算公司提供登记、托管及清算服务支持。2022 年 10 月，海通证券再次以总协调人身份支持临港集团发行全球首单绿色双币种自贸试验区离岸债券，境外投资人占比创下历史新高。

3. 上海资本市场持续深化与境外市场互联互通

2022 年 7 月 4 日，交易型开放式基金正式纳入内地与香港股票市场交易互联互通机制。2022 年 3 月，上海证券交易所正式发布境内外证券市场互联互通存托凭证机制优化配套业务规则，将瑞士和德国纳入境内外证券交易所互联互通存托凭证业务适用范围，同年 7 月 28 日，中瑞资本市场互联互通业

---

① 上海市金融工作局：《中国（上海）自由贸易试验区第十一批金融创新案例基本情况表》，上海金融，https://jrj.sh.gov.cn/cmsres/8f/8f6d54cf8a5b4f1982f4cf54aa74195e/0a5b64fa1daeb570a8d3d969621457fd.pdf.

务正式落地。

（二）金融市场创新方面

立足深化金融要素市场改革，不断推升上海国际金融中心服务能级。2021年3月，上海清算所创新推出大宗商品现货清算业务。8月，与位于上海自贸试验区临港新片区的有色网金属交易中心有限公司对接，精准服务有色金属行业实体企业，并于2022年6月推出清算通供应链金融信息服务。

（三）跨境金融服务方面

围绕优化跨境金融服务，用好国内国际两个市场两种资源。2020年10月，中国人民银行上海分行与上海商务委出台《关于明确自由贸易账户支持上海发展离岸经贸业务有关事项的通知》。2022年1月27日，中国银行上海市分行为东方创业集团办理自由贸易账户离岸加工贸易跨境结算业务，成为该通知发布后的上海首单离岸加工贸易结算业务。

三、优化资源要素配置

优化市场准入许可，优化市场资源配置，激发市场活力。2022年1月，浦东市场监管局推出10条措施，支持企业复工复产，加快经济恢复。[1] 以企业需求为导向，创新审批模式，积极推行"网上办、容缺办、不见面审批"等一系列便利化举措，最大限度减少新冠疫情对企业的影响。

（一）优化企业登记注册

通过"微信公众号""线上会客厅"等平台，为企业提供远程登记指导；采取"线上办、随时办、容缺办"等方式，为复工复产提供便捷服务。进一步推进市场主体登记确认制改革实施，通过"全程网办"电子化形式，落实不再收取企业内部自治性文件、将部分备案事项改为企业自主公示事项等举

---

[1] 严尔俊：《浦东市场监管局最新推出10条措施，支持企业复工复产，加快经济恢复》，浦东发布：2022年5月31日。

措，切实为市场主体放权赋能。

（二）提供许可证延期办理

对食品经营企业因新冠疫情封控无法及时办理许可证延续手续的，许可证有效期视为延长至 6 月 30 日，待疫情结束后在规定的时间内提出申请，相关材料参照延续流程简化收取。食品经营许可证延续申请的提出时限由到期前 30 日缩短至 10 日。工业产品生产许可证有效期届满的，可办理许可证延期，待疫情解除后再行提交延期申请。"免予办理强制性产品认证"办理时间由 5 个工作日缩减为 1 至 2 个工作日。

（三）建立行政许可应急审批通道

为符合条件的第二、第三类医疗器械生产企业开辟"生产许可"应急审批通道，采取"提前指导、容缺受理、企业承诺、技术审评、豁免或简化现场检查"等方式，保障疫情期间医疗物资生产的合法性和延续性。待疫情结束后，组织现场检查。

（四）重要工业产品许可"先发证后审核"

企业可通过"一网通办"平台在线提交申请材料，经形式审查合格后，当场做出准予生产许可决定并发放许可电子证书，待疫情结束后再开展现场检查。未能在企业取得生产许可证后 30 日内完成全覆盖例行检查的，延期至疫情结束后 1 个月内完成。

浦东新区研究制定并出台的《加快经济恢复迈出引领区建设更快步伐实施方案》[①] 提出，强化各类资源和要素保障，包括进一步加大财政支持稳增长力度；加快财政支出进度，统筹使用各类收入和专项资金，调整优化支出结构；加大政府采购支持中小企业力度，提高中小企业在政府采购中的份额。

浦东新区财政局发布中小微企业政策性融资担保财政扶持计划。针对贸

---

① 上海市发改委：《浦东新区制定出台〈加快经济恢复迈出引领区建设更快步伐实施方案〉》，上海市人民政府，https://fgw.sh.gov.cn/yqpd/20220530/8766c275176c449eb825f43206de1602.html.

易中心、金融企业、总部经济等发布"十四五"期间系列财政扶持办法①，促进产业发展。

表2-1 "十四五"系列财政扶持办法

政策名称	领域	细分领域	内容
《浦东新区"十四五"期间支持贸易中心建设财政扶持办法》	贸易中心	具有资源配置中心的贸易中心主体	根据综合贡献，可在五年内每年获得一定奖励。
		"走出去"跨国经营国际化主体	
		大宗商品企业	
		商圈业态集聚和完善产业园区商业配套	根据综合贡献，可在三年内每年获得一定奖励。
		电子商务企业	
		持牌金融机构	对新引进的持牌金融机构，经认定，三年内根据对新区综合贡献考核评定，给予一定的落户奖励。对持牌金融机构，经认定，根据企业每年对新区的综合贡献给予一定的综合贡献奖励。
《浦东新区"十四五"期间促进金融业发展财政扶持办法》	金融业	融资租赁企业	对新引进的融资租赁企业，经认定，三年内根据对新区综合贡献考核评定，给予一定的落户奖励。对融资租赁企业，经认定，根据企业每年对新区的综合贡献给予一定的综合贡献奖励。
		商业保理企业	对商业保理企业，经认定，根据企业每年对新区的综合贡献给予一定的综合贡献奖励。

---

① 上海市浦东新区财政局：《浦东新区"十四五"期间支持中小微企业政策性融资担保财政扶持实施办法》，上海市人民政府，https://www.shanghai.gov.cn/hqrzfc3/20230510/77bb721593f64bd48024bb883cee3fc8.html.

续表

政策名称	领域	细分领域	内容
《浦东新区"十四五"期间促进金融业发展财政扶持办法》	金融业	私募投资企业	对私募投资企业，经认定，根据企业每年对新区的综合贡献给予一定的综合贡献奖励。
		人才扶持	对新引进的金融业部分机构高管人员给予安家奖励。对金融业部分机构高管人员和核心骨干人员，给予人才奖励。
《浦东新区"十四五"期间促进总部经济发展财政扶持办法》	总部经济	新落户总部	在五年内每年获得一定奖励；新落户的国际经济组织（机构）地区总部，根据其等级规模可获得奖励。
		现有总部	原有企业认定为跨国公司地区总部（含外资研发中心）、大企业总部、营运总部、区域性总部的，可在五年内每年获得一定奖励。

资料来源：上海市浦东新区财政局。

强化政策保障，进一步优化区域发展要素供给。2022 年 5 月，颁布《关于支持中国（上海）自由贸易试验区临港新片区加快建设独立综合性节点滨海城市的若干政策措施》[①]，加强人才、土地、资金等要素保障，夯实临港新片区发展后劲，稳定各类市场主体预期，提振各方面信心，努力构筑上海高水平人才高地的重要战略支点，打造全球人才创新创业首选地，措施包括以下几方面内容。

（一）进一步优化人才落户政策

建立完善技能人才引进专属目录动态调整机制，支持临港新片区根据区域产业发展需求，推动技能劳动者在临港新片区高质量就业。完善人才子女

---

① 上海市人民政府：《关于支持中国（上海）自由贸易试验区临港新片区加快建设独立综合性节点滨海城市的若干政策措施》，上海市人民政府，https://www.shanghai.gov.cn/nw12344/20220820/43da19ca626e4bdf8a8614af84c53c01.html?eqid=9de881ff00068cf5000000046461f771。

就学服务保障机制，加强重点人才子女就学保障。

（二）支持临港新片区重大项目建设融资机制创新

将南汇新城的城市更新联动政策推广至临港新片区产城融合区。鼓励金融机构为临港新片区开发和重大项目建设提供融资支持，探索创新融资模式。支持上海园区高质量发展基金投资临港新片区基础设施建设。积极引导中央企业、地方国有企业、民营企业等各类主体以市场化方式，承接盘活临港新片区存量资产，支持临港新片区建设。支持临港新片区符合条件的项目优先申报发行基础设施 REITs。

（三）进一步加强临港新片区资源性指标统筹

持续保障临港新片区新增建设土地指标需求。以能耗强度为导向，增强能源消费总量管理弹性。对列入国家重大项目清单的项目，实施能耗单列；对超出所在区能耗强度平均水平但低于全市能耗强度平均水平的重大项目，实施能耗指标市级统筹；对列入国家重大项目、市重大项目清单、市重大利用外资项目清单的项目或由市政府确定的关系到全市发展战略的重大项目，实行污染物排放指标市级统筹。支持以森林覆盖率作为主体指标，统筹绿林地建设，推动区域内部河道、道路、园区及企业附属绿化建设按照林地建设标准实施，实现生态空间的有机整合高效利用。

（四）适度优化产业用地转让管理

对临港新片区区域范围内，已建、在建产业物业（工业、研发）建筑面积持有达到一定规模要求的园区平台公司，在进一步强化可转让物业产业准入要求，以及明确审定部门、监管方式、违约处置措施和退出方式的前提下，经临港新片区管委会认可后，单合同地块首次销售比例除生活配套设施以外的物业直接转让比例可以适度上调。

加大新冠疫情期间企业的支持力度。为缓解疫情对经济的影响，减轻市场主体负担，结合浦东新区实际，进一步加大对企业的支持纾困力度。2022

年5月，浦东政府颁布《浦东新区全力抗击疫情助企纾困若干政策措施》[①]，提出若干政策措施如下：

1. 增加减免力度

承租本区行政事业单位自有房屋以及区属国有企业房屋从事生产经营活动的小微企业、个体工商户及民办托幼机构，按照市级政策减免房租。对企业化管理事业单位减免的房租，经核定由财政给予相应补贴。租赁城镇集体企业房屋的可参照执行，鼓励农村集体经济组织参照执行。免除企业和个体工商户2022年3月至5月的干垃圾和餐厨垃圾处理费，减半收取企业和个体工商户6月至7月的干垃圾和餐厨垃圾处理费。对新冠疫情期间企业和个体工商户拖欠水、电费的，不得停水、停电。鼓励相关单位免除相应的欠费违约金。

2. 提升支持强度

鼓励工业企业扩大生产规模并给予支持。促进产业类重大建设项目投资，加大对相关企业2022年投资贷款的政策性融资担保支持力度，并进行相应的贴息。对企业新增总投资1000万元以上的工业固定资产投资项目，以及验收完成的上海市重点技术改造项目，给予企业一定奖励，单个项目奖励最高不超过2000万元。加快兑现各类企业产业扶持政策。提前兑现受新冠疫情影响较大行业及中小微企业2022年上半年相应的产业扶持政策，缓解企业资金压力。加大对药品、医疗器械的临床研究、注册、生产、销售等环节的支持。资助企业开展与防疫相关的疫苗、药物、诊断产品的科研攻关项目，单个项目最高资助额度不超过200万元。对受新冠疫情影响较大的困难企业以及对新冠疫情防控作出重大贡献企业，由市中小微企业政策性融资担保基金担保的银行贷款，经相关部门确定名单后，给予担保费全额补贴及1.5%的贷款贴息。推动加大普惠性小微企业信用贷款投放力度。做好为小微企业购买代理记账服务工作，扩大服务对象范围，做好咨询解答服务，助力小微企业解困纾困。加快市、区文创专项资金项目验收和拨款。加强对文体旅企业政策宣传，鼓励区内企业申报市级文创专项资金。对获市级文创专项资金项目给予

[①] 上海市人民政府：《浦东新区全力抗击疫情助企纾困若干政策措施》，上海市人民政府，ht-tps://www.shanghai.gov.cn/qjzccs/20220504/552c89547c19473a9e51b895070e15f6.html.

相应区级配套资金奖励。对受疫情影响较大的实体文化、旅游企业给予相应的重点扶持。

四、打造特色鲜明的现代化产业

加快构建现代产业体系，进一步集聚跨国公司地区总部和国际经济组织，成为国际经济中心能级提升的重要引擎。上海自贸试验区加快以集成电路、生物医药、人工智能三大先导产业为核心的现代化产业体系建设，成为中国参与全球价值链、供应链体系的新增长极。同时，加快传统制造向智能制造转型升级，实现规模化和高端化发展。

促进自贸试验区内集成电路和软件产业发展。2022 年 1 月，《新时期促进上海市集成电路产业和软件产业高质量发展的若干政策》[①] 明确将加强核心团队与紧缺人才政策扶持，加大企业专项资金支持力度，并在通关便利化、技术出口贴息等方面持续强化。

（一）人才引进资金支持

优化研发设计人员和企业核心团队奖励政策。鼓励集成电路企业和软件企业做大产业规模，对于首次突破相关年度主营业务收入条件的集成电路装备材料、EDA、设计企业和软件企业，由市、区两级政府给予其核心团队分级奖励。加大境外高端紧缺人才扶持力度，支持企业引进人才。加强企业人才住房保障，高校人才培养能力建设。建立软件人才职业资质认证与职业能力评价衔接机制。

（二）企业直接资金支持

对于零部件、原材料等自主研发取得重大突破并实现实际销售的集成电路装备材料重大项目，支持比例为项目新增投资的 30%。对于 EDA、基础软件、工业软件、信息安全软件重大项目，项目新增投资可放宽到不低于 5000

---

① 上海市人民政府：《新时期促进上海市集成电路产业和软件产业高质量发展的若干政策》，上海市人民政府，https://www.shanghai.gov.cn/nw12344/20220119/8eb27ef45ced41a2a1a14a56b86596f6.html.

万元，支持比例为项目新增投资的 30%。对于符合条件的设计企业开展有利于促进本市集成电路线宽小于 28 纳米（含）工艺产线应用的流片服务，相关流片费计入项目新增投资，对流片费给予 30% 的支持。

（三）公司运营资金支持

金融方面，继续扩大集成电路产业基金规模，创新信贷支持和软件行业融资方式。支持保险机构参与集成电路产业发展，提供融资担保服务。研发方面，布局重点领域科技重大专项，优化集成电路产品首轮流片政策。投资方面，优化集成电路项目投资管理制度，优化调整装配式建筑实施范围。进出口政策方面，持续实施进出口便利和贴息政策。实施海关企业分类管理制度，对国家鼓励的集成电路生产、装备、材料，重点设计和重点软件企业进口原物料、设备，快速办理通关、查验。

促进自贸试验区生物医药产业高质量发展。2022 年 1 月，上海市浦东新区财政局发布《浦东新区生物医药产业高质量发展行动方案（2022—2024年）》[①]，加快打造世界级生物医药产业集群的政策及空间布局规划，打造引领带动我国生物医药创新发展的主阵地、参与全球生命科技竞争的策源地、"全球新"产品持续涌现的原创首发地。重点任务包括推进生物医药领域混合产业用地试点，推进产业用地储备工作，优化产业用地供给机制，探索有突破性的体制机制创新，推进合同委托生产基地扩大生产能力；打造"一源多极、特色发展、协调联动"的群落式产业空间体系，依托浦东新区南北科技创新走廊建设，推进生物医药南北联动协同发展。

利用原产地规则优化产业链布局。2022 年 2 月，上海市商务委员会发布《上海市关于高质量落实〈区域全面经济伙伴关系协定〉（RCEP）的若干措施》，落实《中华人民共和国海关〈区域全面经济伙伴关系协定〉项下进出口货物原产地管理办法》，帮助企业根据自身产品、产业链特点，用好原产地累积规则、微小含量规则、企业原产地自主声明和背对背原产地证明等 RCEP

---

① 上海市浦东新区财政局：《浦东新区生物医药产业高质量发展行动方案（2022—2024 年）》，上海浦东新区人民政府，https://www.cy9090.com/news/1508697638565793792.html。

原产地规则①。引导企业合理规划生产资源配置，优化供应链布局，提高国际贸易物流效率、降低企业运营成本。推动传统产业链优化升级，深入推进技术改造，支持企业加强设备更新和新产品应用。聚焦产业链关键技术环节，支持企业不断提升高附加值的中间产品供给能力，向价值链高端环节延伸发展，形成具有产业链控制力的技术和产品。

全面促进外贸企业的复工复产。为全力推动海关总署促进外贸保稳提质相关措施高效落地，积极推动上海特殊监管区域复工复产，充分发挥其在促进外贸保稳提质中的引领作用，2022 年 6 月，上海市发展改革委研究制定《上海海关支持上海特殊监管区域复工复产促进外贸保稳提质若干措施》②，其中包括以下几方面内容：

1. 充分发挥区位优势和长三角一体化联动机制，保障供应链顺畅

支持特殊监管区域发挥区位优势，加强与口岸联动，充分运用相关政策和区港直通、联动等监管便利措施，畅通口岸与区域货物流转。依托长三角海关一体化协同机制，进一步便利企业开展保税间流转业务，重点保障长三角供应链顺畅。

2. 推动制造企业尽快复工达产

依托允许企业受疫情影响延期办理相关保税业务核销手续、实施真空包装等高新技术货物口岸和属地查验协同等一系列措施，帮助企业克服疫情影响，尽快复工达产。支持企业开展保税维修、保税研发、保税再制造等业务，同步推动配套监管制度落地，为实体制造业发展提供延伸配套服务。

3. 发挥特殊监管区域保税物流功能优势

支持企业全面拓展特殊监管区域国际中转、转口贸易、货物存储、集拼分拨等保税物流功能，实现全球货物便捷中转、集散、配送。推动区域成为药品、

---

① 上海市商务委员会：《上海市关于高质量落实〈区域全面经济伙伴关系协定〉（RCEP）的若干措施》，上海市人民政府，https://www.shanghai.gov.cn/gwk/search/content/a218ffe416494c9988978bb310d4bc03.

② 上海市发展改革委：《上海海关支持上海特殊监管区域复工复产促进外贸保稳提质若干措施》，上海市人民政府，https://www.shanghai.gov.cn/wwzwwm/20220624/d15ace52e7af49c687fe3cbe6c211c0d.html.

疫苗、试剂、医疗器械等抗疫物资及相关民生保障物资的首选备料存货地。

4. 支持新业态新模式发展

优化保税租赁业务异地监管作业流程，支持企业依托海关特殊监管区域开展飞机、船舶等大型装备的保税租赁业务。促进保税监管政策与金融工具运用相结合，推动期货保税交割业务开展，探索大宗商品保税仓单登记中心建设。

促进创新链、产业链、价值链三链融合、协同推进，为企业后续发展壮大提供良好的产业生态环境。为此，新区制定了两方面8条措施。一是不断完善创新创业生态。支持企业研发攻关，支持研发创新主体，支持科技创新券使用。二是持续巩固产业核心竞争力。支持先进制造业企业发展，鼓励产业链协同联动，支持首次示范推广应用，支持软件信息及科技服务业企业发展，支持产业数字化转型。

为更好支持企业研发，2022年5月，浦东新区制定出台的《加快经济恢复迈出引领区建设更快步伐实施方案》①促进了创新链、产业链、价值链三链融合、协同推进，将为企业后续发展壮大提供良好的产业生态环境。通过不断完善创新创业生态以支持企业研发攻关、研发创新主体；通过持续巩固产业核心竞争力以支持先进制造业企业发展，鼓励产业链协同联动，支持产业数字化转型。新区对企业共同开展协同创新和联合攻关项目和企业研发应用信息化项目，给予不同的资金资助；对企业创新中心、研发机构、开发活动，设立分级资金资助政策。为了进一步巩固产业核心竞争力，对产值达到一定规模，以及增量达到一定规模的企业分别给予分类分档奖励；对经济数字化转型项目、数据要素市场建设的重大平台和创新应用等经济数字化转型标杆项目，给予一定额度的资助。

为促进上海自贸试验区临港新片区产业发展，着力打造世界级前沿产业集群，提升科技创新和产业融合能力，加快存量企业转型升级，整体提升区域产业能级，建设具有国际市场竞争力的开放型产业体系，特制定并发布

---

① 上海市发展改革委：《加快经济恢复迈出引领区建设更快步伐实施方案》，上海市人民政府，https://www.shanghai.gov.cn/qjzccs/20220530/a07cca12c26a42e29b7ffcbc05f41adc.html。

《中国（上海）自由贸易试验区临港新片区促进产业发展若干政策》①。政策全方位聚焦和支持国家、上海市明确在临港新片区重点发展的集成电路、人工智能、生物医药、航空航天四大产业，重点支持新一代信息技术、高端装备制造、智能网联汽车、新材料、新能源、节能环保等先进制造业和战略性新兴产业领域的重大项目，配套支持国家和上海市立项的重大项目以及特定出资事项。

表2-2　临港新片区重大项目特定出资事项

支持类别	具体内容	支持力度
关键核心技术与产品突破	支持关键核心技术研发项目	一般项目支持金额不超过1000万元，重点项目支持金额不超过3000万元，重大技术攻关项目支持金额不超过5000万元。
	支持重大技术装备或核心部件实现首台（套、批）突破	对被评为国际首台装备项目，按合同金额20%~30%比例进行支持，支持额度不超过3000万元；对被评为国内首台装备项目，按合同金额的10%~20%比例进行支持，支持额度不超过2000万元。
	支持采购区内企业研发、制造的产品及服务	按实际采购发票额10%予以补贴，补贴额度年度不超过1000万元。
产业能力建设及提升	支持战略性新兴产业项目建设	专项资金支持的项目原则上总投资不低于1亿元，新增投资不低于总投资的80%，自有资金不低于总投资的30%。按照项目总投资的10%~30%比例给予支持，支持金额原则上不超过1亿元。
	支持企业推进智能化建设	经评定列入示范应用类项目支持金额最高为5000万元。
	支持企业推进智能化建设	项目总投入应当达到2000万元以上，其中固定资产投资占项目总投入的比例不低于60%。一般项目支持额度不超过项目总投资的10%，支持金额不超过1000万元。重点项目支持额度不超过项目总投资20%，支持金额不超过5000万元。

---

① 上海市人民政府：《中国（上海）自由贸易试验区临港新片区促进产业发展若干政策》，上海市人民政府，https://www.shanghai.gov.cn/gwk/search/content/f589f75e477948bd8a02ebf3ac42de67.

支持类别	具体内容	支持力度
产业能力建设及提升	支持企业节能减排	专项资金主要采用补贴或以奖代补的方式对项目予以支持。
	支持特殊重大项目	对于项目总投资超过 100 亿元，其中固定资产投资占项目总投资的比例不低于 60% 的特殊重大项目，按照项目总投资的 5%~10% 比例给予支持，支持金额原则上不超过 10 亿元。
自主创新能力建设	支持国内高新技术企业认定	落实高新技术企业所得税优惠、研发费用加计扣除等政策。
	支持科技"小巨人"培育	按照不超过实施周期内项目总投入 50% 比例给予补助，科技小巨人企业的补助额度最高不超过 300 万元，科技小巨人培育企业补助额度最高不超过 200 万元。
	支持企业主导或参与标准制定	对主导不同级别标准制定并发布的企业，给予不同标准的奖励
	支持企业知识产权工作	对获得不同认定的企业给予不同标准的奖励。
产业创新环境建设	支持功能型平台建设	对经认定的国家级、上海市级功能型平台，按照资助额度给予同比例支持；对经临港新片区管委会认定的科创平台、重点平台项目按照"一事一议"原则给予扶持。
	支持创新载体建设	按照项目总投资的 50% 比例给予支持，支持金额不超过 1000 万元。
	支持行业协会及产业联盟建设	支持符合临港新片区重点产业方向行业协会落地，给予不超过 100 万元的年度运营经费，连续支持三年。
	支持创新资源集聚及创新创业活动	针对活动的不同性质，给予不同标准的补助。

资料来源：上海市人民政府。

五、优化营商环境

上海自贸试验区通过进一步简化企业注册、验资、审批等流程，推进"一网通办"，以实际行动优化营商环境。利用更加市场化机制，完善股权交易、竞价拍卖等市场化机制改革，进一步推进资源配置效率，创造公平公正的市场环境。通过高水平的政策、制度和服务，吸引更多的国际投资和贸易合作，打造有利于国际投资的营商环境。

建立营商环境监督员制度。协助开展营商环境督查工作，收集相关问题和意见建议，多途径宣传惠企利民相关政策，帮助市场主体加快复工复产复商复市，形成企业、商协会及社会各界共同推动营商环境建设的新模式。协助开展企业信用修复工作，畅通信用修复申请渠道，提高信用修复办理效率。

落实 RECP 若干协定。为深入推动上海构建对外开放合作和竞争新优势，抢抓开放型经济新机遇，2022 年 2 月，上海市商务委员会颁布《上海市关于高质量落实〈区域全面经济伙伴关系协定〉（RCEP）的若干措施》①，其中包括以下几方面内容：

（一）提升国际贸易知识产权保护水平

充分依托国家海外知识产权纠纷应对指导中心上海分中心及浦东分中心，构建海外知识产权纠纷信息收集与发布机制，分类指导海外知识产权纠纷案件，切实提升本市企业"走出去"过程中的知识产权纠纷防控意识和纠纷应对能力。鼓励设立市场化运作的知识产权维权互助基金，为相关企业开展海外知识产权维权援助提供必要的资金支持。加快推进中国（上海）知识产权保护中心建设，在全市范围内面向新材料、节能环保等重点产业开展快速协同保护工作。依托上海国际贸易知识产权海外维权基地，开展覆盖 RCEP 主要成员国的海外知识产权风险防范和维权援助服务，提升本市企业在成员国

---

① 上海市商务委员会：《上海市关于高质量落实〈区域全面经济伙伴关系协定〉（RCEP）的若干措施》，上海市人民政府，https://www.shanghai.gov.cn/gwk/search/content/a218ffe416494c9988978bb310d4bc03.

市场的知识产权维权能力。提升与 RCEP 国家在知识产权运用转化、技术创新与支持、人才培养、仲裁调解、可持续发展等方面的国际合作水平。

（二）加强企业海外权益保护体系建设

实施产业国际竞争力调查和评价工程，科学评估加入 RCEP 后外贸环境变化对本市产业国际竞争力影响。跟踪 RCEP 成员国贸易、产业政策变化和规则实施差异，编制主要成员国政策解读，加强规则实务培训。持续强化海外权益保护，健全完善境外项目防疫信息监测网络以及企业境外权益保护应急救援网络。指导企业制定完善境外投资风险防范措施和应对预案，全面提升企业应急突发救援能力。

（三）强化国际贸易便利化标准支撑

加大 RCEP 成员国相关技术性贸易措施体系研究，开展重点行业、贸易产品技术性贸易措施跟踪咨询和应对服务，提高本市外贸企业应对技术性贸易措施水平。紧密跟踪 RCEP 成员国标准化战略和重点贸易领域政策动态，积极开展国际标准的技术性贸易趋势和关键指标研究，提升技术性贸易措施国际化水平，增强重点企业风险防范和处置能力。

（四）加强经贸摩擦应对和援助服务

加强 RCEP 成员国贸易救济等案件跟踪，建设多主体协同的经贸摩擦综合服务体系。发挥《上海市贸易调整援助办法》效用，创新贸易调整援助方式，搭建贸易调整援助公共服务平台，帮助企业更好抵御国际经贸规则变化风险。开展 RCEP 主要成员国贸易产品安全预警监测，跟踪发布重点产业链、供应链安全监测报告。

（五）推动企业国际经营合规建设

对接 RCEP 规则，定期发布企业国际经贸合规经营指南。引导企业提高合规意识，聚焦人才培养，树立合规理念，自觉推动企业合规建设，助力企业在"走出去"过程中守好合规底线，提高企业主动风险应对能力，进一步提升企业国际化经营水平。开展 RCEP 重点贸易投资企业的国际经营合规风险排查，提高企业抗风险能力。依托市贸促会，开展重点企业自贸协定使用监测，及时了解企业自贸协定使用情况。

第三节 中国（上海）自由贸易试验区提升 发展成效及问题

一、行动成效

2022 年，上海贸易中心和国际消费中心城市建设取得重大成绩，上海外贸实现"良好开局、深度回落、加速重振"一波三折。根据上海市统计局发布的《2022 年上海市国民经济和社会发展统计公报》，2022 年上海进出口总值达到 4.2 万亿元，同比增长 3.2%，其中出口增幅达 9%，出口对经济增长的拉动作用进一步显现。全年累计进口消费品 5297.4 亿元，占全国 27.4%，排名全国第一，2022 年区域进出口总额约占全国 21 个自贸试验区总额的 30%。

截至 2022 年底，上海自贸试验区累计新设企业 8.4 万户，新设外资项目超 1.4 万个，累计实到外资 586 亿美元，约占上海同期 30%。在上海自贸试验区的带动下，浦东新区 2022 年实现地区生产总值 16013.4 亿元、规模以上工业总产值 13390.2 亿元，分别是 2013 年的 2.5 倍和 1.5 倍；累计认定跨国公司地区总部 432 家、外资研发中心突破 250 家，均占上海市近一半比重①。

表 2-3　2022 年上海自贸试验区主要经济指标（浦东）

指标	单位	绝对值	比上年增长（%）
对外直接投资实际到位金额	亿美元	95.72	13.5
全社会固定资产投资总额	亿元	1899.60	12.5

---

① 颜维琦，孟歆迪，任鹏.上海自贸试验区：先行先试，创新成果持续涌现［N］.光明日报，2023-10-01.

续表

指标	单位	绝对值	比上年增长（%）
规模以上工业总产值	亿元	7453.71	7.6
社会消费品零售额	亿元	2374.13	-6.2
商品销售总额	亿元	62958.73	-4.3
服务业营业收入	亿元	8664.33	3.4

资料来源：上海市统计局、国家统计局上海调查总队。

（一）贸易和产业结构呈现新亮点

1. 落实"1+3+3+3+3"国家重大战略

2022年浦东新区进出口总值占全市近六成；上海10个特殊监管区域进出口总值达1.6万亿元，占全市近四成，其中洋山特殊综保区增速高达61.4%，对外开放高地作用进一步显现①。

2. 集成电路、生物医药、新能源汽车等重点产业集聚发展

2022年上海市外贸出口呈现高技术和高附加值"双高"特点，战略性新兴产业对出口增长贡献率近八成。

3. 上海进博会等展会的平台作用和汇集作用更加彰显

第五届进博会海关监管展品金额超过3亿美元，比上届增长40%，汽车等展品加速变商品，进博会溢出带动效应不断放大。

4. 新业态、新模式、新规则推动外贸新动能不断壮大

2022年上海口岸跨境电商出口总值达389亿元，同比增长2.8倍。中欧班列"上海号"已联通"一带一路"共建8国40多个城市和站点。上海关区RCEP项下享惠进出口489.6亿元，规模居全国之首。

（二）制度创新试点陆续落地

上海自贸试验区及临港新片区的制度创新成果主要体现在四个方面——

---

① 高融昆. 构筑新优势应对外贸新挑战，加快国际贸易和消费中心城市建设 [N]. 解放日报，2023-02-22.

对标国际高标准经贸规则，推进高水平制度型开放；坚持要素市场化改革方向，增强全球资源要素配置能力；加强政府自身改革，提升治理现代化水平；聚焦产业发展所需创新制度供给，增强高质量发展新动力。

1. 推进高水平制度型开放

（1）试点准入前国民待遇加负面清单管理制度

上海自贸试验区推动构建外商投资准入前国民待遇加负面清单管理制度，发布中国首份外资准入负面清单，实施外商投资备案管理，在制造业、金融业等数十个开放领域落地一批全国首创外资项目。

（2）深化海关监管制度创新

上海自贸试验区率先推出一线"先进区、后报关"、区间"自行运输"、二线"批次进出、集中申报"以及货物状态分类监管等措施，在全国唯一的洋山特殊综合保税区构建全新"六特"海关监管模式。建成运营上海国际贸易"单一窗口"，服务企业数超过60万家，支撑全国超1/4货物贸易量的数据处理。

（3）拓展洋山港全球枢纽港功能

洋山港链接全球200多个重要港口，建立"中国洋山港"籍国际船舶登记制度，外资班轮公司沿海捎带、国际航行船舶保税天然气加注、长三角港口"联动接卸"等创新业务已实现常态化运作。

（4）打造接轨国际的法治环境

上海自贸试验区设立首个自贸试验区法庭和自贸试验区知识产权法庭，引进世界知识产权组织仲裁与调解上海中心，设立中国（上海）自由贸易试验区仲裁院，积极探索涉外商事纠纷一站式解决机制。

2. 增强全球资源要素配置能力

（1）开拓资金跨境通道

上海自贸试验区创设本外币一体化运作的自由贸易账户体系，率先开展跨境贸易投资高水平开放等试点，累计开立自由贸易账户14万个，累计发生本外币跨境收支折合人民币142万亿元。

（2）提高金融市场国际化水平

上海自贸试验区设立上海黄金交易所国际板、上海国际能源交易中心等面向全球的平台，推出原油期货、20 号胶等一批创新产品，上市全国超过一半的国际化期货期权品种，全国首单液化天然气跨境人民币结算交易 2023 年 3 月落地。

（3）促进数据要素流通

上海自贸试验区设立上海数据交易所，率先探索数据要素场内交易，累计挂牌数据产品近 1500 个。高标准建设"国际数据港"，启动运营国家（上海）新型互联网交换中心，开展数据跨境流通创新试点。

（4）实行更加开放便利的人才政策

上海自贸试验区建立外籍高层次人才永居推荐"直通车"制度，开设外国人来华工作居留审批"单一窗口"，发布境外职业资格证书认可清单和紧缺清单，目前浦东新区人才总量达到 170 余万人，重点产业国际化人才占比超过 4%。

3. 提升治理现代化水平

（1）深化"证照分离"改革

上海政府围绕企业全生命周期深化商事制度改革，上海自贸试验区创新开展"证照分离""照后减证""一业一证"等试点，在 31 个行业发放行业综合许可证 5000 多张，平均审批时限压减近 90%，申请材料压减近 70%，填表要素压减超 60%。率先实施注册资本认缴制、经营主体登记确认制、市场准营承诺即入制，创新简易注销等经营主体退出机制，持续降低制度性交易成本。

（2）构建事中事后监管体系

上海政府创建"双告知、双反馈、双跟踪"许可办理机制和"双随机、双评估、双公示"监管协同机制，推动政府监管方式向信用、风险、分类、动态"四个监管"转变。上海自贸试验区打造以"互联网+"为重点的政务服务体系，实施企业市场准入事项"全网通办"、政务信息"全域共享"，全面推行"一网通办"，300 余项涉企审批事项实现 100% 全程网办，实际办理时间比法定时限压缩近 90%。实施窗口"智能帮办"和远程"直达帮办"等创新举措，为企业提供"零材料填报"全新体验。

4. 为企业高质量发展提供新动力

围绕贸易高质量发展，上线全国首个辅助离岸贸易真实性审核的"离岸通"平台，落地全国首单"重点行业再制造产品进口试点"，全力培育跨境电商、保税维修等外贸新业态。

上海保税区域率先在投资、贸易、金融和事中事后监管等领域形成了300余项制度创新成果，从外商独资贸易公司"一号批复"到中国首份外商投资"负面清单"，中国首创性项目陆续落地。上海自贸试验区在深入推进信用理念、信用制度、信用手段多元化应用的基础上，提出建立以信用为基础的新型监管机制，加强信用协同监管和分类监管，在"管得住"的同时更加"放得开"，提升了监管资源配置效能。

（三）促进金融开放创新以提升上海国际金融中心能级

上海全面推动和深化上海自贸试验区金融开放创新，不断提升全球金融资源配置功能，深化金融体制机制创新。上海在过去的一年里积极推动高水平开放发展，发挥示范引领带动作用，服务国家对外开放的战略布局。

1. 金融开放创新方面

（1）临港新片区开展跨境贸易投资高水平开放外汇管理改革试点

政策一经发布，中国银行、交通银行、浦发银行、农业银行等银企积极响应，踊跃申请，多项试点政策先后落地。截至2022年9月末，经常项目下已备案试点银行13家，累计试点业务规模52亿美元，扩大了经常项目便利化政策受益面，优质企业实现了3个"全部"。资本项目试点政策已全部落地，资本项目下已有合计35家企业享受试点政策红利，比如，中国银行落地了全市首批非金融企业外债便利化额度试点、首单QFLP试点、首批外币贸易融资跨境资产转让等一系列"首单"业务，并支持上港集团办理了试点政策下首家本外币一体化资金池；再如，农业银行成功开展首笔扩大非金融企业境外放款规模试点、放宽外债跨境流入币种一致限制等业务。

（2）上海加速推动自贸试验区离岸债券业务创新

政策发布后，海通证券、交通银行、华夏银行等金融机构发挥全球协调人、簿记管理人等专业优势，助力上海统筹国内国际两个市场两种资源，构建离岸金融体系。自贸试验区离岸债券由中央结算公司提供登记托管，关键环节均在自贸试验区区内完成，债券要素、资金要素和交易信息要素均在沪集中汇集、集中配置，有利于扩大上海自贸试验区对全球人民币资产的定价影响力，强化上海在全球金融资源配置中的功能和地位。统筹金融安全与发展，发挥自贸试验区在金融开放领域的示范作用，发挥"在岸的离岸市场"优势，自贸试验区离岸债券采用高效穿透的直接持有账户体系，实现账户本地化、交易结算活动本地化，在推动金融市场双向开放的同时，有效防范开放中可能面临的国际资本冲击风险。

（3）上海资本市场持续深化与境外市场互联互通

上海积极落实高水平制度型对外开放，加强与境外等资本市场的务实合作。通过将 ETF 纳入互联互通标的，丰富境内外投资者的投资渠道和交易品种，便利境内外投资者有效配置对方市场资源，进一步改善投资者结构，推动 ETF 市场的健康发展，助力沪港两地资产管理人、券商进一步提高管理及服务水平，巩固和提升上海和香港的国际金融中心地位。同时，通过扩大互联互通存托凭证发行市场，推动多家优质上市公司进一步优化公司治理结构，提升公司治理水平，引入国际投资者，丰富投资者结构，注入外汇作为运营资金，为其海外并购提供资金保证和支持。新规发布以来，截至 2022 年 9 月末，已有 4 家沪市公司成功在境外发行 GDR，合计募集资金 12.94 亿美元。

2. 金融市场创新方面

清算通对接有色网交易中心一年多以来，截至 2022 年 9 月末，累计清算金额已达 760 亿余元。金融市场创新实现的应用价值包括：

第一，清算通模式可复制、推广至其他自贸试验区现货平台，现货平台以低成本接入合规、高效的支付清算网络，突破自身瓶颈，实现业务放量。

第二，基于清算通打造的良好生态环境，协同自贸试验区现货平台等推出基于真实贸易背景、主要依据物权和货值提供的线上化供应链金融服务，有效解决中小微企业传统线下融资难点。

第三，实现大宗商品市场规范化发展，构建多方共赢的良好生态体系，推动大宗商品市场向更高能级发展。

第四，为实现现货及衍生品联动发展提供强有力的底层支持，有利于加强各方在大宗商品交易平台建设、供应链金融服务及大宗商品现货及衍生品清算结算等领域的合作。

3. 跨境金融服务方面

《关于明确自由贸易账户支持上海发展离岸经贸业务有关事项的通知》的安排依托自由贸易账户的便利性，为客户提供离岸经贸的结算、汇兑等便利化服务，进一步满足企业对于资金收付高效无感的处理需求，提升客户资金结算效率，进一步放大便利化支持实体经济的作用，助力上海打造一流的营商环境。同时，助力客户实现外贸转型升级，由传统境内生产加工变为全球生产组织者，依托境外资源禀赋优势，实现全球采购、全球组织生产，优化企业整体供应链、产业链。

（四）开放型平台助力全球资源配置

开放型经济新体制进一步完善。推动外资设立理财子公司、证券、期货等金融机构，引进浦银理财、高盛工银理财等一批标志性项目。上海股权托管交易中心开展私募股权和创业投资份额转让试点，共计成交总金额 13.11 亿元。上交所开展科创板做市交易业务，标的内容快速扩容至 83 只。截至 2022 年末，监管类金融机构达 1008 个，比 2021 年增长 2.6%。

外高桥 RCEP 企业服务咨询站正式启用。上海自贸试验区"一带一路"技术交流国际合作中心东南亚分中心、东亚分中心相继揭牌。上海市技术性贸易措施公共服务平台正式上线启动。上海国际贸易"单一窗口"上线"RCEP 最优关税查询系统""海运电放提单在线交单系统"以及"进口危险品信息备案系统"。

自 2015 年起，大宗商品国际贸易领域成为上海自贸试验区区域要素资源的一块长板，2023 年 1 月至 7 月，集聚在世博地区的超 200 家大宗商品贸易类企业已实现限额以上商品销售额 3500 亿元，同比增长 5%，金属材料类销售额 2700 亿元，同比增长 11%[①]。上海自贸试验区借助制度创新，让高能级

---

① 浦东发布：《上海自贸试验区以制度创新为突破，不断提升全球资源要素配置能力》，https://mp.weixin.qq.com/s/Okf0ppr-oDc6tQKempVgrw，2023 年 9 月 29 日。

资源要素便捷流动，持续催生出更多新场景。作为上海期货交易所旗下上海国际能源交易中心挂牌的境内特定品种，集运指数（欧线）期货面向全球交易者开放，其中"上海金"的国际定价话语权不断增强，原油期货日均交易规模已跃居全球第三，原油期权、20 号胶期货、低硫燃料油期货、铜期权、天然橡胶期权、黄金期权、铝期权、锌期权等一批重大创新产品和业务持续"上新"，逐步形成具有国际影响力的"上海价格"体系。2023 年上海再保险"国际板"在临港新片区落地启动，从单向开放转型升级为双向开放，将包括产品、地域和纵向深度在内的保险市场进行更高程度的国际化融合，提升全球要素资源配置能力。

（五）产业创新凸显科技创新引擎功能

上海自贸试验区成立以来，以科技创新和制度创新双轮驱动引领高质量发展，让一批创新企业实现跨越式发展。上海自贸试验区张江片区以制度创新促科技创新，形成具有国际竞争力的创新发展环境，全力打造科学新发现、技术新发明、产业新方向的重要策源地。2023 年上半年，张江科学城实现地区生产总值 1512 亿元，同比增长 10%。2023 年 1 月至 7 月，张江科学城主要指标在经营总收入、固定资产投资、税收及一般公共预算收入保持两位数高速增长，各项经济指标稳中向好。新引入企业 1861 家，全社会固定资产投资 268 亿元，同比增长 32.4%，投资活力加速释放。相比年初目标，新增一批优质重大项目，截至 8 月底，累计开工 32 个，完成年度目标的 78%，总投资约 390 亿元。

2023 年 1 月至 7 月，三大先导产业引领优势明显。生物医药产业营收约 818.8 亿元，同比增长 23.2%。4 款 1 类创新药获批上市；人工智能产业营收约 428.1 亿元，同比增长 25.2%；集成电路产业营收约 921.5 亿元，同比增长 2.1%。

2022 年底，首个国家药品监督管理局药品审评检查长三角分中心、医疗器械技术审评检查长三角分中心在上海自贸试验区挂牌成立。两个分中心的成立旨在进一步深化审评审批制度改革，推进长三角药品医疗器械成果转化、产业聚集和创新发展。通过设立分中心的形式参与指导原则及技术审评规则的拟定，提升长三角地区药品医疗器械审评审批效率，为长三角区域打造服务医药创新发展的孵化平台。

具体产业发展成果硕果累累。上海光源二期光束线站基本建成，软 X 射线自由电子激光用户装置实现开放。交大张江科学园、张江数学研究院等一批重点项目启动运营。C919 大飞机取证交付，国内唯一由中国企业研发并获准上市的四臂腔镜手术机器人在自贸试验区诞生，中国首艘全球最大24000TEU 超大型集装箱船交付。

（六）营商环境提升服务能级

上海自贸试验区成立十年来，上海自贸试验区充分发挥了全面深化改革和扩大开放的试验田作用，在推进高水平开放、深化中外经贸合作、打造创新产业集群等方面取得了一系列成就。保税区域转变服务理念、提升服务能级，主动成为企业的"政府合伙人"；将基础服务和集成服务变成全方位、全领域、全周期、全要素的战略服务，为企业"量身定制"解决方案，与企业共成长、同发展。

作为自贸试验区贸易便利化改革的重要举措，上海国际贸易"单一窗口"自 2014 年启动建设，截至 2023 年已形成 16 大功能模块、66 项特色应用，覆盖通关作业全流程和贸易监管主要环节，推动长三角区域跨境贸易互联互通，服务超过 60 万家企业，每年节省贸易成本达 20 亿元以上。上海国际贸易"单一窗口"已成为支持全球最大口岸营商环境优化的"数字底座"，为全国"单一窗口"建设奠定了基础，得到了世界银行营商环境评估的高度评价。

上海国际贸易"单一窗口"建设以需求为导向，打造口岸数字化典型应用场景，提升口岸通关效能。通过数字化金融服务，破解企业融资难融资贵难题，服务实体经济发展，以线上线下融合方式，设立 RCEP 服务专区，助力外贸企业走出去。

二、问题与不足

第一，进一步开放，带来融入国际资本市场的挑战。我国的金融开放还面临着金融基础设施缺乏、管理汇率风险的配套机制不足等问题，在人民币国际化、资本账户开放和国内国际资本市场相互联动这三个方面仍与发达国家资本市场存在不同程度的差距，因此这将导致上海自贸试验区金融创新出现新的挑战。

第二，未能更好处理政府与市场、企业、社会，以及政府与政府之间的关系，导致上海自贸试验区与国际先进贸易投资规则仍存在较大差距，降低企业科创活动积极性；市场、企业的个性化需要在现行的产业制度、营商环境下难以满足，导致企业自主经营管理活动受到影响。

第三，法治化满意度不高，营造创新法治环境需要细化监管体系、法律体系及政府职能；政府管理服务尚未协调，导致其对上海自贸试验区的发展、引领作用缩减。

第四，制度改革方面，仍存在改革举措系统集成度较低、扩大开放压力测试体系尚未完善、未能对标国际最高标准、支持"走出去"作用战略发展水平受限等问题。负面清单管理制度体系尚不完整，只包括了国家安全审查、准入前国民待遇、扩大开放措施等环节，仍缺少解决准入后环节。

三、原因分析

（一）制度创新的协同性不足

自贸试验区内的措施通常聚焦特定环节效率的提升，而缺乏从全环节、全球价值链的视角进行制度设计，因此制约了制度竞争力的提升。从跨部门合作的视角出发，上海自贸试验区内各项改革措施由不同部门实施，如由海关总署、质检总局、工商总局、税务总局、交通运输部等单部门负责，多部门共同负责的制度创新较少。且涉及多部门共同参与的创新任务，由于各部门之间协作存在信息壁垒、责任主体不够明确等问题，容易影响制度创新的整体进程。

（二）开放可预期性较低

上海自贸试验区的发展与香港等地区相比，存在差距的主要原因在于香港等地区的司法体系健全，知识产权保护拥有严格的条例①。因为法治具有可

① 陈东. 上海自贸区与其经济发展分析［J］. 商展经济，2021（21）：026-028.

预期性，对自贸试验区打造法治化营商环境起到根本性的保障作用。而在上海自贸试验区建设过程中，行政推动多于法律推动，行政政策推动创新发展在法律体系不完备时具有其合理性，但在新阶段需要做到重大改革创新有法可依，因此上海自贸试验区的发展目前还存在可预期性较低和确定性不足等问题。

（三）法律体系不健全

中国没有建立与之相适应的法律体系。上海自贸试验区内的法律制度已经初步建立，但国家层面的立法仍在探索阶段，自贸试验区管委会授权立法的局限将在一定程度上影响上海自贸试验区内法律制度创新的效率。并且由于金融改革试验田的地位与金融事权冲突，导致上海自贸试验区金融改革的效果受到影响，金融领域的基本立法和监管权限都分别集中于全国人大和中央，金融领域的改革需要获得相应的授权才能进行较大突破，因此在法律未予特殊授权的情况下，现行监管体制对自贸试验区金融改革的支持仍有待提高[1]。

（四）产业结构失衡

上海自贸试验区内支柱型产业发展还有待提升，基础产业与传统产业的改造尚在进行。高端产业的工业增加值率低于国际发达国家水平，重点产业"卡脖子"问题突出，高新技术产业缺乏具有国际竞争力的技术标准。以龙头企业为核心的产业生态格局尚未形成，产业链上下游协同程度仍有不足。

（五）上海本地经济增长放缓

上海经济发展缺乏动力支撑，缺乏有影响力的民营企业和经济发展新动力，人口结构也面临种种挑战。并且随着交通技术的发展以及其他地区开放水平的快速提升，上海自贸试验区拥有的优势逐渐减弱，这都将在一定程度上削弱自贸试验区创新发展成效。

---

[1] 张竞怡，夏妍. 上海自贸区三年得失［N］. 国际金融报，2016-10-10.

第四节 中国（上海）自由贸易试验区提升发展建议

一、进行产业特色化布局

不断围绕产业发展需要，完善自贸试验区功能。以高端制造为重点产业的自贸试验区片区，注重对进出口通关效率、物流效率等要素的改善；以金融服务业为发展重点的自贸试验区片区，针对金融领域的市场准入开放等制度要素改善；以前沿科技研发为重点产业的自贸试验区片区，加强对其研发、创新所需要的人才、设备、技术等要素的支持。

二、进一步提升自贸试验区营商环境

1. 与时俱进提升自贸试验区功能

自贸试验区产业不断发展，产业新业态新模式大量涌现，信息技术快速发展，催生数字与产业融合发展的数字经济、数字贸易等业态；产业之间融合发展，催生出"产业+"等大量业态新模式[①]。为此，要进行适当的制度创新以适应产业转型升级发展需要，建设功能完善的自贸试验区，在自贸试验区外拓展产业链相关环节，与自贸试验区内企业形成相互促进发展的局面。同时针对产业链上下游相关企业，拓展自贸试验区服务范围，覆盖产业链涉及的所有区域和环节，实现多方位全覆盖，重点突出产业链的协同与集群效应，推进产业链升级。

2. 加速产业生产要素集聚，完善监管制度

推动高质量高水平国际化的人才在上海自贸试验区集聚，建立更加开放的人才引进机制与政策，发挥人才在产业转型升级、经济高质量增长中的重要作用。同时进一步深入贯彻事中事后监管理念，健全监管标准、厘清监管职责，完善风险预防基础控制体系，定期对风险进行排查与评估，营造法治化、国际化、便利化的营商环境和公平高效的市场环境。同时以专业监管为

---

① 赵福军. 打造产业特色鲜明的自贸试验区 [N]. 经济日报，2023-09-29.

基础，引导市场主体自律，通过建立自治平台，探索在监管体系中的业界参与机制，并且积极发挥社会舆论监督作用以构建统一高效的市场环境，加速产业生产要素集聚。

3. 精准定位对标维度

深入理解国际经贸规则的底层逻辑和国际竞争的核心要素，建立以投资贸易自由化为核心的成熟定型的制度体系，确保国内外经贸往来便利，进一步提升投资便利化、贸易便利化、消费便利化、资金流动便利化、人员往来便利化水平。

三、深化金融中心功能

聚焦科技创新、绿色低碳发展、数字化转型等的新目标，完善资产定价、资源配置、风险管理等三方面功能。进一步释放金融创新活力。为实现金融创新发展，需要继续缩小负面清单的管理范围，分层次、有重点地推进金融服务领域开放举措全面落地，支持自贸试验区不断深化金融领域制度创新，加强自贸试验区国际金融中心建设、发挥金融服务的枢纽功能，加强跨境支付与风险管控方面的管理以提升跨境金融服务能力，通过设计差异化、定制化的金融产品，不断丰富跨境金融产品种类。加快打造国际金融资产交易平台，优化跨境金融、离岸金融等服务，不断提高金融市场国际化水平。

参考文献

［1］颜维琦，孟歆迪，任鹏. 上海自贸试验区：先行先试，创新成果持续涌现［N］. 光明日报，2023-10-01.

［2］高融昆. 构筑新优势应对外贸新挑战，加快国际贸易和消费中心城市建设［N］. 解放日报，2023-02-22.

［3］陈东. 上海自贸区与其经济发展分析［J］. 商展经济，2021（21）：026-028.

［4］张竞怡，夏妍. 上海自贸区三年得失［N］. 国际金融报，2016-10-10.

［5］赵福军. 打造产业特色鲜明的自贸试验区［N］. 经济日报，2023-09-29.

第三章　中国（广东）自由贸易试验区提升发展战略与行动

　　中国（广东）自由贸易试验区（以下简称"广东自贸试验区"）于 2014 年 12 月 31 日经国务院正式批准设立。2015 年 4 月 28 日，国务院印发《中国（广东）自由贸易试验区总体方案》（以下简称《总体方案》），其战略定位是依托港澳、服务内地、面向世界，将自贸试验区建设成为粤港澳深度合作示范区、21 世纪海上丝绸之路重要枢纽和全国新一轮改革开放先行地。其实施范围包括 116.2 平方公里，涵盖 3 个片区：广州南沙新区片区、深圳前海蛇口片区、珠海横琴新区片区。

　　2018 年 5 月 24 日，国务院印发《进一步深化中国（广东）自由贸易试验区改革开放方案》的通知，是在《总体方案》各项改革试点任务的基础上，针对新情况新问题，制定的推进广东自贸试验区更深层次的改革创新和更大范围的对外开放的纲领性文件，是《总体方案》的升级版，拉开了广东自贸试验区改革开放方案 2.0 时代的序幕。2021 年 9 月 6 日，《中国（广东）自由贸易试验区发展"十四五"规划》（以下简称《十四五规划》）正式印发，本规划重点明确"十四五"时期（2021—2025 年）广东自贸试验区发展的指导思想、战略定位、发展目标，以及片区功能定位，是统筹抓好广州南沙新区、深圳前海蛇口、珠海横琴新区三大片区建设，打造高水平对外开放门户枢纽的行动纲领。2023 年 6 月 9 日，为全面贯彻落实党的二十大关于实施自贸试验区提升战略的部署，加强统筹谋划和分类指导，深入开展差别化探索，推动自贸试验区高质量发展，商务部会同有关地方、部门制定了《自贸试验区重点工作清单（2023—2025 年)》（以下简称《清单》)，其中广东自贸试验区也"认领"了未来三年的新任务。

本章将回顾《十四五规划》和《清单》的制度安排和政策方案，对其成效做简要评估，并在此基础上分析目前广东自贸试验区建设存在的问题与原因，提出相关政策建议。

表 3-1　广东自贸试验区片区功能

片区	面积	发展定位
广州南沙新区片区	60 平方公里（含广州南沙保税港区 7.06 平方公里)	重点发展航运物流、特色金融、国际商贸、高端制造等产业，建设以生产性服务业为主导的现代产业新高地和具有世界先进水平的综合服务枢纽。
深圳前海蛇口片区	28.2 平方公里（含深圳前海湾保税港区 3.71 平方公里)	重点发展金融、现代物流、信息服务、科技服务等战略性新兴服务业，建设我国金融业对外开放试验示范窗口、世界服务贸易重要基地和国际性枢纽港。
珠海横琴新区片区	28 平方公里	重点发展旅游休闲健康、商务金融服务、文化科教和高新技术等产业，建设文化教育开放先导区和国际商务服务休闲旅游基地，打造促进澳门经济适度多元发展新载体。

资料来源：中国（广东）自贸试验区官网。

表 3-2　广东自贸试验区重点工作清单（2023—2025 年)

序号	工作重点
1	推进与港澳规则衔接、机制对接，深化与港澳在贸易、投资、金融、法律服务和职业资格互认等领域合作，促进内外贸法规制度衔接。(广东自贸试验区)
2	推进广州期货交易所、大湾区债券平台、南沙国际金融岛、深港国际金融城等建设，依托现有交易场所开展农产品交易，打造服务经济高质量发展和粤港澳大湾区的重要金融平台。(广东自贸试验区)
3	推进"大湾区组合港""湾区一港通"建设，打造以南沙港、蛇口港为枢纽的一体化通关物流信息平台，提升各港口间物流和通关时效，实现港口群互联互通、协同发展。(广东自贸试验区)
4	加快建设粤港澳大湾区国际分拨中心，建设跨境贸易全球供应链管理中心，推动货物自由集拼分拨，构建服务粤港澳、辐射国内外的海陆空铁立体化多式联运物流体系。(广东自贸试验区)

序号	工作重点
5	高水平建设南沙科学城，布局前沿交叉研究平台，加快推进一批世界一流研究型大学、科研机构和国家重大科技基础设施建设，深化科技领域"放管服"改革，办好大湾区科学论坛。（南沙新区片区）
6	打造南沙全球溯源中心，推动全球溯源中心落地运营，研究制定溯源标准体系、法律保护体系、数据规则体系，拓展"溯源十行业"应用领域。（南沙新区片区）
7	建设前海深港国际法务区，推动在前海设立粤港澳大湾区司法研究院，支持内地律师事务所与港澳律师事务所在前海开展合伙联营，开展中外律师事务所联营试点，集聚全链条、全生态法律服务机构。开展商事调解组织登记管理试点，探索由司法行政机关对商事调解组织进行统一登记，并加强监督管理。（前海蛇口片区）
8	高标准建设前海国际人才港，研究深化人才发展改革举措，破除体制机制障碍，构建全要素人才生态，助力打造全球一流科技创新人才集聚地。（前海蛇口片区）
9	支持建设具有深港现代服务业特色的综合保税区。探索深港规则对接和制度创新，推动区域功能向全球供应链管理服务型、贸易结算型、资源配置型转型。优化进口食品检验模式，支持建设电子元器件和集成电路国际交易中心，依托现有交易场所开展大豆现货交易，打造免税品集散中心。（前海蛇口片区）
10	加强与澳门社会民生合作，推动"澳门新街坊"项目建设，探索与澳门民生社会服务和社会保障体系的衔接。（横琴新区片区）

资料来源：中华人民共和国商务部官网。

第一节　中国（广东）自由贸易试验区提升发展战略

根据《十四五规划》要求，广东自贸试验区要围绕打造高水平对外开放门户枢纽，建设引领体制机制创新的先行区、世界级的贸易链接平台、粤港澳大湾区融合发展的示范区、现代产业高质量发展的先导区。

表3-3　"十四五"时期广东自贸试验区主要发展指标

序号	指标	单位	2020 年	2025 年 （"十四五"时期）	属性
1	进出口总额	亿元	3412.8	4000	预期性
2	实际使用外资金额	亿美元	79.36	［400］	预期性

序号	指标	单位	2020 年	2025 年 （"十四五"时期）	属性
3	全口径税收收入	亿元	1019	年均增长 5%	预期性
4	固定资产投资额	亿元	1813.15	［5000］	预期性
5	港口货物吞吐量	万吨	36612	43786	预期性
6	集装箱吞吐量	万标箱	2906	3700	预期性
7	实际使用港澳资金额	亿美元	72.46	［350］	预期性
8	年末累计注册港澳 资企业数量	家	20584	30000	预期性
9	入驻青年创新创业基地 港澳创业团队数量	家	949	1602	预期性
10	投资便利化指数	—	181.1	所有增长	预期性
11	贸易便利化指数	—	107.31	所有增长	预期性
12	跨境金融指数	—	7333.03	所有增长	预期性
13	航运发展指数	—	123.23	所有增长	预期性

资料来源：广东省人民政府门户网站。

对于广东自贸试验区 2023—2025 年的发展，《清单》明确了 4 项重点工作。其中，要推进与港澳规则衔接、机制对接，深化与港澳在贸易、投资、金融、法律服务和职业资格互认等领域合作，促进内外贸法规制度衔接；推进广州期货交易所、大湾区债券平台、南沙国际金融岛、深港国际金融城等建设，依托现有交易场所开展农产品交易，打造服务经济高质量发展和粤港澳大湾区的重要金融平台。

在物流、贸易方面，2023—2025 年，广东自贸试验区将推进"大湾区组合港""湾区一港通"建设，打造以南沙港、蛇口港为枢纽的一体化通关物流信息平台，提升各港口间物流和通关时效，实现港口群互联互通、协同发展；加快建设粤港澳大湾区国际分拨中心，建设跨境贸易全球供应链管理中心，推动货物自由集拼分拨，构建服务粤港澳、辐射国内外的海陆空铁立体化多式联运物流体系。

此外，南沙新区、前海蛇口、横琴新区3个片区也将立足各自特色，加快发展。南沙新区片区将高水平建设南沙科学城，布局前沿交叉研究平台，加快推进一批世界一流研究型大学、科研机构和国家重大科技基础设施建设，深化科技领域"放管服"改革，办好大湾区科学论坛；打造南沙全球溯源中心，推动全球溯源中心落地运营，研究制定溯源标准体系、法律保护体系、数据规则体系，拓展"溯源+行业"应用领域。

前海蛇口片区将建设前海深港国际法务区，推动在前海设立粤港澳大湾区司法研究院，支持内地律师事务所与港澳律师事务所在前海开展合伙联营，开展中外律师事务所联营试点；开展商事调解组织登记管理试点，探索由司法行政机关对商事调解组织进行统一登记。

同时，前海蛇口片区还将高标准建设前海国际人才港，研究深化人才发展改革举措；支持建设具有深港现代服务业特色的综合保税区；探索深港规则对接和制度创新，推动区域功能向全球供应链管理服务型、贸易结算型、资源配置型转型；优化进口食品检验模式，支持建设电子元器件和集成电路国际交易中心，依托现有交易场所开展大豆现货交易，打造免税品集散中心。

横琴新区片区重点发展旅游休闲健康、商务金融服务、文化科教和高新技术等产业，建设文化教育开放先导区和国际商务服务休闲旅游基地，打造促进澳门经济适度多元发展新载体。因此横琴新区片区要重点加强与澳门社会民生合作，推动"澳门新街坊"项目建设，探索与澳门民生社会服务和社会保障体系的衔接。

一、营造市场化、法治化、国际化营商环境

根据"十四五"规划，广东自贸试验区应该主动适应国际国内形势变化，深化"放管服"改革，推进投资管理制度创新，健全法制环境，完善与国际高标准规则相衔接的开放型制度体系。

（一）优化制度管理

《十四五规划》指出，广东自贸试验区应该以体制机制创新为重点，加快

转变政府职能，持续深化"放管服"改革，深化投资管理体制及审批制度改革，优化法治环境，着力构建国际化营商环境。

（二）实施自由便利的人才流动政策

"十四五"规划提出，广东自贸试验区实施更加便利的人才流动政策，如人才出入境政策，支持外籍人才就业创业，深化与港澳在人才领域的合作。

（三）强化风险防控和监管

在风险防控和监管方面，广东自贸试验区应聚焦投资、贸易、金融、文化等重点领域，加强风险防控与监管。建立健全以信用为基础的新型监管机制，提高信用监管水平。

二、建设粤港澳大湾区国际贸易航运枢纽

"十四五"规划提出，广东自贸试验区应该致力于打造国际航运枢纽，促进国际贸易新业态发展，建设国际新型贸易中心，为优化粤港澳大湾区国际航运格局，提升国际贸易功能发挥引领带动作用。

（一）提升自由贸易便利化水平

广东自贸试验区应该提升自由贸易便利化水平，创新贸易监管机制，探索实施更高水平的贸易自由化便利化措施，大力发展离岸贸易、中转集拼、国际分拨、数字贸易等国际贸易新业态，增强贸易发展新动能。

（二）建设国际航运大通道

根据"十四五"规划，广东自贸试验区应加快港航基础设施和综合配套设施建设，构建多式联运网络，推进航运管理制度创新，提升航运服务竞争力，推动国际航运贸易中心发展。

专栏 1

航运贸易枢纽能级提升重点工程

1. 港口功能提升工程：广州港南沙港区四期工程、广州港南沙港区国际通用码头、南沙邮轮码头综合体、南沙港区近洋码头工程、珠江口水域船舶交通服务数据共享平台等。

2. 海陆空铁多式联运工程：广州港南沙港区国际海铁联运码头、广州南沙港铁路、海运快速贸易通道等。

3. 航运锚地建设工程：广州港环大虎岛公用航道工程、广州港桂山锚地（18GSA）扩建工程等。

4. 智慧港口工程：广州港南沙港区四期 5G 智慧无人码头、深圳港妈湾 5G 智慧港等。

资料来源：广东省人民政府门户网站。

三、打造金融开放创新示范窗口

"十四五"规划提出，广东自贸试验区应立足服务实体经济转型升级，推动金融业进一步开放，提升跨境贸易和投融资便利化水平，深化粤港澳金融合作，充分发挥金融开放创新试验示范作用。

（一）促进跨境资金流动自由便利

"十四五"规划要求，广东自贸试验区应促进跨境资金流动自由便利，围绕金融开放创新示范窗口建设目标，进一步提升金融业对外开放水平，在人民币资本项目可兑换、人民币跨境使用、外汇管理等重要领域和关键环节先行试验。积极有序扩大金融业对外开放，深化资本项目管理改革试点，促进跨境贸易和投融资便利化。

（二）深化粤港澳金融合作

根据"十四五"规划，广东自贸试验区应深化粤港澳金融合作，推进粤港澳金融市场互联互通，支持粤港澳金融机构跨境互设和开展业务，加快跨境金融服务合作创新，为内地和港澳居民提供更加便捷的跨境金融服务。

（三）促进金融支持实体经济发展

根据"十四五"规划，广东自贸试验区要探索金融服务实体经济新模式，积极发展绿色金融、金融科技，建立特色金融平台，健全金融基础设施和金融法治环境，加强重大金融风险防控。

四、推进粤港澳深度合作

"十四五"规划提出，广东自贸试验区要深入实施《粤港澳大湾区发展规划纲要》，深化与港澳规则、制度、机制连通贯通融通，推进粤港澳全面深度合作，建设粤港澳大湾区融合发展示范区。

（一）推动与港澳制度规则连通贯通

广东自贸试验区需要推动与港澳制度规则连通贯通，深化对港澳服务业领域扩大开放，进一步提升粤港澳口岸通关便利化水平，建设宜业宜居互联互通生活圈，打造粤港澳大湾区融合发展示范区。

（二）推进粤港澳平台对接和科创合作

广东自贸试验区应充分发挥粤港澳三地合作优势，建设重点合作平台，加快重大项目落地，深化科技创新互利合作，拓展港澳青年创新创业空间。

专栏2

粤港澳深度合作重点工程

1. 合作园区：南沙粤港深度合作园、前海深港设计创意产业园、前海深港基金小镇、粤澳合作产业园、粤澳合作葡语国家产业园、粤澳合作中医药科技产业园等。

2. 科技创新：南沙科学城、中科院广州明珠科学园、深港科创城、深港科技创新生态谷一期、深港人工智能小镇、粤港澳大湾区国际科技创新中心新兴产业技术创新载体、澳门大学、澳门科技大学产学研示范基地、横琴先进智能计算平台、横琴科学城等。

3. 教育合作：香港科技大学（广州）、前海哈罗国际学校等。

4. 创新创业：南沙粤港澳（国际）青年创新工场、前海深港青年梦工场、横琴澳门青年创业谷、粤港澳青少年交流活动总部基地等。

5. 民生工程：澳门新街坊等。

资料来源：广东省人民政府门户网站。

五、促进现代产业集聚发展

在进一步的改革中，"十四五"规划对广东自贸试验区提出新的要求，广东自贸试验区应高质量发展现代服务业、战略性新兴产业、重量级未来产业，深化粤港澳产业合作，强化科技创新支撑，打造具有国际竞争力的高质量现代产业体系。

（一）高质量发展现代服务业

在高质量发展现代服务业方面，广东自贸试验区应促进特色金融、航运物流、商贸消费、文化会展、旅游休闲、专业服务、医疗健康等现代服务业集聚发展，提升发展能级和竞争力。

专栏3

现代服务业发展重点工程

1. 特色金融产业：南沙国际金融岛、国际金融论坛（IFF）永久会址、汇丰全球培训中心、粤港澳大湾区国际商业银行、广州期货交易所、前海金融总部大厦、粤港澳大湾区保险服务中心、大湾区债券平台、前海创投基金转让平台、港交所前海联合交易中心、跨境天然气交易中心等。

2. 航运物流产业：广州南沙国际物流中心、前海国际海员中心、国际船员劳动仲裁中心和国家级船员评估中心项目等。

3. 商贸消费产业：进口商品展示交易中心、产品和服务设计定制中心、消费体验中心、粤港澳一体化电子商务信息平台等。

4. 文化会展产业：南沙保税艺术品展示交易中心、横琴国际创新创业大厦横琴星艺文创天地项目等。

5. 旅游产业：南沙邮轮母港、太子湾邮轮母港、长隆国际海洋度假区（二期）项目等。

6. 专业服务：引进一批国内外知名法律、中介、咨询、检测、评估等领域的专业服务机构。

7. 医疗健康：粤澳合作中医药科技产业园、国家健康旅游示范基地、广东医谷产业园区、横琴至和国际生命科学中心等。

资料来源：广东省人民政府门户网站。

（二）培育发展战略性新兴产业

在培育发展战略性新兴产业方面，广东自贸试验区立足现有产业基础及资源禀赋，重点发展新一代信息技术、高端装备制造、现代海洋产业等战略性新兴产业，促进产业转型升级和技术更新。

专栏4

战略性新兴产业发展重点工程

1. 新一代信息技术："国际数据传输枢纽"粤港澳大湾区广州南沙节点、粤港澳大湾区数据合作试验区、南沙国际人工智能价值创新园、全球IP测试中心横琴先进智能计算平台、澳门科技大学下一代互联网国际研究院南沙分院等。

2. 高端装备制造：庆盛枢纽区块综合开发项目、万顷沙保税港加工制造业区块综合开发项目、广汽丰田年产 20 万辆"新能源汽车"产能扩建项目（五线）广汽丰田第四生产线、千亿级新能源智能网联汽车产业园等。

3. 海洋经济：国家级可燃冰勘探及产业化总部基地、南方海洋科学与工程省实验室、深海科技创新中心、冷泉生态系统研究装置、东港兴远洋渔业基地、珠海洪湾中心渔港冷链仓储加工基地、蛇口国际海洋城等。

资料来源：广东省人民政府门户网站。

（三）开辟产业内外联动协作新格局

在开辟产业内外联动协作新格局方面，广东自贸试验区要服务粤港澳大湾区产业转型升级，加强与海南自由贸易港的合作对接，推进与"一带一路"共建国家和地区的务实合作，构建广东自贸试验区发展新格局。

六、高标准打造国际化城市新中心

广东自贸试验区需坚持优化提升、适度超前的原则，统筹推进跨区域交通和信息基础设施建设，优化区域空间功能布局，构建创新型、环保型、节能型的市政公用设施体系，建设融合海、林、城、港、湾等元素的湾区城市新中心。

（一）完善现代化交通网络

在完善现代化交通网络方面，广东自贸试验区需加快推进轨道交通、路网体系、海空港等交通设施建设，构建绿色低碳交通体系，打造现代化综合立体交通网络。

专栏5

基础设施互联互通重点工程

1. 轨道交通：深圳至江门铁路、广州南沙港铁路、中南虎城际中山至塘厦段南沙至珠海（中山）城际、深惠城际、穗莞深城际深圳机场至前海段、肇顺南城际、广州至珠海（澳门）高铁等。

2. 市政路网：南沙"七横七纵"高快速路通道体系与广州市中心城区"三高三快"通道——沿江高速公路前海段与南坪快速路衔接工程、妈湾跨海通道（月亮湾大道至沿江高速）——横琴"两横一纵一环"、金海二通道（环岛北路—鹤州北）等。

3. 综合枢纽：广州港南沙港区五期、南沙站综合交通枢纽一体化工程、前海综合交通枢纽项目、横琴口岸及综合交通枢纽项目等。

资料来源：广东省人民政府门户网站。

（二）推进智慧化城市建设

在推进智慧化城市建设方面，广东自贸试验区需推进智能化建设，推动信息技术与现代服务业深度融合，构建工业互联网系统，提升精细化管理水平和服务力度，打造智慧自贸试验区和数字自贸试验区。

（三）集聚城市中心功能要素

在集聚城市中心功能要素方面，广东自贸试验区应加快集聚城市新中心服务功能与要素，推进高端文化设施建设，打造高质量城市生态系统，增强可持续发展能力。

专栏6

国际化城市新中心建设重点工程

1. 智慧试验区：南沙奥飞数据智慧产业园、前海信息枢纽大厦、国家

（深圳前海）新型互联网交换中心、信息数据服务平台、智慧城市运营指挥中心、横琴"城市大脑"等。

2. 城市中心功能集聚：南沙市民广场、前海石公园、前海深港广场、国深博物馆（暂定名）、前海国际教科文中心、前海塔、未来音乐中心、前海国际金融交流中心、横琴新区市民艺术中心等。

3. 生态功能提升：珠江三角洲水资源配置工程、南沙庆盛枢纽区块、明珠湾横沥岛尖区块、万顷沙保税港加工制造业区块内河水网构建和滨水岸线整治修复项目、前海滨海生态公园带、前海—南山排水深隧系统工程、横琴国家湿地公园等。

资料来源：广东省人民政府门户网站。

第二节　中国（广东）自由贸易试验区提升发展行动

党的二十大报告提出，要实施自由贸易试验区提升战略。广东自贸试验区从加大投资便利化、加大贸易便利化、扩大对外开放、推动金融创新、推动人才管理创新、加强税收管理六个方面着手并采取了一系列的行动。

一、加大投资便利化

对外商投资实行准入前国民待遇加负面清单管理模式：对负面清单之外的领域，外商投资项目实行备案制。自贸试验区内企业境外投资一般项目实行备案管理，国务院规定对境外投资项目保留核准的除外。对外商投资项目核准（备案）、外商投资企业设立和变更审批（备案）、商事主体设立登记、组织机构代码证、税务登记证（国税、地税）、社保登记号、公章刻制备案等事项纳入"一口受理"机制实行并联办理：逐步推行工商营业执照、组织机构代码证、税务登记证等"多证合一""一照一号"。

2022 年 1 月 29 日，广东省人民政府印发关于推进《广东自贸试验区贸易投资便利化改革创新的若干措施》(以下简称《若干措施》) 的通知。围绕提升贸易投资便利化水平，积极发挥广东自贸试验区改革创新引领功能，打造高水平对外开放门户枢纽。投资开放领域，在支持港澳服务提供者投资设立旅行社方面提出了 1 项措施。要继续做好审批权限下放工作，进一步优化港澳服务提供者在广东自贸试验区投资设立旅行社的审批流程，用好全国旅游监管服务平台，便利港澳投资者办理有关业务。

二、加大贸易便利化

自贸试验区内的广州南沙保税港区、深圳前海湾保税港区等海关特殊监管区域，实行"一线放开、二线安全高效管住"的进出境监管服务模式。珠海横琴新区片区按照国务院确定的"一线放宽、二线管住、人货分离、分类管理"的原则实施分线管理。境外进入广州南沙保税港区、深圳前海湾保税港区、珠海横琴新区片区（以下简称围网区域）的货物，可以凭进口舱单先行进入，分步办理进境申报手续；出口货物可以实行先报关、后进港的通关方式。围网区域企业之间仓储物流货物，免予检验检疫。建立跨部门的贸易、运输、加工、仓储等业务的综合管理服务平台，设立国际贸易单一窗口。

《若干措施》在积极开展进口贸易创新、支持离岸贸易发展、推进"两头在外"保税维修业务、提升医药产品进口便利度等 4 个方面提出了 10 项措施：

表 3-4 《广东自贸试验区贸易投资便利化改革创新的若干措施》
加大贸易便利化 10 项措施

开展进口贸易创新	1. 推进进口贸易促进创新示范区建设。支持前海蛇口、横琴片区申报国家进口贸易促进创新示范区。支持南沙片区建设枢纽功能突出、双循环优势明显、贸易自由便利、服务配套齐全的进口示范区。

续表

开展进口贸易创新	2. 打造进口货物国际中转分拨中心。支持前海蛇口片区建设电子元器件亚太集散中心、海运中转集拼中心、离港空运服务中心。支持南沙片区建设全球优品分拨中心、华南医药公共保税分拨中心、广州港湾区国际集拼中心、粤港澳大湾区机场共享国际货运中心等特色项目，带动形成汽车、食品、生物医药等国际分拨产业集群。
	3. 创新贸易监管模式。综合运用"两步申报""两段准入"通关便利措施，仓储货物按状态分类监管、进境暂存中转澳门食品检验检疫监管、分送集报、"一证多批"等创新监管措施，促进跨境电商、保税展示、平行进口、保税维修等新业态集聚发展。
支持离岸贸易发展	4. 实施离岸贸易结算便利化措施。支持银行根据展业原则和业务实际，为广东自贸试验区企业办理离岸转手买卖外汇收支业务，自主决定审核交易单证的种类。支持银行探索离岸转手买卖的真实性管理创新，基于客户信用分类及业务模式，优化业务结算流程，提升审核效率。
	5. 落实配套税收支持政策。及时跟进国家出台的支持发展离岸贸易企业所得税、印花税相关政策，做好政策落实和动态评估。
	6. 支持南沙、前海蛇口片区建设离岸贸易综合服务平台。应用5G、云计算、大数据、区块链和物联网等技术，建设"多方协作+信息共享"大数据平台。
推进"两头在外"保税维修业务	7. 建立健全保税维修监管制度。支持企业按照综合保税区维修产品目录开展保税维修业务，重点发展高技术、高附加值、符合环保要求的特色项目。为符合条件的企业设立保税维修专用账册，合理确定账册核销周期。做好相关国家权限下放的承接工作。（省商务厅、生态环境厅，海关总署广东分署，省税务局、深圳市税务局，广州、深圳市人民政府负责）
提升医药产品进口便利度	8. 便利进口药品通关监管。开展生物医药研发用物品进口便利化试点，建立生物医药企业（研发机构）进口研发用物品"白名单"制度，简化"白名单"物品进口办理《进口药品通关单》手续。
	9. 构建粤港澳大湾区大健康国际贸易平台。用好粤港澳大湾区内地临床急需进口港澳药品医疗器械管理相关政策，鼓励相关药品、医疗器械通过广东自贸试验区进出。支持前海蛇口片区申请设立首次进口药品和生物制品口岸。
	10. 争取开展跨境电商零售进口部分药品及医疗器械试点。支持在广东自贸试验区开展跨境电商零售进口部分药品及医疗器械业务，建立跨境电商零售进口部分药品及医疗器械的质量监管、全链条追溯、消费者权益保障等机制。

资料来源：广东省人民政府门户网站。

三、扩大对外开放

自贸试验区进一步取消或放宽对境外投资者的资质要求、股比限制、经营范围等准入限制，在制造业、金融服务、交通航运服务、商贸服务、专业服务和科技服务等领域对全球扩大开放；在 CEPA 框架下对港澳服务业进一步扩大开放。

《若干措施》在放开国际登记船舶法定检验、推进开放通道建设、推进多式联运"一单制"、提升航运管理服务效率等四个方面提出了 7 项措施：

表 3-5 《广东自贸试验区贸易投资便利化改革创新的若干措施》扩大对外开放 7 项措施

放开国际登记船舶法定检验	1. 允许依法获批的境外船舶检验机构为国际船舶开展法定检验。配合国家出台自贸试验区国际登记船舶法定检验放开政策，在"中国前海""广东南沙""广东横琴"船籍港有序放开国际登记船舶法定检验，制定相关管理措施，促进高端航运要素集聚。
推进开放通道建设	2. 争取国家支持拓展运用第五航权。在对外航权谈判中，支持广州白云机场、深圳宝安机场利用第五航权，在平等互利的基础上允许国内外航空公司承载该城市至第三国的客货业务，积极向外国航空公司推荐并引导申请进入中国市场的外国航空公司执飞该机场。开展深圳航空资源结构化改革试点，重点给予"一带一路"沿线国家和地区国际航线时刻支持。积极推动珠海机场国际口岸开放，支持珠海航空物流发展。
推进多式联运"一单制"	3. 推动多式联运"一单制"应用。支持广东自贸试验区有关企业或运营主体按照国家统一部署，探索制定并推行标准化多联式联运运单等单证，联合铁路运营单位等共同申报多式联运相关示范工程项目，推进示范工程创建，推动简化多式联运手续、提高运输效率。
	4. 配合推进全国多式联运公共信息系统建设。支持铁路部门加强与港口和海关的合作，推进铁路与港口、海关信息互联互通，探索铁水联运"一单制"试点，为铁水联运提供支撑。
	5. 开展赋予铁路运输单证物权属性的实践探索。按照国家统一部署，广东、深圳银保监机构会同有关部门，引导和鼓励广东自贸试验区内市场主体、铁路企业和银行创新陆路贸易融资方式，在风险可控的前提下，开展赋予铁路运输单证物权属性的有益实践探索，探索将铁路运单作为信用证议付票据等。

推进多式联运 "一单制"	6. 探索开展粤港澳大湾区"组合港"建设。扩大粤港澳大湾区"组合港"应用范围，支持南沙、前海蛇口片区进一步创新口岸通关监管方式，优化业务流程，提升区域通关便利化水平。
提升航运管理 服务效率	7. 做好交通运输部下放管理事项承接。省水路运输管理部门做好沿海省际客船、危险品船《船舶营业运输证》配发、换发、补发、注销等管理事项承接工作，进一步提升航运管理服务效率。

资料来源：广东省人民政府门户网站。

四、推动金融创新

推进自贸试验区在跨境人民币业务领域的合作和创新发展，推动以人民币作为自贸试验区与境外跨境大额贸易和投资计价、交易结算的主要货币。在自贸试验区建立与粤港澳商贸、科技、旅游、物流、信息等服务贸易自由化相适应的金融服务体系。探索通过设立自由贸易账户和其他风险可控的方式，开展跨境投融资创新业务。开展以资本项目可兑换为重点的外汇管理改革等试点，推动自贸试验区投融资汇兑便利化。

《若干措施》在以广州期货交易所为核心打造期货产业链、创新账户体系管理、开展融资租赁公司外债便利化试点和知识产权证券化试点等四个方面提出 5 项措施：

表 3-6　《广东自贸试验区贸易投资便利化改革创新的若干措施》推动金融创新 5 项措施

	1. 高标准建设广州期货交易所。强化广州期货交易所与香港交易所、深圳证券交易所的联动合作，吸引国际投资者参与，打造服务高质量发展、粤港澳大湾区和"一带一路"建设的重要平台。进一步丰富商品期货品种，推动研究、上市符合广东自贸试验区发展需求的特色期货品种。
打造期货 产业链	2. 完善期货保税交割监管政策。支持期货交易所将开展期货保税交割业务的货物品种及指定交割仓库向海关总署备案。支持广东自贸试验区内的保税监管场所开展期货保税交割业务。对参与保税交割的法检商品，入库时集中检验，进出口报关时采信第三方机构质量、重量检验结果分批放行。探索依托广州期货交易所推动期货保税交割业务发展，发展农产品、金属等大宗商品期货保税交割业务。探索开展前海联合交易中心与香港交易所、内地期货交易所等开展期货现货联动业务试点，支持前海联合交易中心开展天然气大宗商品跨境交易，拓展大宗农产品、绿色低碳商品品种。

创新账户 体系管理	3. 开展广东自贸试验区本外币合一银行账户体系试点。拓展试点银行网点范围，着力提升本外币合一银行账户服务质效，深入开展本外币合一银行账户体系试点宣传，加强试点业务监测，确保试点业务平稳运行，为广东自贸试验区跨境贸易、投融资结算、期货市场对外开放提供更加便利的服务。
开展融资租赁 公司外债便利 化试点	4. 做好符合条件的融资租赁公司与其下设特殊目的公司（SPV）外债额度申请、备案、登记工作。配合国家出台融资租赁公司与其下设 SPV 共享外债额度实施细则，积极做好政策宣传推广工作，推动政策惠及相关租赁企业。
开展知识产权 证券化试点	5. 依法依规推进知识产权证券化试点。支持以产业链条或产业集群高价值专利组合为基础，在知识产权已确权并能产生稳定现金流的前提下，以知识产权运营未来收益权为底层资产发行知识产权证券化产品，规范探索知识产权证券化模式，拓宽企业直接融资渠道。加快知识产权保护体系建设，推动开展知识产权抵押贷款、交易、保险产品及知识产权证券化等业务。

资料来源：广东省人民政府门户网站。

2022 年 1 月，合作区执行委员会印发《横琴粤澳深度合作区外商投资股权投资类企业试点办法（暂行）》和《横琴粤澳深度合作区支持企业赴澳门发行公司债券专项扶持办法（暂行）》两项金融专项政策。2022 年 10 月，执行委员会印发《横琴粤澳深度合作区促进金融产业发展扶持办法》，对符合规定的金融企业进行扶持，旨在促进金融企业的发展。

2023 年 2 月，广东省人民政府办公厅印发《2023 年广东金融支持经济高质量发展行动方案》，旨在推动金融产业高质量发展，更好发挥金融"活水"作用，强化对重点领域的金融要素保障，持续有力推动更高水平金融改革开放。其重点任务包括以横琴、前海、南沙三大平台金融开放创新为重点，共建粤港澳大湾区国际金融枢纽，加快推动金融产业高质量发展，高水平推进横琴、前海、南沙三大平台金融开放创新，深入实施粤港澳大湾区金融市场互联互通，统筹开展全省新一轮区域金融改革创新。

2023 年 6 月，广州市人民政府印发《2023 年广州金融支持实体经济高质量发展行动方案》，其重点任务就包括加快落实《广州南沙深化面向世界的粤港澳全面合作总体方案》。加快推进重大平台机构落地，用足用好跨境贸易投资高水平开放试点、气候投融资试点等先行先试政策。协调引导金融机构深度参与南沙开发开放，推动各项金融开放创新和金融市场互联互通任务落地落实。

五、推动人才管理创新

广东自贸试验区对港澳及外籍高层次人才在出入境、在华停居留、项目申报、创新创业、评价激励、服务保障等方面给予特殊政策。通过特殊机制安排，推进粤港澳服务业人员职业资格互认。

实施便利的人才出入境政策。加快推动粤港澳人才合作示范区建设，为在区内工作、投资和创业的外籍人才提供出入境、停留居留和永久居留便利。争取开展技术移民试点，探索建立涵盖外籍高层次人才认定、外籍技术人才积分、外籍创业人才积分等多种渠道的技术移民体系。

支持外籍人才就业创业，提高外国人才签证含金量，给予持证人免办工作许可权益。进一步完善外籍人才"一站式"综合服务平台功能。在职业资格认定认可、子女教育、就医社保、住房等方面为外籍高层次人才提供一体化服务保障。

深化与港澳在人才领域的合作。推动建立粤港澳三地"互通互认、共享共建"的人才引进、评价、服务体系。继续实施粤港澳大湾区人才个人所得税优惠政策，探索建立全球人才招聘制度。深入实施粤港、粤澳联合创新资助计划，加强与港澳高校在合作办学、人员互访、学分互认等方面的合作。进一步优化港澳青年创新创业环境，拓展港澳青年就业创业空间。支持南沙加快创建国际化人才特区。

2023年3月，横琴粤澳深度合作区管委会印发《横琴粤澳深度合作区享受个人所得税优惠政策高端和紧缺人才清单管理暂行办法》，落实横琴粤澳深度合作区高端人才和紧缺人才个人所得税优惠政策，促进境内外人才集聚，推动合作区高质量发展。对合作区纳入清单管理的高端人才和紧缺人才，其来源于合作区所得的个人所得税负超过15%的部分予以免征，免征部分实行限额管理。

六、加强税收管理

上海自贸试验区已经试点的税收政策原则上可在广东自贸试验区进行试点。研究完善适应境外股权投资和离岸业务发展的税收政策，研究实施启运港退税政策试点问题，实施境外旅客购物离境退税政策。深圳前海深港现代服务业合作区、珠海横琴新区对符合规定的企业减按15%的税率征收企业所得税。

2022年6月，"横琴粤澳深度合作区企业所得税和个人所得税优惠政策新闻发布会"举办，国家和省支持合作区发展的首批税收政策即"双15%"优惠政策正式落地实施。企业所得税方面，对合作区符合条件的产业企业减按15%的税率征收企业所得税。个人所得税方面，在合作区工作的境内外高端人才及紧缺人才，其个人所得税负超过15%的部分予以免征。对在合作区工作的澳门居民，其个人所得税负超过澳门税负的部分予以免征。

2022年11月，国家税务总局广州市税务局关于印发《广州南沙个人所得税优惠政策实施办法》的通知，为进一步推动广州南沙深化粤港澳全面合作，对设在南沙先行启动区符合条件的鼓励类产业企业，减按15%的税率征收企业所得税。南沙设立的高新技术重点行业企业，自2022年1月1日起，当年具备高新技术企业或科技型中小企业资格（以下统称资格）的，其具备资格年度之前8个年度发生的尚未弥补完的亏损，准予结转以后年度弥补，最长结转年限延长至13年。

第三节 中国（广东）自由贸易试验区提升发展成效及问题

一、行动成效

2023年是我国自贸试验区设立十周年，也是广东自贸试验区成立八周年。八年来，广东自贸试验区始终坚持以习近平新时代中国特色社会主义思想为指导，全面贯彻落实习近平总书记视察广东重要讲话重要指示精神，按照党中央决策部署，在省委省政府的统筹领导下，以制度创新为核心，推动高水平开放和高质量发展取得显著成效，充分发挥了广东自贸试验区作为改革创新"试验田"、高水平开放门户枢纽和粤港澳大湾区重大平台作用。

（一）经济总量迈上新台阶

广东自贸试验区着力建设现代化产业体系，大力发展汽车、人工智能、医药健康、集成电路、现代金融、专业服务业等先进制造业和战略性新兴产业，设立了冷泉系统国家大科学装置、海洋工程总装研发设计国家工程实验室、澳门大学集成电路国家重点实验室等 211 家国家级、省级科技创新平台，不断聚集科技创新资源和高质量发展新动能。截至 2022 年，广东自贸试验区固定资产投资累计超过 1 万亿元，年均超过 1300 亿元，税收由 2015 年的 574 亿元增长到 2022 年的 950 亿元，带动横琴、前海、南沙三大平台 GDP 由 2015 年的 2244 亿元增长到 2022 年的 4663 亿元，增长超过 1 倍。

（二）高水平投资平台作用显著

广东自贸试验区对标国际高标准规则，深化"放管服"改革，在企业准入方面实施全国最短外资负面清单和全国首创商事登记注册制，在企业准营方面实施"一网通办""证照分离""交地即开工""无证明自贸试验区"等创新举措，在服务企业方面建立了覆盖面广、含金量高的产业和人才政策，落地企业和个人"双 15%"所得税优惠政策和高效便利的跨境税收服务，构建了国际一流的营商环境。2022 年，广东自贸试验区累计新设企业 22519 家，实际利用外资近 70 亿美元，共有境外投资项目 125 个。

（三）国际贸易门户枢纽功能突出

广东自贸试验区对标国际先进自贸试验区，打造高效便利的大通关体系，平均通关时间缩减了 80%，监管证件从 86 种压缩到 46 种，申报无纸化率达到 99.6%。建立了海陆空联运的大航运体系，国际班轮航线从 204 条增加到

352 条，开展了联结全省 9 市的"一港通""组合港"业务，建设了对接广深港三大国际机场的空运货物中心，开通了南沙港铁路"中欧班列"。南沙、前海获批国家进口促进创新示范区，跨境电商、中转集拼、离岸贸易、保税加油等新业态迅速发展，形成了飞机、汽车、电子元器件、天然气、粮食等大宗商品分拨中心和进口平台。2021—2023 年，广东自贸试验区进出口总额连续突破 2000 亿元、3000 亿元和 5000 亿元，年均增长超过 25%。2022 年，集装箱吞吐量超过 3200 万标箱，货物吞吐量近 5 亿吨，分别占全省的 45.4%和 24.4%。

（四）金融开放创新成果丰硕

广东自贸试验区立足打造金融业对外开放试验示范平台，在全国率先开展跨境资金池、跨境资产转让、股权投资基金跨境投资、跨境贸易投资高水平开放等投融资改革试点，建立自由贸易（FT）账户体系。至 2022 年，累计新增金融机构 5.5 万家，其中持牌金融机构 245 家；跨境双向人民币资金池结算量占全省的 1/4，跨境人民币结算金额占全省的 1/7，累计办理 FT 账户资金业务超 2 万亿元。广州期货交易所落地并上市工业硅期货品种，南沙成为华南融资租赁中心，累计交付租赁飞机 244 架、船舶 93 艘。

（五）与港澳合作取得突破进展

广东自贸试验区紧紧围绕打造粤港澳大湾区重大合作平台，在金融、法律服务、旅游、建筑等服务业领域扩大开放，落地全国首家港澳资独资和控股的银行、证券、基金机构，实现粤港澳跨境支付、跨境理财通、跨境车险和医疗保险、跨境住房按揭等创新措施，便利三地民生往来。至 2022 年，设立了 11 家港澳资旅行社，14 家粤港澳联营律师事务所，建成内地首家澳资独资医疗机构，备案 55 家香港工程建设咨询企业和 253 名专业人士，超过 1000名建筑、设计、旅游、医疗等澳门专业人士获横琴跨境执业资格，港澳青年创新创业基地累计孵化 1442 家创业团队。至 2022 年，累计设立了 2.4 万家港澳资企业，实际利用港澳资 473.77 亿元，以全省万分之六的面积吸引了全省港澳资总额的三成以上。

（六）示范带动作用更加突出

2022 年，广东省设立了 13 个广东自贸试验区联动发展区，推动自贸试验区与省内各经济功能区开展政策联动、产业联动和创新联动，首批 62 项广东自贸试验区改革创新举措在联动发展区落地实施，开展了 30 多项产业和项目合作。至 2023 年 6 月，广东自贸试验区已累计形成 696 项制度创新成果，在全省复制推广 216 项改革创新经验，发布 301 个制度创新案例。同时，广东省每年都评选一批最佳实践案例，2023 年也评选出了八周年 15 个最佳实践案例。

二、片区成效

2022—2023 年，广东自贸试验区 3 个片区分别取得一定成效。

（一）南沙片区

1. 经济总量稳步增长

2022 年，南沙区全年实现地区生产总值 2252.58 亿元，同比增长 4.2%、增速全市第一。三次产业结构为 3.2∶44.2∶52.6。农业总产值达 126.32 亿元、居全市之首，同比增长 6.6%；规模以上工业产值 3805.49 亿元、居全市第二，同比增长 6.1%；一般公共预算收入 117.02 亿元，同比增长 8.2%；税收总额（含关税）798.15 亿元，同比增长 10.0%（其中国内税收总额 552.01 亿元，同比增长 9.4%）；社会消费品零售总额 294.79 亿元，同比增长 10.9%；进出口总额 2988.19 亿元，同比增长 15.1%；实际利用外资 172.80 亿元，同比增长 72.7%。

2. 产业发展提质增效

2022 年，南沙位列中国工业百强区第 26 位。规模以上工业增加值 732.32 亿元、同比增长 6.9%，先进制造业增加值占规模以上工业增加值的 77.2%、同比增长 11.2%，其中汽车制造业产值达 1956.99 亿元、同比增长 19.3%，装备制造业产值达 2515.35 亿元、同比增长 13.6%，广汽丰田新能源汽车产能扩建项目投产。新增省级以上"专精特新"企业 235 家。培育发展战略性新兴产业和未来产业，集聚人工智能和生命健康企业 800 多家；南砂晶圆、芯聚能、联晶智能等半导体项目投产，芯粤能项目进入设备调试阶段，实现国内首个宽禁带半导体全产业链布局；新增 5G 基站 781 座（累计建成 4905 座），广州数据交易所挂牌运行；中科空天飞行科技产业化基地建成投产，广东空天科技研究院参与研制的国内最大固体运载火箭"力箭一号"成功首飞。

3. 科技创新体系不断完善

至 2023 年，中科院明珠科学园南部组团即将交付使用，大湾区科学论坛永久会址动工建设，冷泉生态系统大科学装置进入国家可研立项阶段，南方海洋科学与工程广东省实验室（广州）纳入国家实验室体系，天然气水合物勘查开发国家工程研究中心挂牌运作，我国自主设计的首艘超深水大洋钻探船实现主船体贯通，全国首座深水科考专用码头正式启用。发起成立广州元宇宙创新联盟，设立元宇宙产业先导示范区。牵手大院大所累计建立重大科技创新平台 22 个，国家级高新技术企业累计超 900 家，入选广州"独角兽"创新企业榜单 25 家，建成科技企业孵化器 12 家、众创空间 9 家，国家级众创空间实现零的突破。优化设立总规模 20 亿元的南沙新区科技创新母基金。

4. 与港澳全面合作纵深推进

2022 年，深化与港澳合作体制机制创新，广州南沙粤港合作咨询委员会高效运作，集聚香港工商协会 29 个，设立广州南沙新区香港服务中心，成立粤港澳大湾区（南沙）社会组织合作创新基地。港式国际化社区规划获批，国际数据传输枢纽大湾区南沙节点建成投产，香港科技园南沙孵化基地、新鸿基庆盛枢纽站场综合体等项目加快建设。累计落户港澳企业 2787 家、投资总额 1016.71 亿美元。深化粤港澳青少年交流交往，连续 7 年实施港澳青年学生南沙"百企千人"实习计划，集聚"创享湾"等 11 个青创基地，累计入驻超 400 个港澳台青创团队（企业）。规则衔接取得新突破，试行香港工程建设管理模式，率先开展港澳工程人才职称评价；推动规划、税务、旅游、法律服务等领域专业人才便利执业，初步建成全国首个粤港澳大湾区律师执业孵化站；南沙穗港协作医疗联合体项目启动，首家港资"金牌医师"门诊部落户，可为香港居民提供港式全科社区医疗及"长者券"使用服务。

5. 营商环境不断优化

2022 年，南沙自贸试验区制度创新走在前列，全年新增制度创新成果108 项，6 项创新案例获评广东自贸试验区最佳制度创新案例，全球优品分拨中心入选服贸会全国优秀服务贸易案例，全球溯源中心荣获中国管理科学奖。权威第三方评估显示，南沙自贸试验区综合创新指数在全国自贸片区中排名第二，贸易便利化、投资自由化指数位列榜首。"放管服"改革不断深化，建设全域大数据中心，打造全国首个元宇宙政务平台，深化"全区通办""跨域通办"和政策兑现市区联办。"无证明自贸试验区"减免证明事项拓至 363项，"交地即开工"5.0 为新开工项目节省 3~6 个月时间成本，成功纳入省信用建设服务实体经济发展试点。

6. 航运枢纽能级不断提升

2022 年，南沙港区四期全自动化码头、海嘉码头、近洋码头投入运行，粮食及通用码头扩建工程建设稳步推进。净增外贸集装箱班轮航线 13 条（累计 148 条），完成集装箱吞吐量 1838.85 万标箱、同比增长 4.1%，货物吞吐量 3.6 亿吨、同比增长 1.5%，中欧、中亚班列实现始发，海铁联运量达 10万标箱。建成全球人道主义应急仓库和枢纽、广州南沙国际物流中心（南区）冷链项目，落地 4 张国际航行船舶保税加油广州牌照。跨境电商进出口约 910亿元，同比增长 1.5 倍。国家进口贸易促进创新示范区实现进口 1365.2 亿元，同比增长 23.2%。外贸进出口和实际利用外资分别位列全国经开区第七和第二。南沙综合保税区在全国综保区发展绩效评估中跃升为 A 类。

7. 金融互联互通功能增强

2022 年，南沙集聚金融企业 6758 家。广州期货交易所首个交易品种工业硅挂牌上市。新引进融资租赁飞机 46 架。金融功能区加快建设，国际金融论坛（IFF）永久会址主体结构全面封顶，明珠金融创新集聚区吸引 46 家机构入驻，粤港澳大湾区（广州南沙）跨境理财和资管中心启动建设。获批全国首批气候投融资试点。跨境贸易投资高水平开放试点交易金额达 141 亿美元，落地 QFLP 跨境基金投资额度共 155 亿元，累计跨境人民币结算量 6342 亿元，已开立自由贸易账户 6463 户。

（二）深圳前海片区

据统计，2022 年，前海实现地区生产总值 1948.7 亿元、增长 5.2%。

1. 前海发展动力更澎湃

前海聚焦现代服务业，出台金融、产业集聚、商贸物流等一系列产业政策，支持企业加速发展。深入实施全球服务商计划，招引培育金融、商贸物流等 8 类全球服务商，建设风投创投、融资租赁、天然气贸易、跨境电商等首批六大集聚区。其中，风投创投集聚区已入驻渣打、惠理等 87 家重点机构，天然气贸易集聚区引进华润燃气、中海油等 27 家龙头企业。世界 500 强企业已在前海布局超 300 家，安盛、瑞银、西门子、帝亚吉欧等一大批优质企业加速集聚。

2. 深港合作更紧密

2022 年，前海实际使用港资 56.1 亿美元，增长 3.4%，拥有港资企业近万家。积极拓宽对港合作渠道，与香港财库局联合发布风投创投 18 条措施，拓宽深港私募股权基金合作渠道；深化服务业规则衔接，新增香港税务师、导游备案执业，港澳专业人士备案执业范围扩大到 18 类。

3. 改革创新更活跃

2023 年 7 月 20 日，中山大学发布制度创新指数，前海居全国第一；2021 年以来，新推出制度创新成果 155 项、累计 765 项，全国复制推广累计达 72 项；前海联合交易中心新上线大豆交易品种，现货交易额达 793.5 亿元，增长 145%；电子元器件和集成电路交易平台上线，首日交易金额 18.58 亿元；德勤组织第三方评估，前海在开办企业、获得电力等维度全球领先。

4. 对外开放更高质

稳步扩大规则、规制、管理、标准等制度型开放。在前海注册的港澳台和外资企业可协议选择适用域外法解决商事合同争议。2022 年，前海实际使用外资 58.6 亿美元，增长 0.7%，占全市 53.5%、全省 21.0%、全国 3.1%；前海关区进出口总额 2.58 万亿元，增长 48.6%；前海综保区进出口额 2352.2 亿元，增长 48.8%，已超 2021 年全年。

5. 平台载体更丰富

2022 年，前海深港国际金融城已入驻 239 家金融机构，1/3 是港资外资；前海深港国际法务区已引进司法、仲裁、调解、律师服务等 6 大类法律机构达 154 家；前海国际人才港一站式提供 451 项人才服务，联合波士顿咨询、安永等举办 127 场活动。

（三）横琴粤澳深度合作区

2023 年前三季度，横琴粤澳深度合作区（简称合作区）坚持以习近平新时代中国特色社会主义思想为指导，深入贯彻党的二十大精神，聚焦《横琴粤澳深度合作区建设总体方案》中 2024 年第一阶段发展目标，围绕 2023 年合作区高质量发展工作要求，全力推动合作区发展稳中求进。

根据地区生产总值初步核算结果，2023 年前三季度，合作区实现地区生产总值（GDP）342.22 亿元，按不变价格计算，同比增长 2.1%，增幅较上半年回落 0.9 个百分点。第一产业增加值 0.06 亿元，同比增长 3.9%；第二产业增加值 32.90 亿元，同比下降 3.4%；第三产业增加值 309.26 亿元，同比增长 2.6%。

1. 工业生产继续恢复向好

2023 年前三季度，合作区规模以上工业增加值 5.97 亿元，同比增长 18.0%，连续两个月实现正增长，增幅较 1—8 月提高 9.7 个百分点，分别高于广东省和珠海市 14.9、12.4 个百分点。其中，电力、热力生产和供应业增幅达到 84.9%。

2. 消费市场持续活跃，多类消费增长显著

2023 年前三季度，合作区社会消费品零售总额 19.60 亿元，同比增长 43.5%。限额以上单位消费品零售额 15.95 亿元，同比增长 43.1%。其中，服装、鞋帽、针纺织品类零售额 3.98 亿元，增长 31.4%；金银珠宝类零售额

0.83 亿元，增长 16.9%；限额以上单位餐费收入 5.89 亿元，同比增长 198.3%。

3. 固定资产投资降幅继续收窄

2023 年前三季度，合作区固定资产投资同比下降 22.8%，降幅较上半年收窄 5.3 个百分点。其中，第三产业投资同比下降 22.5%，较上半年收窄 5.6 个百分点。

4. 服务业稳健恢复，旅游相关服务业表现良好

2023 年前三季度，合作区服务业增加值 309.26 亿元，同比增长 2.6%。其中，文化、体育和娱乐业，住宿和餐饮业增加值分别增长 63.8%、14.3%。1—8 月，合作区规模以上服务业实现营业收入 377.84 亿元，同比增长 55.2%。其中，其他营利性服务业营业收入 235.70 亿元，同比增长 27.9%。

5. 吸收外资增幅较大，对外贸易降幅略有收窄

2023 年前三季度，合作区实际吸收外商直接投资额 7.81 亿美元，同比增长 76.0%。外贸进出口总额 175.17 亿元，同比下降 34.4%，降幅较上半年收窄 4.2 个百分点。其中，出口总额 90.72 亿元，同比下降 44.0%。

三、主要问题与原因分析

在总结改革成功经验的同时，也要清醒地看到经济社会快速发展中存在的问题和不足。总的来说，广东自贸试验区广州南沙新区片区、深圳前海蛇口片区和珠海横琴新区片区三大片区面临的主要问题可以总结为以下几点。

（一）自贸试验区发展引领成效还不够明显

广东自贸试验区分为广州南沙新区片区、深圳前海蛇口片区和珠海横琴新区片区三大片区，三大片区分布在粤港澳大湾区和珠三角核心区的支点位置，构成了粤港澳大湾区的核心支撑三角形。自贸试验区在制度建设方面取得了很大突破，改革经验的复制推广取得了很大成效，但是自贸试验区的政策示范效应远大于经济示范效应。自贸试验区经济建设虽然取得一定成效，但对周边地区的经济增长辐射带动作用不强，经济增长溢出效应不明显。

短期内广东自贸试验区的虹吸效应大于溢出效应。广东自贸试验区的投资贸易自由化便利化制度和完善的配套设施加强了对周边地区企业的吸引力，跨国公司等外向型企业更加倾向于将公司总部设置在或转移至自贸试验区，导致资本、人才、技术等生产要素进一步向自贸试验区集聚。广东自贸试验区对生产要素的"虹吸效应"，进一步拉大了自贸试验区与周边地区的经济发展差距，尤其在服务业方面表现得更加明显。

（二）服务业对外开放程度不够高

广东自贸试验区建设沿袭过去保税区的建设经验，重货物贸易，轻服务贸易，改革的广度、深度和立体化程度不够。从当前《广东自贸试验区贸易投资便利化改革创新的若干措施》来看，广东自贸试验区投资贸易便利化制度改革主要集中在货物贸易监管领域，其贸易监管方式改革远远大于投资管理体制改革，涉及贸易监管方式的有 10 项，而涉及投资管理体制改革的只有2 项。

从服务业对外开放来看，广东自贸试验区产业开放主要依赖于"负面清单"，"负面清单"几经优化，自贸试验区外商投资负面清单进一步缩减，限制性措施已减至 27 项，实现负面清单制造业项目清零。但与"负面清单"配套的体制机制尚未建立起来，"负面清单"外的产业落地较为困难。除"负面清单"作为产业的准入参考标准外，还应建立起与"负面清单"相配套的货币汇兑政策、自然人出入境政策、外国人员自贸试验区执业政策和社会保障政策等，这样才能保障"负面清单"外的产业真正落地实施。

（三）体制机制有待进一步理顺

当前自贸试验区出台的改革措施同质化、重复化、浅层化现象较为严重，大部分集中在通关便利化、海关监管改革和各种形式的备案制、"最多跑一次"等简化政府审批流程等方面，具有地方特色和典型意义的改革措施较少，与自贸试验区"制度创新高地"的定位有一定差距，自贸试验区改革创新自主权不够高。广东自贸试验区也不例外。造成自贸试验区改革创新自主权不够高的主要原因有两个：一是中央政府放权不够。自贸试验区的改革创新审批权限还集中在中央部委，地方自主创新的空间有限。二是自贸试验区管理的体制机制不够顺畅，存在多头管理、政出多门现象。以南沙片区为例，南沙片区在行政管理上隶属于广州市，但具体业务审批事项又由广东自贸试验区管理，导致制度改革创新链条过长，自贸试验区管委会权限与开发区管委会权限相当，自贸试验区的管理模式仍然沿用开发区的管理模式，自贸试验区的考核体系沿用开发区的考核体系，拉动 GDP 增长和招商引资仍然是其首要任务。

（四）区域创新能力和产业核心竞争力有待增强

高端技术产品将成为逆全球化下各国贸易争端的重灾区，随着经济的不断发展，广东自贸试验区也开始寻求由中低端产业链向中高端产业链提升。广东省产业结构以第二产业为主，第三产业迅速发展，自贸试验区也开始向高端技术产业转型。欧美等国家向我国出口以高新技术产品为主，导致我国与欧美等国家出口业务产生矛盾，广东自贸试验区所面临的技术性贸易壁垒和国际贸易摩擦日益严重，为广东自贸试验区产业结构的转型带来了机遇和挑战。广东自贸试验区要想从根本上突破困境，必须坚持创新引领，坚持制度创新联合各方力量争取在国际贸易中的有利地位。

（五）城市建设管理标准和精细化程度还不高

自贸试验区制度创新和深化改革的根本目标是构建国际化、市场化、法治化和便利化的营商环境，能够与全球一流地区的营商环境相媲美。从而突出自贸试验区改革的载体功能，进一步集聚全球优质资源。目前，虽然广东自贸试验区制度创新工作和片区发展都取得了显著的改革成效，但是在城市建设领域，管理标准还未能够与国际一流营商环境相对接，城市管理的精细化水平还不够高，与国际一流城市相比还存在较大的差距。

第四节 中国（广东）自由贸易试验区提升发展建议

一、企业需求端对接人才引进

人才是一个地方发展创新的核心动力，企业的人才需求需要与政府引进人才进行对接。广东自贸试验区的发展可以整合人才资源、吸引外来人才，通过提高对外来人才的服务力度，吸引人才的留存，同时，通过整合自贸试验区内的科研机构和高校资源，发展创新能力，提升广东自贸试验区的产学研融合。

二、加强规则、规制、管理等方面的创新合作机制建设

在当前经贸形势有较大不确定的情况下，亟待深化供给侧结构性改革，充分发挥我国超大规模消费市场优势和内需潜力，广东自贸试验区依靠国内消费市场和国外贸易市场，要始终坚持对标国际最高标准、最高水平，加快形成适应更高水平开放型经济发展的一系列制度体系，主动参与国家对国际规则的制定。具体来说，首先，广东自贸试验区可根据自身产业结构和发展状况，率先探索与国际经贸规则衔接、具有良好互动的贸易制度体系。其次，加快建立广东自贸试验区管理清单，公平公正对待各类市场主体，主动在自贸试验区内探索贸易政策。清除和废除不利于市场竞争和市场公平的规定。最后，在管理方面，在广东自贸试验区内探索更高水平的与经济发展水平相适应的管理体系和监管模式，形成更高水平的开放，更高水平的"放管服"。

三、继续提高自贸试验区的科技创新能力

广东自贸试验区从中低端产业链向中高端产业链提升的关键在于科技创新能力的发展。广东自贸试验区的转型必须依赖于科技创新能力的提升，广州、深圳、珠海三市对于R&D的投入强度不断提升，广东自贸试验区对科技需求大。广东自贸试验区要利用好科教资源丰富、创新源泉充沛、创新能力

供给强等优势，做好人才端与企业需求的对接，以产业创新为重点，将知识创新与技术创新要素结合起来，创新引领产业发展的同时推动制度创新，解放思想，充分发挥广东自贸试验区科研创新要素优势，积极推动广东自贸试验区产业链跃升。

四、整合资源和政策以充分发挥自贸试验区优势

首先，广东自贸试验区要充分发挥资源整合的优势，全面梳理和整合各类促进创新发展的支持性政策与相关资源，突出产业创新优先位置，引导更多资源进入自贸试验区，推动资源和政策向高新技术产业创新方面倾斜，整合更多资源实现创新突破。其次，以市场为导向，构建具有自贸试验区特色的产业创新体系，建立统一的产学研结合合作平台，鼓励具有产业引领和有条件的龙头企业整合区内资源，联合自贸试验区内高校和科研机构，以企业需求和市场导向为指导，联合攻关，突破一些"卡脖子"的关键核心技术。

五、继续发挥好深化粤港澳紧密合作示范区作用

推进与港澳规则衔接、机制对接，深化与港澳在贸易、投资、金融、法律服务和职业资格互认等领域合作，促进内外贸法规制度衔接；推进广州期货交易所、大湾区债券平台、南沙国际金融岛、深港国际金融城等建设，依托现有交易场所开展农产品交易，打造服务经济高质量发展和粤港澳大湾区的重要金融平台。在物流、贸易方面，广东自贸试验区将推进"大湾区组合港""湾区一港通"建设，打造以南沙港、蛇口港为枢纽的一体化通关物流信息平台，提升各港口间物流和通关时效，实现港口群互联互通、协同发展；加快建设粤港澳大湾区国际分拨中心，建设跨境贸易全球供应链管理中心，推动货物自由集拼分拨，构建服务粤港澳、辐射国内外的海陆空铁立体化多式联运物流体系。在推进粤港澳深度合作方面，要突出服务港澳一条主线。服务港澳融入内地发展大环境是粤港澳大湾区城市群协同发展的历史使命。在粤港澳服务贸易自由化、粤港澳投资贸易自由化和大通关体系、粤港澳基础设施互联互通、粤港澳社会融合等方面深入探索，发挥好区域融合的先行

地和"试验田"功能，服务粤港澳深度合作。

六、继续推进广东自贸试验区联动发展区建设

推动联动发展区与广东自贸试验区开展政策联动、产业联动、创新联动等"三个联动"，率先复制推广一批自贸试验区的先进经验，实施一批协同创新项目，培育一批高水平开放平台，争取经过两到三年的努力，把联动发展区打造成为全省改革创新的先行地、高质量发展的示范区、区域经济发展的增长极。

七、发挥制度创新优势打造一流营商环境

在进一步提升国际化、法治化、市场化和便利化营商环境方面，要充分发挥广东自贸试验区的制度集成创新和平台集聚功能。打造国际化法治化、市场化和便利化的营商环境是梳理自贸试验区改革创新"标杆"的重要抓手，也是提升平台集聚吸引力的核心抓手。要以提升国际化、法治化、市场化和便利化营商环境为目标，深化改革，从而实现制度集成创新与市场主体获得感的同步提升。

参考文献

［1］许孝岩. 广东自贸试验区发展现状、问题以及策略研究［J］. 现代商贸工业，2023，44（09）：29-31.

［2］王曼. 高水平开放 8 年广东自贸试验区花繁叶茂［N］. 中国贸易报，2023-06-15（003）.

［3］伍素文. 挂牌成立八周年广东自贸试验区未来向何处提升？［J］. 中国经济周刊，2023（11）：104-105.

第四章 中国（福建）自由贸易试验区提升发展战略与行动

　　福建省位于中国东南沿海地区，处于对外开放的前沿。2014 年 12 月 31 日，国务院正式批准设立中国（福建）自由贸易试验区（以下简称"福建自贸试验区"）。福建自贸试验区成为继上海自由贸易试验区之后中国大陆第二批自由贸易试验区。福建自贸试验区总面积 118.04 平方公里，包括福州、厦门、平潭 3 个片区。福州片区着力打造先进制造业基地、21 世纪海上丝绸之路沿线国家和地区交流合作平台、海峡两岸服务贸易和金融创新合作示范区。厦门片区重点发展两岸新兴产业和现代服务业合作示范区、东南国际航运中心、两岸区域性金融服务中心和两岸贸易中心。平潭片区重点建设两岸共同家园和国际旅游岛，促进投资、贸易、金融、人员往来更加自由便捷。

表 4-1 福建自由贸易试验区发展定位

片区	构成	面积 （平方公里）	发展定位
福州片区	福州经济技术开发区、福州保税港区	31.26	发展先进制造业、深化海丝交流合作、促进两岸服务贸易及金融创新合作
平潭片区	港口经贸区、高新技术产业区、旅游休闲区	43	建设国际旅游岛、对外开放窗口及闽台合作窗口
厦门片区	两岸贸易中心核心区、东南国际航运中心海沧港区	43.78	建设两岸新兴产业和现代服务业合作示范区、东南国际航运中心、两岸区域性金融服务中心与贸易中心

资料来源：《中国（福建）自由贸易试验区总体方案》。

第四章 中国（福建）自由贸易试验区提升发展战略与行动

建设自由贸易试验区是以习近平同志为核心的党中央在新时代推进改革开放的重要战略举措。党的二十大报告提出"实施自由贸易试验区提升战略"，为新时代自贸试验区建设指明了方向，提供了根本遵循。福建为深入贯彻落实关于自贸试验区建设的重要精神，持续深化改革，为更好发挥改革开放综合试验平台作用，实现高质量发展，相继印发实施《福建自贸试验区提升战略实施方案》《福建自贸试验区创新发展平台提升行动方案》《福建自贸试验区建设 2023 年工作要点》和《福建自贸试验区厦门片区提升行动工作方案》等政策文件。2023 年 6 月，商务部印发《自贸试验区重点工作清单（2023—2025 年）》，其中 9 条包含福建自贸试验区重点工作清单内容（见表 4-2）。同时，福建自贸试验区积极贯彻落实国务院印发的《关于在有条件的自由贸易试验区和自由贸易港试点对接国际高标准推进制度型开放若干措施》，按照商务部试点对接的国际高标准推进制度性对外开放。

表 4-2 2023—2025 年福建自贸试验区重点工作清单

序号	重点工作
1	建设一流法律服务集聚区，设立两岸司法研究中心、两岸民商事规则研究中心等对台特色法务合作平台，打造涉台、涉外商事海事争端解决优选地。(福建自贸试验区)
2	建设两岸职业资格对接互认平台，设立福建省台胞职业资格考证认证一体化服务中心，创新考证服务模式，打造对台职业资格一体化全链条服务体系。(平潭片区)
3	优化对台货运航线，建设平潭海峡健康产业园等平台，构建两岸货物贸易主通道。(平潭片区)
4	推动航空经济创新发展，培育飞机全生命周期产业链，打造全球重要航空维修"一站式"基地，集聚更多国际航线资源。(厦门片区)
5	完善"金砖+"贸易数字化体系，推动厦门片区建设贸易数字化示范区，探索设立贸易数字化公共服务平台，提升口岸监管数字化水平。(厦门片区)
6	搭建离岸贸易信息共享平台，支持银行业金融机构为离岸贸易企业提供合理授信额度，合理实施离岸贸易支持政策，促进离岸经济高质量发展。(厦门片区)
7	推动海洋经济发展示范区建设，推进海洋资源要素市场化配置，开展涉海金融服务模式创新，推动海洋新兴产业链延伸和产业配套能力提升，创新海洋环境治理与生态保护模式。(厦门片区、福州片区)
8	建设丝路电商生态圈，打造跨境电商全链路服务平台，加快共建"一带一路"国家海外仓布局联动，办好中国跨境电商交易会，支持市场主体内外贸一体化经营。(福州片区)

序号	重点工作
9	建设物联网产业基地，推动联东U谷物联网产业园等项目建设，鼓励实施工业互联网平台研究与试点应用、打造全国智能仪表等物联网产品重要供应基地。（福州片区）

资料来源：《自贸试验区重点工作清单（2023—2025年）》。

2023年恰逢"一带一路"倡议提出十周年，福建省"丝路伙伴"计划与自贸试验区的融合交流成果颇丰，意义重大。因此，要积极探讨福建自贸试验区最新提升发展的战略行动、发展成效及目前存在的发展问题，通过对发展存在的问题进行原因分析，找出福建自贸试验区下一步提升发展的方向并提供相应措施建议。最大限度地发挥自贸试验区在贸易便利化、投资自由化、金融创新、监管制度创新等方面的创新成果对积极开拓世界市场、增强国际经贸往来、促进经济增长和效益提高具有重要影响，同时能为全国自贸试验区提升提供可借鉴的实践经验。

第一节　中国（福建）自由贸易试验区提升发展战略

在政策的战略指引下，福建自贸试验区希望通过2023—2025年这三年的改革探索，不断完善以投资和贸易自由便利化为核心的政策体系。努力打造更好的营商环境，显著提升产业竞争力，进一步凸显沿海近台的优势，实施更加严格的风险防控，巩固对外开放的领先地位。将高水平高标准自由贸易园区建设成为高水平改革开放试验区、高质量产业发展集群、两岸融合发展示范区、"一带一路"开放合作引领区，最大限度发挥辐射带动作用。

一、扩区提质

积极争取自贸试验区的扩区，争取在空间范围和功能政策上取得新的重要突破。在更大空间共享优惠政策、要素及资源，有效破解自贸试验区建设面临的片区碎片化、资源分散化、产业规模小、管理协调难等问题，为扩区奠定更加坚实的基础。

二、创新监管提升制度型开放

深入研究 CPTDP、DEPA、《中欧全面投资协定》等高标准国际经贸规则，率先开展压力测试，促进国内外规则、管理与标准等的对接与融合，降低制度摩擦与协调成本，更好地利用两个市场、两种资源，打造高水平改革开放先行区。

（一）实施更加开放的投资管理

全面实施外商投资准入前国民待遇加负面清单管理制度。有效落实国家《鼓励外商投资产业目录（2022 年版）》及《关于以制造业为重点促进外资扩增量稳存量提质量的若干政策措施》要求。争取列入全国服务业扩大开放综合试点，在电信、科研和技术服务、教育、卫生等重点领域加大对外开放力度，放宽注册资本、投资方式等限制。在"管得住"前提下，试点对具有强制性标准的领域简化审批，建立健全备案制度。建立外商投资全流程服务体系，完善境外投资政策和服务体系。

（二）实施更加高效的贸易管理

提升国际贸易单一窗口模块功能，进一步打通跨境贸易全链条各类业务节点，推进业务协同应用和数字化智能化应用。创新监管模式，研究通过"一核多点"方式将综保区的保（免）税、通关便利等政策扩展到省内符合一定资质条件的企业。推广落实经核准出口商制度。促进内外贸一体化运营，建设数字综保区监管服务平台，推动"分类监管""内贸集装箱""跨境电商"等业务尽快落地综保区。落实国家加工贸易料件内销征税"自报自缴"、放宽办税时限、暂免缓税利息等内销便利化政策，推行内贸货物、非保税货物便捷进出区管理模式，推动综保区发展成为具有全球影响力和竞争力的加工制造中心、研发设计中心、物流分拨中心、检测维修中心、销售服务中心。推行内外贸同船运输、泊位共享、货物"同仓共管"，非保税货物与保税货物互转等便利化监管模式。

（三）实施更加便捷的金融服务

推进资本项目数字化服务试点，简化资本项目收入境内使用审核流程，推广无接触式电子单证审核模式，便利企业跨境投融资资金流入和使用。提供便捷的离岸国际贸易跨境资金结算服务，支持银行对符合条件企业的业务审核由事前审查转为事后核查。支持境外投资者通过 QFLP 试点参与自贸试验区新兴产业孵化，争取开展合格境内 QDLP 境外投资试点，吸引更多股权投资基金及其管理机构在自贸试验区集聚发展。加大铁路运输单证和多式联运单证金融服务创新力度，开展铁路运输单证物权化实践探索。

（四）实施更加公平的竞争政策

强调竞争政策的基础性地位，探索实施公平竞争政策的有效路径和有益经验。深化国资国企改革，健全市场化经营机制。强化反垄断执法，维护公平竞争市场秩序。

三、充分发挥沿海近台优势

深化闽台各领域融合，建设两岸融合发展示范区。福建自贸试验区要加强互联互通和经贸交流，深度融入共建"一带一路"。持续拓展与金砖国家及"金砖+"国家交流交往，推动金砖创新基地建设走深走实。

（一）建设两岸融合发展示范区

坚持以通促融、以惠促融、以情促融。深化闽台农业、精密机械、集成电路、石化、金融、文教、医卫等产业合作。优化对台货运航线，鼓励台湾海运、空运物流公司在区内设立机构，发展闽台海空联运。打造两岸电商物流基地，建设数字贸易产业园。支持平潭对台小额贸易市场开展线上销售监管创新试点。率先探索两岸中小企业标准采认采信。整合提升两岸青创基地、研学基地、交流基地等，吸引更多台胞来闽学习、工作、生活。

（二）打造"一带一路"开放合作引领区

强化国际物流大通道建设，加快"丝路海运"标准体系和国际航运综合服务平台建设。深化实施"丝路飞翔"工程，推动增开国际航空货运航线，引导外国航空公司积极申请开通更多第五航权航线，吸引更多航空公司进驻福州、厦门机场建设基地航司，打造国际性枢纽机场。建设丝路电商生态圈，打造跨境电商全链条服务平台，建设产业链完整的跨境电商综合园区，加强"一带一路"沿线国家和地区海外仓布局联动，办好中国跨境电商交易会。争取更多班列开行计划，稳定中欧班列运行。推广锂电包装"产品线"安全监管模式，推动锂电产品铁路运输业务，服务新能源产业发展。持续推进中印尼、中菲等"两国双园"项目。加强与亚太示范电子口岸网络（APMEN）、"一带一路"共建国家和地区口岸交流合作，扩大双向贸易投资。

（三）共建金砖创新基地

完善厦门自贸片区与金砖创新基地联络协调机制，加强政策协调，促进人才培养，加强维修检测服务、技术服务、离岸服务外包等国际合作，吸引更多新工业革命领域产业集聚，将金砖创新基地打造成为金砖国家合作的重要平台。支持与巴西、俄罗斯等金砖国家开展航空维修国际产能合作。支持与金砖及"金砖+"国家贸易往来较多的本地企业申请 AEO 认证。加强与金砖国家原油、食品、农产品、纸浆等大宗商品供应链合作。支持企业在金砖国家建设运营海外仓，推进金砖国家跨境电商市场一体化。

四、特色产业促进高质量发展

以制度创新赋能实体经济发展，围绕数字经济、海洋经济、绿色经济、文旅经济，重点打造一批具有国内外影响力、示范引领作用较强的产业综合服务平台，集聚全球资源要素，发展现代特色产业，延伸拓展产业链，打造高质量产业发展集聚区。

（一）做大做强先进制造业

发挥福州物联网开放实验室在测试认证、标准制定上的优势，推动采用先进的物联网市场化团体标准，促进物联网国内标准国际化。设立或引进更多具备物联网终端产品认证资质的检测认证机构，为物联网相关企业提供一站式技术服务。建设物联网应用平台，扩大物联网在第三产业中的应用，进一步壮大物联网产业集群。整合区内外集成电路产业资源，完善集成电路设计公共服务平台，上线集成电路保税业务信息化系统，优化光刻机等重点生产设备进口业务流程，放宽外籍集成电路高级技术人员引进工作年龄限制，为集成电路设计企业提供保税研发一站式服务。加快集成电路重点项目建设，加强厦门国家"芯火"双创基地、火炬高新区、海沧信息产业园、翔安集成电路产业集中区、福州软件园、平潭新兴产业园、台湾创业园等集成电路园区合作。

（二）培育壮大新兴产业

争取在福建综保区内开展高技术含量、高附加值的航空航天、工程机械、数控机床、汽车发动机等再制造业务试点。争取将非自产医疗设备等商品增列入综保区《维修产品目录》，扩大保税维修企业业务承揽范围。扩大区外保税航空维修试点规模。争取开展飞机及发动机保税拆解回收零部件业务，做大做强做优厦门航空维修产业。支持综保区企业根据研发业务实际耗用情况核销保税料件。鼓励开展海洋国际合作，发展海洋工程装备、海洋生物科技、海洋可再生能源、海水综合利用等海洋高新产业，支持企业"走出去"建设一批海外渔业基地。强化国家药监局医疗器械技术审评中心医疗器械创新福建服务站功能，充实审评监测队伍，提升药械审评审批和检验检测能力。加快福州国际医疗综合实验区、厦门生物医药港、平潭海峡医药健康产业园等平台建设。加强平潭与福州、厦门口岸联动，将平潭海西动植物隔检中心打造成实验动物进口隔检试点场所。推动新型离岸国际贸易业务稳定健康发展，积极落实财政部、税务总局关于调整离岸贸易企业所得税和购销合同印花税有关政策，根据中央部署，探索具有国际竞争力的离岸贸易税收体制。建设离岸贸易信息共享平台，支持银行探索离岸转手买卖真实性管理模式创新，合理安排信贷资金。争取国家支持自贸试验区企业开展油品离岸和在岸贸易，将国际航行船舶保税加油许可权下放至福建省。建设跨境电商逆向物流通道和跨境电商退货中心，支持不同出口海关监管代码下的货物与电商货物实现同柜集拼，跨关区出口跨境电商货物转关自动核销，持续扩大跨境电商市场流量规模。

（三）加快发展现代服务业

进一步扩大服务业对外开放，大力发展会计、税务、法律、设计咨询、知识产权评估等高附加值服务业，培育一批具有国际竞争力的专业管理和咨询服务机构。加快东南国际航运中心建设，支持建设海洋高新产业园，发展船舶融资租赁、船舶建造险、航运保险、航运仲裁、航运交易等高端航运服务业。支持中国（厦门）智能视听产业基地做优做强，加强厦门自贸片区国家文化出口基地建设，创新艺术展品担保监管模式，培育一批国家文化出口重点企业，增强品牌效应，扩大文化贸易规模。支持平潭建设世界一流国际滨海休闲度假旅游目的地。支持厦门举办国际动漫节等动漫游戏产业展会，推动福州、厦门建设国际旅游会展中心城市。争取国家支持厦门全面深化服务贸易创新发展试点城市升级为国家服务贸易创新发展示范区。

（四）打造数字自贸试验区

加强对欧盟《数字服务法案》（DSA）、《数字市场法案》（DMA）等的研究，政企合作开展"守门员平台"规则，"黑名单""灰名单"规则等试验，强化数字内容、数字平台治理，不断提高数字化区域治理水平。用好国际互联网数据专用通道，搭建贸易数字化公共服务平台，实施"重点数字场景合作伙伴计划"，为企业数字化转型提供精准服务，推动更多数字化场景和项目落地。支持设立数字产权运营平台，探索数据产权保护和应用机制。加强两岸跨境数据传送基础设施建设，搭建两岸跨境数据流动监管平台，建设两岸区块链技术和产业创新发展基地。支持福州打造"数字小镇"。加快厦门远海、海润码头及福州港江阴港区 5G 智能化集装箱码头示范项目建设，促进港口物流服务信息化深入运用，提升港口作业效率，打造制度先行、服务优质、治理高效的数字自贸试验区。

五、一流营商环境提升企业活力

借鉴国内外先进做法，聚焦企业所需、群众所盼，纵深推进"放管服"改革，打造市场化、法治化、便利化、国际化营商环境。

（一）深化"放管服"改革

开展世界银行新版营商环境评价指标体系（BEE）解析研究，持续推出企业有获得感的试点政策举措。试点商事主体登记确认制度，完善企业开办"一网通办"和注销便利化，试点开展市场主体强制退出机制，探索建立市场主体歇业制度。依托"互联网+监管"平台，建立大数据、靶向性监管预警模式，进一步完善事中事后监管。深入开展口岸降本增效行动，进一步优流程、降成本、提效率、促便利。推行全面数字化电子发票业务，持续提升发票开具便利度，降低征纳成本。

（二）打造知识产权保护先行区

加强知识产权国际合作，建设知识产权运营平台和文化版权进出口基地。完善涉外知识产权保护机制，健全各级知识产权公共服务机构，积极引进中国（厦门）知识产权保护中心、"知创福建"分平台或工作站，用好国家知识产权局专利检查中心厦门代办处、厦门知识产权运营公共服务平台，为企业提供资源共享、多级协作的知识产权服务。建设知识产权中央商务区，推进知识产权服务要素集聚，推动知识产权证券化项目落地，深化知识产权保护运用创新。

（三）建设一流法律服务集聚区

深入推进海丝中央法务区自贸先行区建设，支持设立中国海事仲裁委员会海上丝路仲裁中心，推动国际商事争端与预防解决组织（厦门）代表处有效运营，建立涉外商事一站式多元解纷中心，探索在平潭建立涉台商事一站式多元调处中心，打造具有国际影响力的商事海事争端解决优选地。有针对性引导不同行业企业引入仲裁机制，指导企业规范仲裁条款，加强仲裁实操配套指引，实现全链条商事法律服务。加快海丝中央法务区国际法务运营平台建设，探索建设服务企业高质量"走出去"区域总部基地。

六、联动创新提升引领示范效应

发挥自贸试验区辐射带动作用和溢出效应，让更多企业享受自贸试验区红利，延伸拓展自贸试验区发展腹地，优化空间和产业布局，推进全域协同创新发展。

（一）巩固创新引领地位

坚持问题导向和需求导向，聚集重点领域、关键环节、难点、堵点，开展更多首创性、集成性、差异化探索，支持跨部门、跨领域协同创新，持续推出具有福建特色，在全国或相关领域具有影响力的创新举措，进一步彰显自贸试验区制度创新高地的地位和作用。及时总结制度创新成果，将具有实效性、可推广性、风险可控的试点经验在全省复制推广，并争取在全国范围推广。

（二）推进联动创新发展

在全省开发区先行复制推广自贸创新成果基础上，推动自贸片区与福州新区、厦门火炬高新区等联动区域之间创新联动、产业联动、招商联动、开放联动、服务联动。支持福州物联网开放实验室、先进制造业技术服务中心与省内光电企业合作开展对外标准认证。支持福州、平潭协同开展跨境电商零售进口业务。推动厦门进口酒平台和"福酒"品牌合作。让自贸试验区创新成果在更大空间复制推广，更好带动联动区域创新发展。

（三）促进区域协调发展

鼓励自贸片区与相关设区市、新区、县（市、区）或其他区域深度对接、深化合作。支持福州自贸片区融入福州新区建设，做大做强跨境电商、数字、医疗等产业。支持厦门自贸片区融入湖里进口创新示范区、翔安南部片区开发，服务全市生物医药、集成电路等重点产业集群发展。支持平潭自贸片区融入平潭综合实验区"一岛两窗三区"战略蓝图，在旅游、对台、创新、生态等领域发挥示范带动作用。支持厦门片区与龙岩高新技术产业开发区加强跨境电商产业合作，深化厦龙中欧班列合作，加快闽东北、闽西南协同发展。

第二节　中国（福建）自由贸易试验区提升发展行动

福建自贸试验区坚持以习近平新时代中国特色社会主义思想为指导，深入贯彻党的二十大精神，落实全球发展倡议和国家重大发展战略，坚持制度创新和产业培育相结合，提升创新发展平台对产业发展的支撑功能，通过"巩固提升一批、新建创建一批、联动发展一批"的方式打造了具有较大规模流量、国内外影响力示范引领作用强的创新发展平台，进一步促进了外资外贸提质增效，促进闽东北、闽西南两大协同发展区建设，为福建经济发展提供新动力。

一、巩固提升一批

行动对象	具体行动内容
国际贸易"单一窗口"	（1）进一步拓展提升服务功能。优化整合国际贸易管理涉及的口岸监管作业流程、业务及相关数字资源，丰富本地特色应用，构建智能、高效的数字口岸服务平台。 （2）深化关、港、贸、税、金一体化服务。强化各相关部门信息共享和业务协同，拓展"单一窗口+"模式，提升系统集成水平，持续优化通关全链条全流程。 （3）加强应用推广。加强用户使用技术支持服务，拓展个人用户，推动"单一窗口"向生产、贸易、仓储、物流、电商、金融等企业覆盖。

续表

行动对象	具体行动内容
中欧班列平台	（1）强化省级层面的统筹协调。加强与中国铁路南昌局集团有限公司和国铁集团的沟通对接，统筹推进各地中欧班列建设工作。 （2）提高班列运营能力。支持班列平台公司在福建省内或中西部地区重要节点城市建立货物集结点，在欧洲、中亚重点城市设立揽货中心，强化班列揽货力量，优化运输组织，提升货物集拼、分拨能力，扩大市场覆盖面。 （3）提升班列服务水平。加强与沿线海关等部门合作，建立信息互联互通机制，优化便捷转关服务。支持厦门打造前场多式联运监管中心，建设区域性中欧班列货物集散枢纽，提高货物装卸效率，降低班列物流成本。
航空维修平台	（1）做大厦门航空维修产业基地规模。进一步提升飞机结构大修、发动机维修、飞机整装、零部件维修和制造，以及航空技术培训等方面建设水平。 （2）拓展服务产业链。支持企业开展先进发动机及零部件的深度维修，鼓励企业发展国产飞机维修能力。形成包括航空维修、航材交易、零部件制造、二手飞机处置、航空培训等领域的航空服务产业链。 （3）推进监管模式创新。扩大区外保税维修试点政策应用，推出更多海关监管创新措施，持续优化通关环境。 （4）探索人员出入境便利措施。在疫情常态化防控条件下，在通关、出入境方面探索更加科学有效的监管方式，为境外人员入境从事检修、科研等活动提供停居留便利。 （5）加强产业链招商。以厦门新机场建设为契机，吸引更多航空维修产业大项目、好项目落地，提升产业集聚规模和国际竞争力。
物联网平台	（1）提升平台公共服务能力。推动物联网开放实验室打造5G、信息安全等重点领域技术平台，建设窄带物联网开放实验室。 （2）推动建设物联网应用平台。深入挖掘健康养老、教育、医疗、工业、农业等领域物联网及智能硬件应用需求，建设服务工业、农业、服务业重点领域的物联网应用平台。 （3）推动建立物联网产业发展服务机制。依托现有物联网创新发展中心等主体，聘请物联网行业龙头企业高级管理人员、科研机构科技领军人才，定期开展产业分析指导。
整车进口平台	（1）推动国有企业积极参与口岸建设，提升口岸金融服务能力，完善口岸基础设施，出台扶持政策，鼓励车企选择福建口岸到车。 （2）配套下线检测服务。积极推进国六环保标准实验室等设施建设，持续完善口岸配套功能，便利车企就地通关验放。 （3）拓宽平行车货源和销售渠道。支持车企在国外市场寻找适销对路的新能源汽车进口渠道。探索开展以平行进口方式进口旅游房车、中型客车等多类型车型。加强区内车辆经销商与省内汽车产业城、汽车展厅的联动，提高进口车本地及周边地区销售份额。

行动对象	具体行动内容
进口酒平台	（1）进一步完善"厦门自贸区数字国际酒平台"功能，提升酒类专业数字化供应链服务能力，为酒类企业提供产品信息整合、展示交易、产品溯源和资讯交流等公共服务，助力酒类企业实现数字化转型升级。 （2）拓展酒类营销新模式。扩张"口岸酒市"连锁项目，结合社区团购等新零售模式，丰富营销渠道，畅通线上线下进口酒产业链。 （3）统筹进口酒和国产白酒市场协同发展。在厦门国际酒类交易平台 B 馆打造"厦门名优白酒交易展馆"基础上，积极推动福建省"福酒"品牌展示交易专区入驻平台，吸引更多省内外白酒企业区域总部入驻，结合建发品牌、供应链和物流网络优势，帮助酒类企业"走出去"拓展海外市场。
燕窝进口加工平台	（1）拓宽燕窝进口货源。密切跟进越南等东南亚国家燕窝输华事宜，积极推动燕窝进口增量，为燕窝平台的全产业链布局，提供稳定可靠的货源保证。 （2）持续打造可溯源产业平台。以"东南燕都安全燕窝溯源管理平台"为依托，按照统一的追溯标准和技术规范对系统进行升级，持续推进与数字自贸区的数据对接，打造从生产源头到消费终端全过程"质量可控、流向可溯"的信息平台。 （3）全方位拓展燕窝销售渠道。依托厦门传统优势旅游资源，推动燕窝平台与黄金产业园等项目形成联动机制，打造特色工业旅游和观光工厂。鼓励燕窝平台企业参加影响力显著的大型展销平台活动。
水产品交易平台	（1）发挥福建水产品捕捞、冷链、交易、精深加工优势，完善产业链体系，打造国家骨干冷链产业园。 （2）拓展远洋渔业基地建设。鼓励龙头企业和民间资本走出去，投资建设境外渔业综合基地，发展海外养殖，推动远洋渔业向规模化、专业化发展。 （3）深化水产品加工。引进、壮大一批水产品交易、精深加工等龙头企业，加强水产品高值化利用技术研发，扩大贝类、藻类、低值鱼类等领域大宗产品精深加工，做大做强产业链。
两岸"三创"基地	（1）推动两岸文化交流。建设海峡两岸教学基地、两岸国学中心、两岸文旅融合中心等，举办两岸文化交流品牌活动。 （2）提升就业创业便利化水平。为入驻基地台企、台青提供业务代办、政策解读等服务，并对其给予政策补助。建设两岸青年就业创业交流的线上服务平台，为台青招聘、职称评审、专业技术人才认定提供便利。 （3）营造良好创业氛围。鼓励两岸"三创"基地与本地高校开展创业咨询辅导等，激发在闽就读两岸青年学生创业热情。积极举办沙龙培训、读书社交、台青创业特训营等活动。 （4）加大金融支持力度。设立创业型孵化基金，打造项目路演平台，为台创、青创项目提供投融资服务。 （5）培育创业新业态。支持两岸青年文创、设计团队入驻，培育节目制作、视频直播等业态，吸引演艺明星、知名网红等入驻创业。

续表

行动对象	具体行动内容
两岸跨境电商平台	（1）持续做大跨境电商市场规模流量。推进跨境电商产业园划和保税仓建设，吸引更多跨境电商平台入驻，推动全国各地货源从区内口岸出口。 （2）拓宽对台海运物流通道。充分发挥对台海运直航时效优势，支持有条件的企业开通厦金包船，加密对台海运班次，吸引更多货源从区内口岸进出。 （3）加强政策扶持。对两岸跨境电商航运班开行以及跨境电商监管场所、集运仓、中转仓等基础设施建设给予政策扶持。 （4）拓展贸易新业态。积极开展"保税加工"销售模式试点，推动平潭片区引进美妆、保健品保税加工产业，打造对台跨境电商美妆、保健品区域B2B采购和集散中心。

二、新建创建一批

行动对象	具体行动内容
离岸贸易服务平台	（1）出台扶持政策。支持片区制定出台离岸贸易奖励政策，积极拓展新型离岸贸易业务模式。鼓励银行提供授信额度保障，优化授信产品结构，合理安排信贷资金支持离岸贸易业务发展。 （2）推动信息共享。搭建离岸贸易信息共享平台，支持银行做好贸易真实性核验。 （3）完善风险防控。分类实施差异化管理，重点关注关联交易、收支金额异动、大额高频收支、融资杠杆比例和融资过度集中等现象，推动离岸贸易业务稳定健康发展。
产业基金平台	（1）推动海峡股权交易中心完善"基金云"平台，为融资意向企业、合规投资基金等提供金融服务。 （2）进一步优化平潭金融港综合服务系统功能，加快实现企业入港、重点监测服务、业务管理的电子化。 （3）支持厦门片区以自贸试验区产业引导基金作为抓手，积极联动市区各级引导基金，吸引国内资本机构在区内设立基金产品。
厦门供应链创新应用平台	（1）持续打造供应链科创中心，搭建数字化供应链综合服务平台、建设数字化实验室，为企业数字化转型提供智力和技术支持。 （2）加强区块链、大数据、物联网等技术应用，建设供应链金融综合服务平台，打通数据壁垒，实现流程可视化、数据可信化。 （3）强化与中国物流与采购联合会战略合作，大力招引国内供应链示范企业入区发展，发挥国际航运中心、自贸金融中心、海上世界等载体作用，打造供应链核心企业、供应链服务企业集聚区。

行动对象	具体行动内容
福州国际供应链平台	（1）完善平台服务功能。推动平台利用大数据技术，拓宽信息渠道，丰富应用场景，为贸易型企业提供全方位服务。 （2）鼓励供应商、服务商以及买家入驻，探索中心城市法人单位消费对接与采购，促进平台交易额提升。 （3）搭建运营线上闽菜网，鼓励闽菜食材、餐饮企业出口品牌建设，打造闽菜出口绿色通道，建立闽菜系列全产业链。
中药材交易平台	（1）加快推动线下功能板块尽快投入运营，设计开发集检验检测、追溯、线上交易等服务功能为一体的中药材线上服务平台。 （2）推动中药材交易平台与世界中医药联合会、省食品药品质量检验研究院等单位的战略合作关系，加快引进东南亚以及台湾地区中药材企业。 （3）充分利用大陆中药材资源，发挥平潭对台物流优势，开展平潭中药材出口贸易、保税加工、转口贸易等业务，做大中药材出口流量。 （4）强化两岸中药产业合作，引进台湾地区中药材萃取技术，为台湾医药企业提供一站式中药材供应链解决方案。 （5）构建"三品一械"审批绿色通道。对区内两岸医药企业提出的药品、医疗器械、化妆品等行政许可或产品注册备案的申请，给予优先办理，进一步压缩审批时限。
海西动植物隔离检疫处理中心	（1）发展实验动物进口及良种培育业态。支持海西隔检中心开展国家允许进口的实验动物隔离检疫业务，推动海西隔检中心与福州、厦门口岸动植物进境检疫联动，及设施、信息、数据共享。 （2）发展医药保税研发业态。支持发展生物医药保税加工、保税研发等业态。 （3）发展生物材料等高值产品进出口贸易。复制京津冀沪等地试行的进境生物材料检疫改革措施，缩短平潭口岸进境的生物材料检疫审批时限，发展生物材料、生物试剂及动植物源名贵中药材等高值且对入境检疫时效、设施要求高的产品进出境业务。
两岸影视合作平台	（1）开展面向海峡两岸高校影视专业青年创作人的影视节活动，打造两岸影视人才交流平台，深化影视文化融合发展。 （2）设立影视内容创新中心，引进台湾先进技术、优秀人才，推动两岸共同开展剧本创作、影视后期制作。
海上保税加油综合服务平台	（1）推动福建省内有实力的企业与有国际航行船舶保税加油全国牌照的企业合作，在福建省主要港口城市设立运营主体，开展海上保税加油综合服务。 （2）推动有资质的企业在厦门自贸片区设立区域总部。

三、联动发展一批

行动对象	具体行动内容
国际医疗综合实验区	（1）允许来自台湾地区的进口医疗器械注册人委托其在福州自贸片区投资（含间接投资）设立的企业生产第三类已获证产品。 （2）对区内药品和医疗器械企业给予政策支持，发起设立福州生物医药产业引导基金，助力医疗产业招商引资。 （3）支持药品上市许可持有人研发创新、拓展市场、引进人才，打造药品上市许可持有人企业聚集地。
集成电路公共服务平台	（1）根据产业集聚区、人口集聚区、综合服务区的不同功能，从用地规划和空间布局上做好设计，吸引金融、商务、科技、商业等各类元素集聚，为高崎园区产城融合发展提供保障。 （2）提升平台服务水平，为集成电路企业提供 EDA 工具、晶圆代工、集成电路保税流片、失效分析、晶圆测试、集成电路人才培训等全流程服务，提高中高端企业精准服务能力，吸引外地中高端集成电路企业落地厦门。
机电产品服务平台	（1）发挥"保税+""金融+"新优势。以进出口业务为抓手，重点开展医疗器械供应链金融业务，为国内公立医院、科研院所等提供医疗设备进口代理、采购的供应链服务。 （2）推动高端装备和智能制造数字化发展。搭建机电设备工业互联网平台，举办智能制造数字活动，以云展云销模式举办线上推介会，助推入驻企业打通境内外采销新通路。 （3）推动平台为智能制造产业园区企业提供集机电产品展示看样、订货交易、技术培训、生产方案定制解决、物流通关、商务办公、金融服务于一体的机电产业公共服务。
全球商品溯源平台	（1）深化与中国物品编码中心等合作，对片区进口商品信息进行标准化采集，进一步完善对进口酒、燕窝、进口冷链食品、跨境电商商品等溯源功能建设。 （2）推动南沙新区片区全球溯源中心数据与厦门自贸片区企业综合信息基础平台和进口溯源平台数据共享，共同建设全球溯源中心。
台胞职业资格一体化服务平台	（1）设立福建省（平潭）台胞职业资格一体化服务中心，为台胞提供"采信+考证+换证+就业"综合服务。 （2）开发对台职业资格采信线上审批系统，共享95项平潭采信标准，台胞在全省各地都可以申请职业资格比对，并就近领取全省统一的采信证书。 （3）整合职业技能评价资源，对参加操作技能类职业技能评价的台胞，接受组团式集中报名，提供"送人上门"或"送考试上门"服务，实现"全省考试、平潭可办"。

行动对象	具体行动内容
	（4）整合全省优质培训资源，打造符合台胞需求的培训基地，引进职业培训机构、人力资源机构和教育机构，开展技能培训、素质培训。 （5）拓展就业推荐服务，接入省内外各地台胞岗位信息，针对台胞开展职业指导、专场招聘会等服务活动，为台胞提供岗前培训、适应性就业等综合配套服务。
法律服务合作平台	（1）福州自贸片区依托台胞权益保障法官工作室，协助海丝中央法务区福州片区强化涉台法律服务，引进省内涉台司法等行政服务机构。 （2）联动厦门海丝中央法务区自贸先行区建设，打造两岸法务区。 （3）推动厦门海丝中央法务区自贸先行区与平潭片区海峡两岸仲裁中心联动协作，加强资源互补，共同为区域企业提供优质法律服务。
中国（福建）茶产业互联网综合服务平台	（1）提升数字化水平。通过数字化平台统筹发展茶文化、茶产业、茶科技，对接、服务茶叶主产区，通过福茶码、福茶云仓赋能茶产业链全链条，持续提升平台交易规模。 （2）提升大众化水平。通过平台引导茶农茶企加强标准化品牌化建设，以大众化的价格、让人放心的品质，吸引大众化消费群体。 （3）提升市场化水平。通过科技创新、产品创新，推出更多的口味和用户体验。 （4）提升国际化水平。积极开拓国际市场，积极开展茶文化开发和茶谱系课题研究工作，积极推进茶旅融合，提升茶产品的品牌影响力和文化附加值。
智慧在线购物配送服务平台	（1）推动即时电商领域创新发展与技术应用，扩充完善供应链管理、ERP系统，实现产品交易与配送的一站式服务。 （2）推动平台利用信息化手段，将订单运营、分拣加工、客户服务等功能进行整合，建立智慧化仓储管理信息系统。 （3）支持平台与物流、电子商务等企业和专业化末端配送企业进行多方合作，实现末端物流配送的专业化、统一化。
石狮青创城国际网批中心	升级数字化运营机制，电商赋能传统服装专业市场，打造电商供销闭环生态链，实现买家与工厂无缝对接，努力建设全国领先的B2B鞋服产业采购批发平台。

第三节 中国（福建）自由贸易试验区提升发展成效及问题

一、行动成效

制度创新和先行先试的勇气，使福建跻身自贸试验区前列，显得独特而充满活力。自由贸易试验区的"福建样本"展示了制度创新的多元化、产业的大力推动以及对台先行先试的前沿化。从大胆创新探索出发，努力为全国积累更多可复制推广的经验，使福建自贸试验区逐步成为制度创新高地，进而带动外贸相关产业跨越式发展。福建自贸试验区新增企业数量虽未达到初步审批阶段，但大企业入驻集聚效果增强，表现为企业平均注册资本大幅提升，引资成效突出，观察图4-1可知，2022年实际利用外资达4.76亿美元，2017—2022年平均实际利用外资均值超4亿美元。

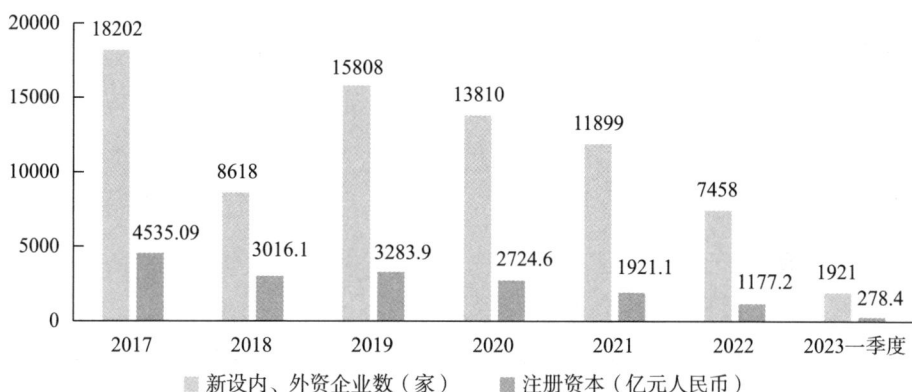

图4-1 福建自由贸易试验区新设内、外资企业及注册资本变化

资料来源：中国（福建）自由贸易实验区官网。

福建自贸试验区发展成效显著。坚持改革首创性，形成具有全国示范效应的制度创新经验；坚持差异化探索，建设具有全国影响力的两岸融合发展示范区；坚持对标国际标准，打造引领对外开放新时代的新高地；坚持一体化改革，构建高质量产业功能区等。以下分别从福州、厦门、平潭三个片区角度对发展成效进行具体分析和研究。

（一）福州片区

福州自贸片区深入贯彻中央关于自贸试验区战略部署要求，紧紧围绕"为国家开放试制度、为政府治理立标杆、为区域发展筑高地"的战略使命，大胆试、大胆闯、自主改，形成一批具有全国影响的创新经验，切实把改革创新成果转化为发展新动力，走在高质量发展前端。

1. 谋新：深耕改革创新"试验田"

挂牌以来，福州自贸片区累计推出19批共267项创新举措，其中全国首创 102 项，复制推广到全国 25 项、全省 110 项，4 项试点经验入选国家自由贸易试验区"最佳实践案例"。截至 2023 年上半年，累计新增企业 12.78 万户，是挂牌前的 8.3 倍。福州片区的改革创新可以从投资便利化、贸易便利化以及政府服务三个方面详细分析。

（1）系统推进一体化投资便利化改革

福州片区在全国率先推出的"三证合一，一照一码"创新举措，为全国"多证合一"改革提供自贸经验。建立"负面清单+准入前国民待遇"外商投资管理体制，实施企业登记多部门并联办理、刻章"零延时""零费用"等集成创新，形成从企业登记到注销退出的全链条便利措施。截至 2023 年上半年，企业开办时间由挂牌前 15 个工作日缩短到 3 小时，材料齐全最快 30 分钟办结。

（2）全方位推进贸易便利化集成创新

福州片区全国首创原产地签证管理改革、对外贸易经营者备案和原产地企业备案"两证合一"、海关业务预约模式，为全国通关一体化改革和无纸化作业试点贡献"福州经验"，口岸通关无纸化率达 99% 以上。2022 年 12 月，福州关区进口和出口整体通关时间分别为 17.98 小时、0.62 小时，较 2017 年当月分别压缩 83.91%、94.64%，出口整体通关时间实现"五连降"（见图 4-2）。

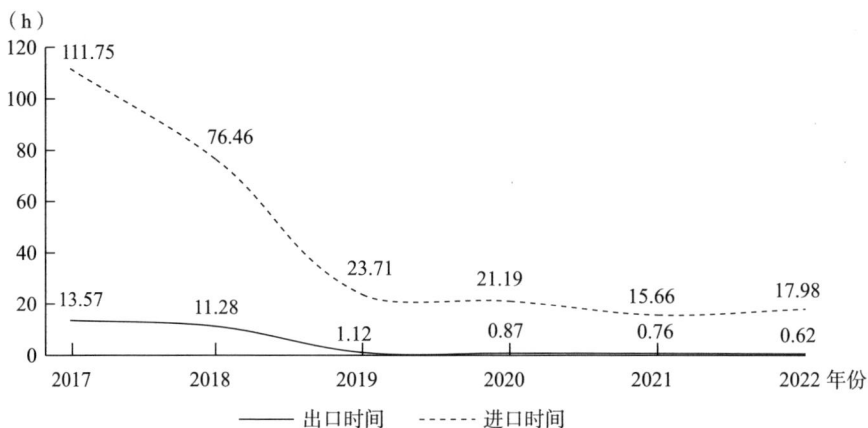

图 4-2　2017—2022 年福州关区通关时间

资料来源：中国（福建）自由贸易试验区官网。

（3）福州全面打造高效透明的政务服务体系

截至 2023 年 3 月，福州片区完成 868 项政务服务标准化建设，推行"一窗受理、集成服务"改革，全国首创行政审批全流程电子证照应用，政务服务事项 99%"一趟不用跑"。在全省率先实施"证照分离"改革，首创"合并核准"改革方式。实施建设项目审批"四多一简"集成改革，推出工程建设项目审批"7+1"服务机制。

2. 求变：敢做新兴业态"孵化器"

在促进贸易和投资优化升级的同时，福州片区正在拓展其特色平台业态。跨境电商、整车业务、物联网产业等新业态新平台竞相发展。为不断激发市场活力，进一步凸显全面深化改革和扩大开放的试验田作用，福州自贸片区培育了 1233 国际供应链平台、国际医疗综合实验区、中欧班列、离岸贸易等新兴产业平台，引入数字中国建设峰会、21 世纪海上丝绸之路博览会等知名会展品牌，为新兴业态发展夯实基础。其中，1233 国际供应链平台累计入驻 1229 家商户，上线商品种类超 13 万种，累计交易额近 1339 亿元。

（1）福州跨境电商发展迅猛

全国首创的跨境电商同业联合担保制度、"保税展示交易""先进区、后报关"等创新举措和跨境贸易专项补偿资金池不断优化营商环境。福州自贸片区举办中国跨境电商交易会，为跨境电商企业提供面对面交流平台；首创的跨境电商供应链金融服务平台帮助跨境电商有效解决跨境融资难题，对接供应链金融资金累计超 35 亿元。

（2）先进制造业蓬勃发展

作为全省唯一、全国第四个物联网产业示范基地，福州片区 228 家物联网企业携手书写新突破。国内首个 5G 产业服务平台上线，数字人民币推广等物联网应用场景日趋完善。2022 年全年，物联网产业链产值超 400 亿元。

（3）新的金融业态正在集聚

福州自贸片区已搭建两岸金融创新示范区、海峡基金业综合服务平台、基金小镇等金融载体。2022 年区内银行业金融机构本外币存款余额 1200.71 亿元、本外币贷款余额 1031.26 亿元，分别是挂牌前的 4.3 倍、7.5 倍。

（4）整车业务欣欣向荣

2023年3月初，1602辆新能源汽车自片区内的江阴港顺利装船发往欧洲，成为福州港首批出口的新能源汽车。福州自贸片区以打造辐射东南沿海、接轨世界的区域性汽车物流集散中心为目标，加快构建进出口双通道、模式多元化的外贸汽车新常态。2022年，江阴港区完成整车进出口4218辆，同比增长151.5%。

（5）国际医疗综合实验区方兴未艾

以自贸试验区制度创新为招商底气，以国家区域医疗中心优势为平台，福州自贸片区正大力建设全国第三个、全省唯一的国际医学综合实验区。以打造"MAH集聚区"、面向全省医药研发企业布局"CRO+CDMO"平台，打造从"原料药+制剂"研发、"原料药+制剂"生产到销售一体化的化学药物服务平台为目标，国际医疗综合实验区内的金山医药产业园发展快速，吸引了福建大道医药技术开发有限公司、福建京小福商业运营管理有限公司等生物制药企业入驻。

3. 开放：扩大交流合作"朋友圈"

在世界经济一体化大潮中谋划未来，在更高起点上建设福州自贸试验区，充分发挥对外开放桥头堡作用，拓展"一带一路"合作新空间，以不到千分之三的土地面积，吸引全市新增外资台资企业近30%。最新数据显示，福州片区累计引进外商投资企业1138家，实际利用外资约12.87亿美元。累计办理境外投资项目备案86个，中方协议投资额约19.3亿美元，已在海外建成宏龙远洋渔业和养殖加工基地、佳和印尼水电站、吉尔吉斯斯坦财富钢铁厂等多个"一带一路"重点合作项目。区内企业与46个国家和地区实现AEO互认；建立海外仓库110余个，总面积超130万平方米，居全国前列。

作为共建"一带一路"的旗舰项目，中印尼"两国双园"中方园区落户元洪投资区，为福州自贸片区与东南亚经贸合作构建新平台。一方面，瞄准印尼丰富的海洋渔业资源，推动胜田、宏龙、宏东、天马等一批龙头企业"走出去"，加快引进春申集团亚尼加咖啡、金丝燕食品等竞争力强的优势企业。另一方面，以园区食品产业基础，打造园区核心竞争力，持续打造千亿级食品产业集群。在中印尼"两国双园"项目建设跑出加速度的同时，福州开通中欧班列、中老班列。"闽都号"中欧班列的开行，打通了福州沿海及周边地区直达俄罗斯、中亚五国及德国汉堡等地的陆路快捷通道，扩大了与"一带一路"共建国家的互助合作。

此外，"对台"是福州自贸试验区建设的特点和优势。福州自贸试验区挂牌以来，积极探索两岸融合发展新通路，推动 17 个服务贸易领域对外开放，在全国率先建立资本项目下台湾企业便利化"白名单"制度，填补两岸跨境人民币同业往来、同业拆借等 9 项业务合作空白。支持对台专业金融服务平台建设，"海峡两岸跨境金融中心"累计办理对台跨境收支超 600 亿元、对台融资约 380 亿元；"两岸金融服务中心"累计为在闽台资银行代理支付清算量达 1400 亿元。此外，在全国率先启用电子台胞证，创新两岸出入境人员"无障碍、零等待"通关，率先实施榕台技能工种"一考双证"，2022 年底六大台湾青创基地累计入驻台企 190 家、台胞 1175 人。

（二）厦门片区

厦门自贸试验区成立 8 年来，作为改革创新的热土，已逐步从"试验田"转变为"高产田"，共推出 553 项创新举措，全国首创 126 项；厦门国际贸易"单一窗口"等 5 个典型案例成为国家自贸试验区最佳实践案例，占全国的8%；在国务院 6 批 143 个改革试点经验中，厦门经验占 21%，推广执行率为98.6%。在自贸试验区发展战略指引下，积极采取提升发展行动措施，地区生产总值也出现较为稳步增长的趋势（见图 4-3）。

1. 制度创新赋能产业高质量发展

制度创新，提升高附加值产业。集成电路又称芯片，被喻为"现代工业的粮食"，是厦门着力打造的千亿产业链之一。厦门自贸片区在全国率先开展集成电路保税流片，充分利用海关总署批复全国唯一"集成电路保税监管创新模式"这一政策优势，依托国家"芯火"双创基地开展集成电路研发保税，有效解决了全市集成电路设计企业在研发初试阶段的税费和通关效率等问题。截至 2022 年底，厦门全市通过平台享受集成电路保税监管模式试点的研发保

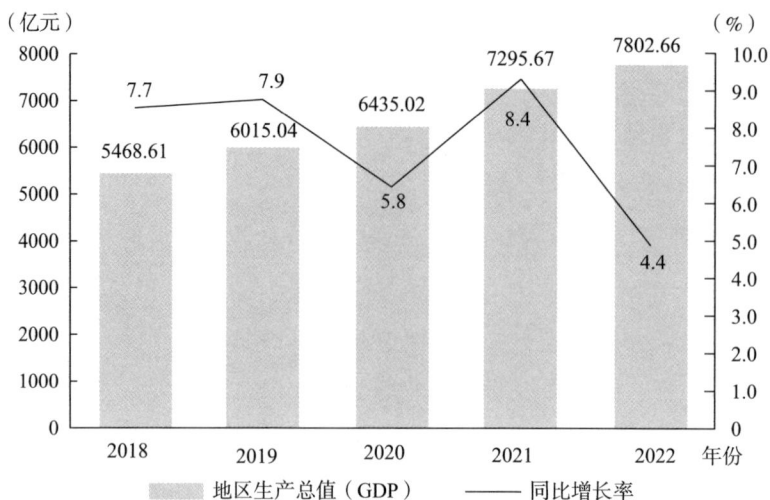

图4-3 2018—2022年厦门地区生产总值（GDP）及其增长速度

资料来源：厦门市统计局。

税企业14家，量产保税企业12家，保税进口金额3475.28万美元，企业通关时间缩短50%以上。

以制度创新助力加快建设现代化产业体系，厦门锚定的是集成式的制度创新，以平台建设为抓手，集聚资源要素，探索具有厦门特色的自贸试验区建设之路。厦门自贸片区聚焦厦门市"4+4+6"产业体系和商贸物流、机械装备等领先的主导产业，重点打造近20个产业平台，并且通过持续优化"创新+数字+平台+产业"发展模式，培育发展新动能、经济新增长极，大力推进新兴产业集聚发展，加快提升国际高端产业竞争合作能力。"试验田"里的大胆耕耘，让产业硕果累累。"一站式"航空维修基地成型，95%以上为外资OEM企业，承接业务80%来自海外；跨境贸易指标获评全国标杆，厦门跨境电商综合排名位列全国第一档；飞机租赁业务位居全国第四、二手飞机租赁业务位居全国首位、集成电路租赁额居全国前三；私募基金平台获评"跨境投资力"维度前十强等。从2015年至2022年，厦门自贸片区行业增加值从385.28亿元增至1071.66亿元，年均增长15.7%，2022年度约占全市GDP的13.7%。融资租赁、航空维修、集成电路、跨境电商、文化创意等新业态、新模式蓬勃发展，新兴产业占地区GDP比重已超60%。

推出"台资板"助力台企进入大陆资本市场，促进证券金融业融合发展。"台资板"设立的目的在于以福建作为台企集聚中心，不断向全国乃至周边国家和地区进行有效辐射，吸引更多省外境外台企扎根福建。在两岸股交所上市之后，大量省外台资企业开始在福建自贸试验区集聚。截至 2023 年 11 月，两岸股权交易中心累计挂牌展示企业近 5000 家，挂牌台企 237 家，累计帮助在闽台企实现融资过百亿元，台企集聚效应初显。

2. 畅物流通道促进融合发展

发挥临台沿海优势，增强物流枢纽辐射能力，不断扩大对外经贸合作，以高水平开放推动改革深入，推动高质量发展。福建自贸试验区因台而建、因台而特，积极探索两岸融合发展新路始终是厦门自贸试验区的初心使命。2023 年 3 月初，厦门片区海沧港综合保税区的厦金航线跨境电商业务全面运行，让货物能"即验放即登船"，跨境电商物流效率显著提升；3 月底厦金航线增开，对台海运快件运输效率持续提升。

此外，中欧（厦门）班列运行稳定，主要连接 12 个国家和 34 个城市。"海丝"与"陆丝"无缝对接，中国首个以航运为主题的"一带一路"国际综合物流服务品牌——"丝路航运"平台，拥有 100 条命名航线，通达 43 个国家 117 个港口。"跨境电商+中欧班列+丝路海运"的新模式入选国务院服务贸易发展部际联席会议办公室全面深化服务贸易创新发展试点第三批"最佳实践案例"，畅通国际物流通道带来的是供应链、创新链和产业链深度融合的全球机遇。

海关特殊监管区域贸易额从 1000 亿元增加到 2022 年的 1800 亿元，与东盟、美国、欧盟贸易稳定增长，形成了以新能源电池、纺织品、矿产资源、原油散货、粮食、航空、航空材料资产为主的贸易格局。此外，建发、象屿、国贸、紫金等具国际竞争力的企业高度集聚，煤炭、棉纱、纸浆等供应链业务排名全国第一，打造全国首个政学机构协同的供应链科技创新与人才服务体系，构建了 7 个供应链、金融区块链应用场景。

下一步，厦门将充分发挥连接长三角、粤港澳大湾区、联通两岸、辐射亚太地区的区位优势，以开放促改革、促创新、促发展，打造畅通国内外双循环的重要互联互通节点，助力福建打造两岸融合发展示范区、"一带一路"开放合作先行区，共同打造金砖国家创新基地，提升金砖国家服务国家的战略能力。

3. 优化营商环境添城市"磁力"

优质的营商环境如阳光雨露，是城市发展的关键竞争力。《厦门市2023年促进跨境贸易便利化与优化港口通关环境工作方案》于2023年上半年正式印发实施，聚焦优化口岸通关环境、提升港航服务质效、推进口岸数字化转型、加快港口绿色低碳智能发展、构建稳定透明口岸环境等五个方面，明确40项具体措施，进一步提升港口通关环境，助力港口高质量发展。厦门自贸试验区率先减免了集装箱检验费、港口设施保卫费、货港费、引航费、锚地靠泊费等5项政府性收费。厦门港发布"全程阳光服务"收费清单，降低企业运营成本。推出集装箱"卸船直提""抵港直装"等模式，为港口作业增效。

在数字建设方面，依托国际贸易"单一窗口"的平台载体（见图4-4），厦门自贸片区发挥厦门电子口岸大通关一体化平台优势，优化整合"关、港、贸"资源，实现促进港口业务协同和数据共享。平台共推出90个各类应用系统和功能模块，形成9个功能板块，覆盖整个厦门港，实现口岸业务管理"一个窗口、一次申报、一次办结"。从1.0版实现作业电子化，到2.0版实

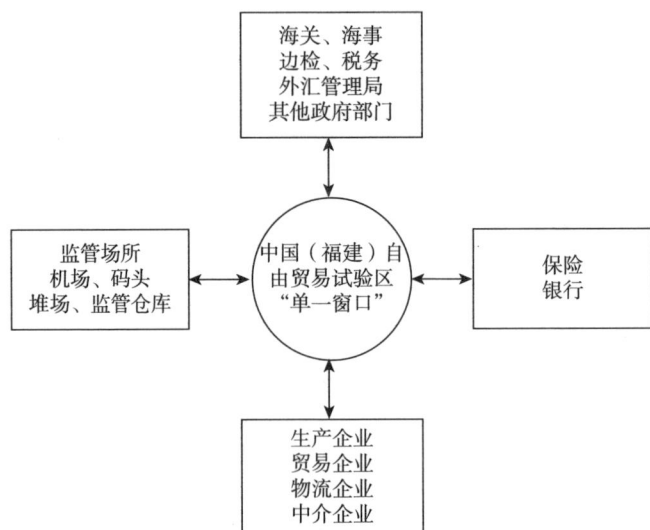

图4-4　中国（福建）国际贸易"单一窗口"

资料来源：中国（福建）自由贸易试验区官网。

现服务整合流程再造，到 3.0 版基本形成口岸公共数字服务生态系统，再到 4.0 版应用大数据、人工智能和区块链等新一代技术，全面汇聚融合进出口业务流、货物流、信息流、资金流，实现关、港、贸、税、银一体化全链条运作。"单一窗口"极大促进了提升发展战略下，福建自贸试验区与数字经济发展的深度融合（见图 4-5）。

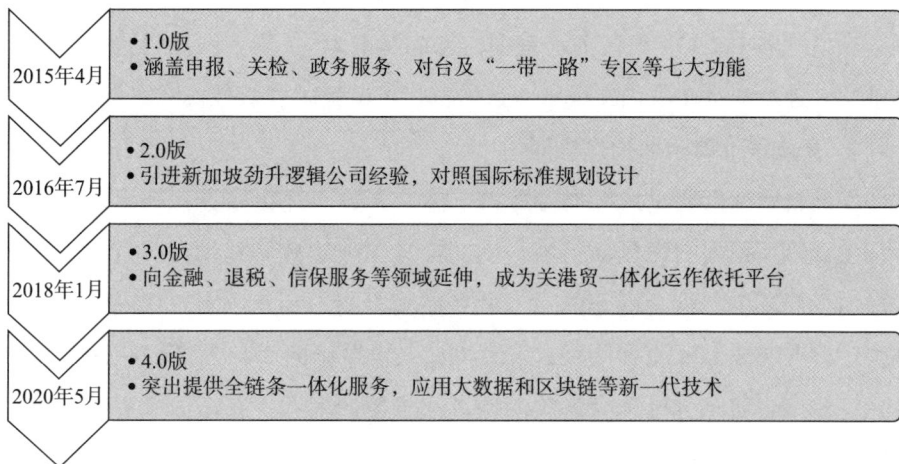

2015年4月	●1.0版 ●涵盖申报、关检、政务服务、对台及"一带一路"专区等七大功能
2016年7月	●2.0版 ●引进新加坡劲升逻辑公司经验，对照国际标准规划设计
2018年1月	●3.0版 ●向金融、退税、信保服务等领域延伸，成为关港贸一体化运作依托平台
2020年5月	●4.0版 ●突出提供全链条一体化服务，应用大数据和区块链等新一代技术

图 4-5　中国（福建）国际贸易"单一窗口"发展进程

资料来源：中国（福建）自由贸易试验区官网。

厦门片区聚焦海丝中心法制区自贸试验区建设，多层次强化法治保障。在全国自贸片区率先立法实施《厦门经济特区促进中国（福建）自由贸易试验区厦门片区建设规定》；率先出台针对法务产业、母基金等专项扶持政策；探索打造"国际法务运营平台""知识产权要素供给侧保障集聚区"特色产业集聚区。

市场化、法治化、国际化的营商环境，让企业收获满满。而这样的获得感，也体现在数据中——2022 年底，厦门关区进出口整体通关时间分别为 24.34 小时和 1.09 小时，同比分别压缩 20.4% 和 30.1%，连续四年在"中国十大海运集装箱口岸营商环境评测"中获评最高星级；至 2023 年 9 月，片区挂牌累计新增注册企业 48815 家、注册资本 11815.4 亿元，累计新增外资企业近 2000 家，合同外资近千亿元。

（三）平潭片区

平潭自贸片区紧紧围绕"建设两岸共同家园和国际旅游岛"定位，重点聚焦投资、贸易、资金、运输、人员往来自由化，探索实施差异化、首创性改革，向改革要活力、要动力，深化改革发展一体化，充分发挥自贸试验区在创新中的示范引领作用。八年大胆探索，平潭自贸片区共推出 19 批 243 项创新举措。其中，114 项在全国首创，连续 5 批 15 项改革试点经验在全国复制推广，连续 4 批 4 项创新成果入选国家自贸试验区"最佳实践案例"。

1. 高效审批助企业抢抓机遇

平潭自贸片区通过对标国际标准、融合开放、优化服务、推出台湾导游认证实践等一系列制度创新措施，创新推进国际旅游岛建设，营造包容开放的旅游发展环境，全面提升国际旅游岛品牌影响力和竞争力。国际旅游岛是平潭的一张重要名片。秉持习近平总书记亲自擘画的"一岛两窗三区"战略蓝图，平潭自贸片区持续探索旅游领域改革创新实践，在全国率先推行民宿经营"一企一证"承诺备案制，改革创新优化营商环境，助力国际旅游岛建设。2022 年接待游客超过 700 万人，旅游总收入 63.49 亿元，增速居全省首位。实现线上运营新模式，无论身在何处，只要按照手机上的提示拍照上传，就可以在 7 天内申请开办民宿。截至目前，全区已有 451 家民宿登记，登记率 71%，位居全省第一。

2. 贸易便利令港区人货两旺

平潭是大陆距离台湾岛最近的地方，拥有中国第一座横跨平潭海峡的公铁两用跨海大桥，开辟了两岸海上直航通道。在平潭，建设一条便捷的海峡两岸通道正在慢慢成为现实。平潭在大陆率先实现了与台湾北、中、南部港口客货运直航全覆盖，打造"全球—台湾—平潭"海空联运国际物流通道。京东、顺丰、虾皮等公司先后入驻平潭展开合作，平潭港区呈现"人货两旺"的良好态势。率先推行"一线放宽、二线管住"海关分线监管模式，平潭口岸进口、出口整体通关时间分别压缩至 6 小时、1 小时以内，通关效率居全国前列。

3. 创新举措促两岸深度融合

平潭作为两岸融合的先行区，长期探索台胞职业资格认定，相关举措更是被国务院列入第六批复制推广改革试点经验。2022年9月，福建省（平潭）台胞职业资格一体化服务中心在平潭正式揭牌成立。这是全国首个台胞职业资格服务一体化平台，也是平潭深化职业资格评价制度改革、探索两岸融合发展新路的又一创新举措。目前，平潭已完成全国第一份覆盖两岸800项职业标准的比对，在全省范围内推广95项平潭采信标准。2023年3月为止，累计发放1170本对台职业资格采信采认证书。

4. 打造高质量发展"新兴产业区"

新兴产业发展是平潭"一岛两窗三区"建设中的重要部分。依托政策优势叠加，以改革创新激发产业发展动力，优化产业布局，促进物流贸易和特色金融、数字经济等新业态快速聚集。

（1）跨境电商持续壮大

2022年，平潭本口岸经海关监管的跨境电商交易规模达106亿元，同比增长20%，其中，出口70亿元，同比增长9.1%；进口36亿元，同比增长46%，平潭综合实验区跨境电商出口额约占外贸出口额60%。每周往返的岚台航班达11个航次，实现对台货运航线全覆盖、天天有航班，全年口岸进出境集装箱11.7万标箱，同比增长34%，进出境货轮989航次，同比增长11%，对台"海运成本，空运速度"口岸品牌初步形成。设立大陆首个台北海外公共仓，率先开展跨境电商领域运用关税保证保险、全球质量溯源体系、海运快件进出境业务等创新探索。

（2）特色金融快速集聚

平潭片区打造金融业态丰富、区域特色突出的平潭金融港，截至2022年，入港企业超1000家，资产管理规模超3000亿元。破除地理和物理空间的限制，创新"一港多园"区域联动模式，构建跨地区金融、产业园区联动、产融优势互补相结合的双赢模式。构建"项目—企业—金融"产业链闭环。立足于区内外企业投融资需求，以市场化理念撮合项目和基金，通过股权运作、价值管理、有序进退，形成股权投资收益，促进资本合理流动和有效增值。截至 2022 年底已储备了 356 个重点项目、200 多家企业名录，范围涵盖科技、生物医疗、军工、航运、教育等行业。

（3）国际航运加速回归

航运运力规模持续增大，区内现有航运企业 155 家，船舶 477 艘，船舶运力合计 581 万载重吨，运力规模居全省首位。全省率先落实船舶"多证合一"改革，首次实现省级范围内沿海航行船舶的"六证合一"。全省首个提出缩短船舶登记办理时限措施，船舶登记时长由 7 个工作日缩短至 4 个工作日。全国首创国际航行船舶进出境通关全流程"一单多报"，提高审批效率，实现快速通关。

二、问题与挑战

（一）世界经济动荡与国际规则的重构

当前，全球经贸格局加快调整，以欧美国家为首的国家贸易保护主义日益严重。随着 WTO 多边谈判陷入僵局，双边或区域自贸试验区已成为一种趋势。随着 RCEP、CPTTP 和 DEPA 等最新区域框架协定促使全球贸易规则向更高标准的投资自由化和服务贸易自由化转变，中国面临"二次入世"的重大战略机遇和风险，极大地影响了吸引外资和对外贸易的空间。这对以外向型经济为主的福建自由贸易试验区构成了巨大挑战。

从源头上看，中国的自贸试验区是模仿国际公认的自贸试验区，但不可能在现有基础上立即全面实施国际标准自贸试验区的制度和政策体系。相反，需要通过小切口实验逐步推进高水平开放。在贸易便利化方面，自贸试验区继续采用海关特别监管区的传统监管模式，与国际公认的"境内关外"贸易监管体制仍有较大差距。在推进国际高标准经贸规则方面，福建自贸试验区还有很多工作要做。

（二）要素资源和公共配套设施等硬件缺陷制约发展

福建自贸试验区土地空间区域饱和，继续推进高质量的制度创新需要更大的空间和载体。由于自贸试验区土地面积有限，许多建设项目面临土地资源限制和生态环境政策约束。厦门片区和福州片区受土地资源制约，急需理顺产业结构升级与土地利用优化的关系，整合存量土地资源，为新产业腾出发展空间；平潭片区起步晚，产业基础较为薄弱，资金、技术、人才等要素资源较为紧缺，急需破解要素瓶颈，促进产业加快发展；经过八年的发展，三个片区的交通、水、电、教育、卫生、医疗等基础设施和公共配套设施得到显著改善，但与国际一流自贸试验区或国内具有代表性的上海自贸试验区等仍有较大距离。

（三）自主改革空间有限以及运作协调成本高

制度创新需要突破各种法律法规和部门规章的刚性约束。目前，福建自贸试验区多项改革创新举措的决定权在中央有关部门，有关管理部门在决定对外开放的范围和力度时需要进行更全面、更深入的权衡。地方自主改革的力量有限，导致自贸试验区推进制度创新的协调成本较高。调查发现，目前自贸试验区的大部分工作和精力都围绕着各种协调工作展开，包括地方与中央部委的协调、自贸试验区与省级部门的协调以及自贸试验区与地方政府部门的协调。例如，《平潭国际旅游岛建设方案》要求平潭落实好"一线放宽、二线管住、人货分流、分类管理"的分线管理原则，除法律、行政法规、规章禁止进口的货物不得从"一线"进入平潭外，进出口贸易价格、主体等一般不受限制；在平潭"一线"，除特殊商品外一般不实施检验。但在实际操作中，对"宽"的界限不明、尺度不清（没有制定进口负面清单），"一线"没有真正放开，海关信息化管理平台、环岛巡查监控系统以及二线卡口三大封关工程也就没有真正发挥货物报关等查验监管功能，甚至连适用海关哪一类的监管方式都不明确。平潭全岛封关运行的"自由贸易港"政策未能落地执行。此外，受海岸线保护政策限制，平潭滨海旅游项目难以实施。

（四）制度创新动力不足与溢出效应不明显

福建自贸试验区创新举措位于全国前列，但是制度性改革创新和系统性集成创新不足。由于地方自主创新权限不足，一方面，福建自贸试验区创新举措与国际接轨的力度不够。福建自贸试验区建设的国际贸易"单一窗口"走在全国前列，但与国际自贸园区"一线放开、二线管住"的贸易监管体系还存在较大的差距。同时对标高水平自贸园区的金融、外汇、投资和出入境管理制度也相差甚远。另一方面，制度创新质量呈现边际效应递减。"一照一码"和投资改革"四个一"等系统化举措是自贸试验区建设之初由国家多部门支持建成的，但随着改革步入深水区，一些政府部门的创新处于疲软，创新举措在数量和质量上都有下降，集成化改革措施越来越少，大部分创新停留在流程的优化改进、业务办理时间的缩短等"微创新"上，在那些碎片化的、非关键的制度微调上打转，而没有去创新那些"难度大、意义大"的关键性制度。

福建自贸试验区创新措施的经济溢出效应不显著，产业集聚能力不强，新增企业数量、注册资本在全国自贸试验区内并不突出。同时，福建自贸试验区虽然已经确立了以"负面清单"为核心的投资管理体制，但各级部门对外资限制仍较多，同时法律保障滞后，各级政府的责任清单、权力清单不明晰，事中事后监管不健全。总体来看，福建自贸试验区对外资企业吸引力不足，缺乏大型企业进入。引进壳牌、亚马逊等一批世界 500 强企业，不是区域总部企业，而是区域平台或机构，其中不少对福建的服务半径有限，带动作用有限。

（五）服务业开放不足受限较多

自贸试验区肩负着服务业开放的使命，但福建自贸试验区服务业开放力度不够，重点领域金融创新难以突破。自福建自贸试验区实施负面清单以来，主要集中在影视、旅游等服务业引进外资，对需要对外开放的民生服务业推进有限。负面清单虽然放宽了金融、文化、电信等领域的市场准入限制，但在实际实施中对外资的限制仍然较多，使自贸试验区对相应的外资企业难以取得新的突破。另外，部分试验任务因制度制约难以落实，如因国家卫计委认为医疗卫生行业属于敏感行业，福建自贸试验区医疗卫生领域的开放措施无法落地。服务业开放程度不足，导致自由贸易试验区服务贸易和投资相关市场开放监管和压力测试不足，不利于实现福建省服务业"高水平开放"。服务业需要重点开放金融业，但由于国家防范风险的要求，福建自贸试验区金融改革政策落地困难且创新基本"无门可入"，如福建自贸试验区改革方案中多次提及探索自由贸易账户，但风险管理仅适用于上海自贸试验区和海南自贸试验区，自由贸易账户试点适用范围狭窄，功能较少。同时，福建自贸试验区新金融业态发展水平不高，福建大量集聚企业带动近万家金融机构集聚。但在金融监管日趋严格、金融牌照发放有限的情况下，保险公司、消费金融、融资租赁等新型金融业态的数量和质量也难以提升。

（六）外部影响下对台产业合作面临挑战

闽台金融服务创新发展受到政治因素等外部干扰。近年来，福建自贸试验区虽然在闽台金融服务创新的各个领域取得了一定成绩，但由于台湾地区形势的敏感性和复杂性，为了防范金融风险，在金融创新方面的尝试推进上相对保守和谨慎。以银行业创新为例，虽然福建自贸试验区早在 2015 年建立初期就率先开展对台跨境人民币贷款、跨境人民币清算代理、结算等闽台金融服务，但到了 2022 年，这些措施已在自贸试验区外试点，有些甚至已在全国多地推行，早已不再是自贸试验区独有的制度红利。此外，福建自贸试验区开展的闽台金融创新服务主要集中在银行、证券、保险三大传统金融领域，融资租赁、互联网金融等其他领域创新成果相对匮乏。

对台产业合作亟待补充新的动力源泉。随着沿海地区的经济增长、资源环境约束的加强、劳动力成本的上升，台商在福建廉价获得土地和劳动力的难度越来越大，传统生产要素的互补性对闽台产业合作的驱动力逐渐削弱。与此同时，两岸产业梯度差距缩小，而产业互补性下降，竞争力增强，特别是在集成电路、太阳能光电、石化、精密机械等领域。随着各地区对台招商引资竞争日趋激烈，福建对台招商引资优势逐渐减弱。无论是利用台资的规模还是质量，福建均已被上海、江苏、浙江、广东等长三角和珠三角地区超越。目前，福建自贸试验区引进的台资项目以机械、电子、化工等产业类别为主，大多数新增台资企业处于创业起步阶段，小规模企业占全部台资企业的 90%以上，产业集聚效应不明显，产业集群发展受到制约。

由于长期以来台资企业在大陆普遍依赖"台湾接单、大陆生产、出口欧美"的"飞地"发展模式，2023 年的中美经贸摩擦对大陆台资企业出口美国市场产生了重大影响，导致出口订单大幅减少，利润缩水甚至出现亏损。从未来形势看，随着中美关系进入竞争博弈的新阶段，双方经贸摩擦在中短期内难以消除。为了避免中美经贸摩擦的不利影响，一些对美国市场敏感的台资企业要么不再在大陆投资，要么将产能转移到台湾岛内和东南亚地区。台商投资布局的调整与转移，必然会影响到两岸合作。

三、原因分析

（一）自贸试验区功能定位的偏离

经济增长在地方政府官员政绩中仍占有重要地位，地方政府"GDP 第一"的思维尚未完全扭转。在一些地方政府看来，自由贸易区和其他经济功能区一样，是实现经济增长的重要工具和引擎。忽略自贸试验区的制度创新功能必然与党中央、国务院的初衷相矛盾。同时，自贸试验区的管理一直沿用开发区的管理模式，加剧了考核的压力，造成了自贸试验区核心功能的偏离。开发区的管理模式虽然效率高、目标明确、操作简单，但也产生了很多负面影响。例如，自由贸易试验区可能会有新注册企业数量、吸引资金规模、进出口规模、GDP 规模等重要指标用于各自由贸易试验区之间的比较和评价，导致在吸引投资方面投入了相当大的精力，对制度创新的研究和实践产生了很大的影响。与此同时，遵循开发区管理模式导致自贸试验区考核压力较大，也导致自贸试验区出现一些乱象。例如，为了追求招商引资规模，动员区外企业先注销后在自贸试验区重新注册，以增加自贸试验区内招商引资统计指标等。

（二）制度创新的风险与收益不匹配制约积极性

福建自贸试验区制度创新动力不足的根本原因是自贸试验区在进行制度创新时必须承担高风险，却无法获得与其相匹配的高额利润，从而导致自贸试验区缺乏制度创新的积极性。制度创新需要突破现有的利益格局，而面对未来许多不确定性，我国目前缺乏专门的法规保护，导致制度创新风险较高。如福州自贸试验区在放宽市场主体的准入门槛，企业注册资本由验资制变成备案制、监管方式由事前监管变成事中事后监管等方面会面临放开容易监管难的问题，在监管过程中难免会出现各种风险。制度创新过程中的风险如果不科学豁免，将对自贸试验区深化改革产生不利影响。

另外一个突出的问题则是自贸试验区工作人员普遍抱怨工作过于辛苦。一方面，制度创新的难题太多，风险也大，失败后要承担责任，成功后却不能享受相应的利益。另一方面，日常工作任务繁重，加班已成为常态。自贸试验区工作人员工资严格按照公务员制度标准发放，与自贸试验区工作人员的工作强度和压力不匹配，导致自贸试验区部分工作人员缺乏进行制度创新的动力。其中比较好的做法是像厦门片区，为了吸引高端人才专门出台"自贸专才"的招聘计划，对于入选"自贸专才"的高端人才，给予最高80万元的年薪。这种做法在一定程度上缓解了福建自贸试验区制度创新动力不足的问题，值得部分借鉴。但总的来说，这种做法只适用于少数"自贸专才"，并不完全适用于其他片区的其他工作人员。

（三）外部干扰因素增多导致对台先行先试优势减弱

福建自贸试验区因台而设，特色在对台，优势在对台，使命也在对台。首先，两岸政治关系的不稳定和动荡是福建自贸试验区对台先行先试的最大制约因素，部分对台工作呈现"一头热、一头冷"的现象，闽台之间的信任合作受阻。其次，闽台之间的人员往来仍然存在许多障碍，人才引进相对较少，台湾居民很难获得与大陆居民同等的待遇，在医疗、购房、住宿、金融服务等方面均存在障碍。

福建对台合作虽有地理优势，但随着大陆对台湾地区全方位开放的实现，近年来福建作为试点省份的先发优势已在减退，对台资的吸引力下降。同时，由于福建产业链处在中下游，台湾的产业转移和产业合作更倾向于江浙沪等较发达的地区。福建自贸试验区对闽台贸易促进作用不显著，两岸合作成效有限。

第四节　中国（福建）自由贸易试验区提升发展建议

一、积极适应国际经贸新规则

找准规则标准差距、补齐短板是福建自贸试验区制度创新的重要方式。当前国际经贸新规则日益形成，各国越来越重视制度整合和监管的一致性。对于深度融入全球化、努力构建开放型世界经济新体制的中国来说，21世纪经贸新规则是无法回避的议题，中国制度型开放也不可能长期游离于国际经贸新规则之外。在国家层面难以尝试国际经贸新规则的前提下，福建自贸试验区要率先对标国际先进经贸新规则，尤其是要对标 CPTPP 和 RCEP 等国际经贸新规则，进一步落实国际经贸新规则在关税、通关便利化、快速通关等方面的要求。在投资、服务贸易、知识产权、环境保护、数字贸易等国际经贸新规则和新问题上逐步开展试点。在国有企业、指定垄断企业和中小企业中深入探索试验。因为国际经贸规则的不断演变，各自贸试验区必须紧跟国际经贸规则的最新发展趋势，形成制度型开放诉求并逐级上报，推动相关部委修改现行过时管理条款，发挥在对接国内外经贸规则方面应有的作用。

二、大力推广制度创新和放开服务业

福建应进一步扩大服务业对外开放，加快发展制造业等实体经济，实施具有国际竞争力和吸引力的税收政策，吸引跨国公司，加强产业集群，进一步发展自贸试验区作为区域经济"增长极"的作用。依托自身优势，把握重点产业技术创新趋势，在"卡脖子"关键技术供应上作出贡献，并立足本区域，率先推广其制度创新成果，发挥改革示范的引领作用。其他地区要主动加强与自贸试验区在产业、资源、资金等方面的对接，加强对自贸试验区制度创新成果的学习和模仿，在复制过程中灵活运用经验，积极融入自贸试验区发展大局。

三、在建设现代经济体系中发挥辐射作用

制度创新是中国高水平对外开放的必然选择，最终也必须以经济发展为

中心。福建自由贸易试验区发展面临空间有限、产业基础薄弱、功能相对单一等问题。必须以党的二十大精神为指导，落实完善福建自贸试验区提升发展行动计划和各项工作清单，实施自贸试验区提升战略。从政策出发，探索改革开放的新征途，落脚在各行各业。

拓展自贸试验区空间，在更大范围内深化贸易、投资、金融、行政等体制改革，试验更多具有国际竞争力的制度和政策，积累更多可复制、可推广的制度创新经验；拓展新的开放领域和空间，促进产业链延伸和功能拓展，带动传统产业高质量转型升级，逐步形成建设现代经济体系的新的竞争优势。充分发挥福建自贸试验区对周边省市的辐射带动作用。以试点城市为中心，发挥自贸试验区对区域数字经济发展的空间溢出效应，引领高端数字生产要素在区域间自由流动，促进试点城市与周边城市数字产业链延伸拓展，深化数字产业合作，促进现代数字经济更加平衡、稳定、高质量发展。

四、加大放权力度的同时构建容错纠错机制

福建自贸试验区改革自主权不足是其缺乏高价值制度创新的重要原因之一。自由贸易试验区作为中国对外开放的试验田和改革开放的排头兵，特别是在当前国际经济环境剧烈波动的背景下，应该有足够的改革自主权。要进一步赋予自由贸易试验区更大改革自主权，以应对全球供应链调整或收缩带来的负面影响。在开展制度创新时，在不涉及重大国家政治安全的领域，应根据创新的内在要求推动中央部委加大放权力度，贯彻"法无禁止皆可为"的法治精神，大幅降低地方政府推行制度创新的行政成本。

建立容错纠错机制，解决制度创新主体的关切。在国家和省级自贸试验区通过法规和部门规章进行制度创新时，只要制度创新的初步论证充分，理由合理，且属于导致制度创新失败的非主观原因，就应合理免除自贸试验区的责任，降低制度创新的风险；充分调动各方积极性，深入推进自贸试验区高质量改革创新。同时，要突破现行普通公务员工资标准，结合自贸试验区工作性质和工作强度，科学设计自贸试验区工作人员的工资制度，以激发自贸试验区制度创新的积极性。开展自贸试验区理论研究和高水平人才培养和

创新引进高层次人才评价认定机制，实行更加简便高效的引进高层次人才评价认定办法，增强福建自贸试验区高素质人才储备。此外，在新发展格局背景下，福建自贸试验区要围绕"双循环"新发展格局大胆开展制度创新，加快建设成为"国内国际双循环相互促进"的重要连接点。

五、集中规制与分片调适并齐

福建自贸试验区由福州、厦门和平潭 3 个片区组成，这 3 个片区分属于不同的行政区域，且差异较大，各具特色。福建自由贸易试验区总体发展规划往往难以根据每个区域的不同特点来制定，只能就各片区的共性问题集中做出规制。在对各片区的特点体现不够的情况下，容易出现与片区实际不相吻合的后果。鉴于此，要给福建自贸试验区 3 个片区留足地方创新的空间，明确"省人民政府和所在地人民政府有关部门按照各自职责，将经济社会管理权限集中交由自贸试验区行使"，加大放权力度，授权 3 个片区所在地政府根据当地实际情况通过相应立法对提升发展行动予以细化，这样，福建自贸试验区三个片区在被"集中规制"的同时，也拥有足够"分片调适"的制度空间实现差异化，从而更好实现原则性和灵活性相统一的良好治理。

六、推动闽台合作新模式与融合发展

福建自贸试验区的差异化发展要从对台先行先试上凸显。首先，推动闽台产业精准融合，福建自贸试验区要进一步扩大服务业领域对台开放，支持福建自贸试验区减少台商投资准入负面清单，在福建自贸试验区有产业基础的同时，在医疗卫生、冷链物流、文化创意、电子信息等台湾具有产业优势的领域深化合作，形成产业合作示范区。其次，推动投资贸易标准化，对标国际规则，不断促进投资、贸易、资金、交通、人员就业自由。引导企业自愿认证国际环境、劳工标准，使台资企业在投资中享受国际化、标准化。再次，以人员交流为突破口，扩大专业技术认定和评价范围，加大对台湾青年创新创业基地建设的支持力度，支持台资科技企业享受平等的科研补贴，在福建自贸试验区给予台资国民待遇。最后，在医疗、购房、贷款等方面，率先为在福建工作、生活的台胞提供与居民同等的便利，探索台胞社区项目建设。

拓展闽台产业合作空间。首先，推进福建自贸试验区与台湾在高端装备制造、集成电路、电子信息、精密机械、新能源汽车、生物、新医药等先进制造业领域的深度融合，对福建自贸试验区产业链薄弱环节进行项目规划，鼓励台资企业投资重点行业薄弱环节，利用台资大型企业和项目吸引台资中小企业集聚，形成完整的上下游产业链。其次，深化福建自贸试验区与台湾在现代服务业领域的合作。大力吸引现代服务业台资企业落户福建自贸试验区，通过政策引导和支持，推动台资企业在自贸试验区集聚发展。再次，扩大福建自贸试验区与台湾科研创新合作。支持建立以企业为主体、以市场为导向、产学研相结合的技术创新平台和研发联盟。鼓励自贸试验区企业与台湾科研机构、高校和企业开展研发合作，扩大两岸技术研发和成果转化合作。最后，鼓励闽台企业共同开拓"一带一路"共建市场。设立"一带一路"倡议专项资金，支持闽台企业在资金、技术、品牌、渠道等方面开展多种合作模式，共同投资建设"一带一路"产业合作园区、制造基地和营销平台。

根据片区功能定位的差异，统筹规划各片区对台产业合作布局。福州片区可逐步探索以生产性服务业集聚为中心、先进制造业集聚为外围的协同集聚模式，积极吸引台资生产性服务业在福州地区集中、规模化、组织化发展，形成生产性服务业集聚效应。厦门地区要进一步吸引集成电路、软件和信息服务、现代物流等台资企业进驻，鼓励和支持台湾金融业在厦门单独或联合设立分支机构，着力打造两岸跨境人民币合作先行区，发挥金融集聚效应。平潭片区要以建设共同家园为载体，加快建设台湾医疗产业园、两岸农渔产品集散中心、两岸中药材仓储交易中心等两岸特色贸易集聚区，推动发展"保税+商业"模式，同时加强文创、医疗、旅游等领域的合作。

参考文献

［1］王利平. 地方制度创新的困境与路径——以福建自贸试验区建设为例［J］. 中共福建省委党校学报，2016（10）：67-72.

［2］陈蓉，吴凤娇. 福建自贸试验区对台产业合作成效与挑战分析［J］.

闽南师范大学学报（哲学社会科学版），2020，34（02）：24-28.

[3] 黄洁. 福建自贸试验区闽台金融合作创新成果及策略 [J]. 福州党校学报，2021（04）：53-57.

[4] 陈春玲，全毅. 福建自由贸易试验区转型升级与高质量发展研究 [J]. 亚太经济，2021（06）：126-132.

[5] 郑展鹏，曹玉平，刘志彪. 我国自由贸易试验区制度创新的认识误区及现实困境 [J]. 经济体制改革，2019（06）：53-59.

[6] 关琰珠，邓光雄. 制度创新与自由贸易试验区建设——以福建自贸试验区厦门片区为例 [J]. 中国发展，2020，20（06）：1-6.

[7] 周蓉，潘德昭. 制度型开放下福建自贸试验区的改革困境与建议 [J]. 福州党校学报，2020（03）：63-67.

[8] 高国珍，胡金淼，常裕琦. 自由贸易试验区促进了城市数字经济发展吗？——来自准自然实验的证据 [J]. 云南财经大学学报，2023，39（07）：28-41.

[9] 韦倩青，黄英嫚. 基于国内外经验的中国（广西）自由贸易试验区投资环境优化 [J]. 创新，2022，16（03）：53-66.

[10] 颜澜萍. 深耕改革试验田，推进高水平对外开放 [N]. 福州日报，2022-12-03（008）.

[11] 吴晓菁，易婧. 一系列创新成果从这里走向全国 [N]. 厦门日报，2022-10-13（A02）.

[12] 吴晓菁. 改革创新无止境 [N]. 厦门日报，2023-04-21（T01）.

[13] 吴晓菁，郝长帆. 接续奋斗，勇立时代潮头 [N]. 厦门日报，2023-04-21（T02）.

[14] 颜澜萍，吴桦真，林双伟，等. 开放高地正崛起　奋楫勇进再出发——写在福州自贸片区挂牌八周年之际 [N]. 福州日报，2023-04-21（003）.

第五章 中国（浙江）自由贸易试验区提升发展战略与行动

2017 年 4 月 1 日，中国（浙江）自由贸易试验区（以下简称"浙江自贸试验区"）正式挂牌成立，实施范围 119.95 平方公里，由陆域和相关海洋锚地组成，涵盖三个片区：舟山离岛片区 78.98 平方公里（含舟山港综合保税区区块二 3.02 平方公里）、舟山岛北部片区 15.62 平方公里（含舟山港综合保税区区块一 2.83 平方公里）、舟山岛南部片区 25.35 平方公里。

2017 年 12 月 27 日，《中国（浙江）自由贸易试验区条例》（以下简称《条例》）经省第十二届人民代表大会常务委员会第四十六次会议通过，自2018 年 1 月 1 日起施行。《条例》施行四年多来，在理顺管理体制、围绕推进各项投资贸易自由化便利化任务、优化综合监管与法治环境等方面都发挥了重要的法律支撑作用，在《条例》的规范引领下，浙江自贸试验区建设成果丰硕，完成了各项任务，实现了预期目标。

2020 年 8 月 30 日，国务院印发《中国（浙江）自由贸易试验区扩展区域方案》（以下简称《扩区方案》）。扩区后，浙江自贸试验区新增宁波、杭州、金义三个新片区，面积扩大至 239.45 平方公里，功能定位从 1.0 版本的聚焦油气全产业链拓展到 2.0 版本的"五大功能定位"，即着力打造以油气为核心的大宗商品资源配置基地、新型国际贸易中心、国际航运和物流枢纽、数字经济发展示范区和先进制造业集聚区。

2022 年 3 月 18 日，浙江省第十三届人民代表大会常务委员会第三十五次会议审议通过新修订的《中国（浙江）自由贸易试验区条例》，并于 2022 年 5 月 1 日起施行。新修订的《条例》以习近平总书记对自贸试验区建设要求为指导，全面贯彻落实党中央、国务院、省委、省政府有关自贸试验区工作的决策部署，围绕"五大功能定位"和数字化改革要求进行制度设计，突出浙江的优势和特色，较好地处理了共性与个性、守正与创新、发展与安全的关系，为浙江自贸试验区 2.0 版建设提供了更加强有力的法治保障。

2023 年 7 月，浙江省人民政府办公厅印发《中国（浙江）自由贸易试验区提升行动方案（2023—2027 年)》（以下简称《行动方案》）。《行动方案》共三大部分，包括总体要求、主要任务和保障措施，其制定了 5 年建设指标体系，重点部署了浙江自贸试验区的大宗商品配置能力提升、数字自贸试验区提升、国际贸易优化提升、国际物流体系提升、项目投资提升、先进制造业提升、制度型开放提升、数智治理能力提升等八个方面的 24 项具体举措。

本章节通过总结分析 2022—2023 年浙江自贸试验区最新提升发展的战略行动、发展成效，找到浙江自贸试验区目前存在的发展问题，通过对发展问题的原因分析，找出下一步提升发展的方向并提供相应措施建议。

第一节　中国（浙江）自由贸易试验区提升发展战略

一、总体要求

（一）指导思想

以习近平新时代中国特色社会主义思想为指导，全面贯彻党的二十大精神和省第十五次党代会精神，全面落实全省深入实施"八八战略"，强力推进创新深化、改革攻坚、开放提升大会的决策部署，推动自贸试验区提升发展，打造新征程上高水平对外开放新高地，围绕"一个引领""三个自贸区""八大提升行动"，全面实施自贸试验区提升战略，以数字化改革为牵引，以制度型开放为重点，深度参与全球产业分工合作，加快打造高能级开放大省。

（二）发展目标

到 2027 年，基本形成以贸易投资自由化便利化为核心的制度体系，营商环境便利度位居全国前列；建成全球一流的大宗商品资源配置基地，加快形成具有全球竞争力的航运和物流枢纽；培育一批具有创新力、富有韧性的现代产业集群；基本建成全球数字贸易中心，形成引领高水平对外开放的先行区和高质量发展增长极。

二、主题内容

（一）提升大宗商品配置能力建设

在大宗商品配置能力提升方面，将重点打造国家级能源资源保障基地、世界先进的绿色石化产业基地、万亿级大宗商品交易中心。力争到 2027 年实现油品储备能力 5900 万吨、LNG 接收规模 3200 万吨/年、炼油能力 9000 万吨/年、油气贸易额 1.4 万亿元以上。

（二）突出数字自贸区建设

在数字自贸区建设方面，明确数字自贸区建设总体要求，建设具有引领性的数字经济产业体系、率先融入高标准数字贸易规则、推动建立数据基础制度体系。力争到 2027 年跨境电商进出口额提升至 4200 亿元、数字服务贸易额达 2500 亿元、数字经济核心制造业增加值增速保持 8% 以上。在数智治理能力提升方面，丰富实战实效的自贸数智场景，构建以数据为基础的高效协同机制，建立自由贸易数智治理理论和制度体系。

（三）推动制度改革创新举措落地

在制度型开放提升方面，推动跨境数据安全有序流动，推动跨境金融开放和人民币国际化，对标国际经贸规则优化营商环境，全面贯彻落实党中央、国务院决策部署，将国家赋予自贸试验区的相关政策转化为法规制度。一是要求加大政府产业基金对重点产业支持力度，吸引带动社会资本投向重大产业项目、初创型企业。二是要求制定土地利用计划时优先保障自贸试验区建设合理用地需求，支持自贸试验区实行差别化供地、产业链供地政策。三是设立人才发展专项资金，支持高层次和高技能人才、团队及其创新项目，并按照规定对高层次、高技能人才实施税收优惠政策和补贴激励措施。

（四）推进投资贸易便利化

在国际贸易优化方面，推动货物贸易提质增效、创新发展服务贸易、大力发展贸易新业态新模式。力争到 2027 年市场采购额超 3800 亿元、跨境人民币结算量达 1.05 万亿元。

在国际物流体系提升方面，提升物流运输网络辐射能力和"四港联动"牵引能力，加快发展高端港航服务业。力争到 2027 年集装箱吞吐量达 4000 万标箱、货邮吞吐量达 150 万吨、快递业务量超 231 亿件、"义新欧"中欧班列开行数超 3000 列、保税燃料油直供量超 1000 万吨。

在项目投资提升方面，以自贸试验区为载体，打造国际双向投资开放合作高地、推动高端要素和创新人才集聚。力争到 2027 年，高新技术产业投资占固定资产投资比重超 15%。

在通关便利度提升方面，实行国际投资、国际贸易"单一窗口"服务模式，提升通关便利度；创新通关监管模式，实施仓储货物按状态分类监管制度，明确区内保税存储货物不设存储期限，除重点敏感货物外其他进入区内的货物免予检验。

（五）加强先进制造业建设

在先进制造业建设方面，打造科技创新引领区，培育发展一批重点产业集群，着力提升企业竞争力。力争到 2027 年未来工厂超 40 家、高价值发明专利数超 9.8 万个、规上制造业增加值增速超 6%。

（六）提升服务水平

在提升服务水平方面，一是创新金融服务，要求建立本外币合一银行结算账户管理制度，促进跨境贸易、投资融资结算便利化，支持开展境外人民币贷款业务和按照规定兑换、使用数字人民币。二是加强知识产权保护，支持自贸试验区建立知识产权海外纠纷预警机制和协调解决机制，完善知识产权海外维权援助服务。三是健全国际商事纠纷多元化解决机制，推动国际商事纠纷诉讼与仲裁、调解有机衔接，为当事人提供一站式纠纷解决服务。

表 5-1　主要指标一览表

序号	指标		2023 年	2025 年	2027 年
1	综合指标	地区生产总值增速（%）	力争带动所在县（市、区）增速高于全省平均 2 个百分点		
2		规上工业企业研发经费支出增速（%）			
3		外贸进出口总额增速（%）	力争带动所在县（市、区）增速高于全省平均 3 个百分点		
4		实际利用外资总额增速（%）			
5	大宗商品资源配置基地	油品储备能力（万吨）	5100	5200	5900
6		液化天然气（LNG）接收规模（万吨/年）	1100	2000	3200
7		炼油能力（万吨/年）	7500	9000	9000
8		铁矿石吞吐量（万吨）	20000	24000	27000
9		油气贸易额（亿元）	11300	12900	14000
10	新型国际贸易中心	数字贸易额（亿元）	4700	5900	6700
11		其中：跨境电子商务进出口额（亿元）	3000	3900	4200
12		数字服务贸易额（亿元）	1700	2000	2500
13		市场采购贸易额（亿元）	3200	3500	3800
14		跨境人民币结算量（亿元）	9000	10000	10500
15	国际航运和物流枢纽	集装箱吞吐量（万标箱）	3400	3500	4000
16		货物吞吐量（亿吨）	12.7	13	13.4
17		货邮吞吐量（万吨）	108	120	150
18		快递业务量（亿件）	161	210	231
19		中欧（义新欧）班列开行数（列）	2200	2600	3000 以上
20		保税燃料油直供量（万吨）	650	750	1000
21		海事服务总产出（亿元）	450	500	600

序号	指标		2023 年	2025 年	2027 年
22	数字经济发展示范区	数字经济核心制造业增加值增速（%）	>8	>8	>8
23	先进制造业集聚区	规上制造业增加值增速（%）	>6	>6	>6
24		未来工厂（家）	25	35	40
25		智能工厂（数字化车间）（家）	200	300	370
26		高价值发明专利拥有量（件）	75000	85000	98000

资料来源：《中国（浙江）自由贸易试验区提升行动方案（2023—2027 年）》。

第二节　中国（浙江）自由贸易试验区提升发展行动

一、实施大宗商品配置能力提升行动[①]

聚焦提升大宗商品资源配置能力，在舟山片区建成我国重要的大宗商品物流枢纽。

（一）港口物流

2022 年，舟山港域完成货物吞吐量 6.24 亿吨，其中油气吞吐量 1.33 亿吨；完成江海联运量 3 亿吨，其中粮食、铁矿石、油品等分别占同类货种进江总量的 65%、44%、41%。

（二）油气贸易

在舟山建设了我国重要的液化天然气海上接收中心，其已经成为华东地区重要的气源地，已建及在建总接收能力超 2500 万吨/年，占全国 25% 以上。

推动中石化全球船供油总部、中石油低硫燃料油区域结算中心等落户舟

---

① 《浙江自贸》于 2023.3.29 发布要闻 "浙江自贸试验区六周岁啦，有这些建设成果"，https://mp.weixin.qq.com/s/HskLlrvU3hwZbpejrSQmPQ.

山，累计集聚油气贸易及相关企业 1.17 万家，使舟山成为全国油气贸易企业最集聚的地区。

（三）进口粮食中转

在舟山建成我国重要的粮食集散中心和加工贸易基地，纳入全国首批大豆离岸现货市场交收地试点，2022 年实现粮食进口中转量 2500 万吨，约占全国 18%。

二、实施数字自贸试验区提升行动

（一）促进数字化改革

开发建设了集"统计监测、制度创新、信息发布、考核评价、项目推进、任务落实、实时分析"功能于一体的数"智"治理平台——"自贸在线"，标签化分级分类精准服务企业，运用实时数据分析经济形势，推动保税商品登记系统、海上数字加油站、小商品数字自贸应用等特色场景建设。

（二）推动数字经济产业体系建设

杭州聚焦数字经济、数字贸易等领域全球招商，并针对数字贸易领军企业落户杭州给予重点支持。

（三）融入高标准数字贸易规则

在 2022 年 12 月成功举办全国唯一以数字贸易为主题的国家级、全球性的专业博览会——全球首届数字贸易博览会，吸引 800 余家境内外企业参展，场内外签约项目 89 个，投资总额约 1100 亿元。

（四）发布数字领域政策

推出一批数字贸易领域的规则、标准和重大研究成果，发布 2022 数字贸易指数和《浙江数字贸易发展蓝皮书（2022）》，首个数字贸易团体标准《数字贸易通用术语》正式实施，有力推动数字贸易发展。

三、实施制度集成创新提升行动

（一）落地一批国家级重大改革试点

围绕油气全产业链开放发展获批了十方面 26 项一揽子系统集成的支持措施，获批人民银行总行（国家外汇管理局）支持的本外币合一银行账户体系、跨境贸易投资高水平开放、新型离岸国际贸易业务等试点，获批国家发展和改革委员会支持的要素市场化配置综合改革试点，获批商务部支持率先开展原油非国营贸易进口资格、成品油出口资格等试点，获批国家市场监管总局支持的知识产权服务出口基地、数据知识产权保护试点，推动了中资非五星红旗船沿海捎带、第五航权政策、设立国际邮件互换局、国际航行船舶保税加油许可权下放、国际快递业务经营许可审批权限下放等一批赋权政策落地。

（二）推动油气贸易

在油气贸易自由化方面，在全国率先实施原油非国营贸易进口、成品油非国营贸易出口等一系列重大改革举措。2023 年 2 月，舟山实现首次对外出口航空煤油。在油气交易体制领域，推动上海期货交易所入股浙江国际油气交易中心，建成长三角期现一体化油气交易市场。

（三）简化国际海事服务领域手续

在国际海事服务领域，在全国率先开展保税船用燃料油经营改革试点，承接国家审批权限下放，全国首创了跨关区直供、一船多供、港外锚地供油等 60 余项改革举措。同时，出台《船舶燃料油加注系统计量技术规范》成为国家标准。

（四）缩短通关时间

在口岸营商环境领域，成为全国首个船舶进出境无纸化通关口岸，通关时间从 16 小时缩减至 2 小时，船舶通关一体化改革成果向全国推广。

四、投资贸易自由便利化提升行动

（一）省级层面

在贸易自由化便利化方面，省地方金融监管局全力推动浙江国际油气交易中心建设，支持浙油中心与上期所合作，开展交易模式创新；杭州海关积极推动保税燃料油跨关区直供，大力支持保税商品登记系统建设。

在投资自由化便利化方面，省发展改革委推动绿色石化基地等重大项目落地，与省粮食局共同积极争取国家储备原油市场调节动用试点；省自然资源厅有效保障自贸试验区重大项目用地用海用岛；省市场监管局推动商事主体登记确认制改革；省生态环境厅指导舟山片区扎实开展生态环保和风险防范工作。

在资金便利化方面，人行杭州中心支行、省外汇管理局开展油品贸易跨境人民币结算便利化试点和资本项目收入结汇支付便利化试点，并推动本外币合一银行结算账户体系试点落地。

在运输自由化便利化方面，省财政厅争取并推行国际航行船舶燃料油出口退税政策，争取宁波舟山港启运港退税政策；浙江海事局强化保税燃料油加注作业锚地资源保障；省交通运输厅推动宁波舟山港国际一流强港建设顶层设计。

在人员往来自由化便利化方面，省公安厅出入境管理部门为自贸试验区引进的外籍人才办理停居留手续，提供就近办、就便办、集约办等专属便利。

浙江省政府将 32 项省级管理事项权限下放至各片区，进一步推动了生产要素的自由流动。同时，省政府联合省财政厅印发了推动基金招商工作的指导意见，提出了 6 方面政策举措，进一步撬动社会资本投资浙江。

（二）片区层面

杭州作为全国首批营商环境创新试点城市，推进商事主体登记确认制改革，试点开展国际职业资格认可工作，全力打造国际化人才生态；发布《关于"抢先机、拼经济"实现开门红的实施意见》，针对抢抓外贸订单、扩大企业出口、拓展国际市场、企业参展参会，制定了一系列实实在在的支持政策。

舟山片区实现国际贸易"单一窗口"与江海联运中心信息平台数据互联互通，有效提升了大宗商品储运中转效率；开设商务专窗，确定外贸白名单企业 125 家，为船舶、水产重点行业和商务人士提供出入境便利。

宁波片区推动智慧口岸建设，实现转关货物全流程电子化放行，口岸通关效率大幅提升；在全国率先推进"商务包机"，先后组织 2 批 8 班次包机，完成订单 20 亿美元，同时开展"百团千企万人拓市场促招引"专项攻坚行动。

金义片区创建全国首家小商品自由贸易管理服务平台，实现贸易全流程数据上链，平台累计注册用户突破 290 万人，累计服务在线交易超 400 亿元，有效提升了小商品贸易便利化程度；同时金义打通了外商返金通道，来自韩国、印度、巴基斯坦等国的 4 趟包机接回近 600 名客商。

五、实施先进制造业提升行动

在先进制造业方面，宁波印发了《关于进一步强化招商引资工作的若干措施》，支持打造绿色石化、汽车及零部件等先进制造业集群；杭州计划赴英国、瑞典等国举办投资环境推介会，在航空新材料、航空电子等细分领域开展精准招商，同时，推动杭州数字安防、宁波新材料等 7 个制造业集群入选国家重点培育名单，居全国第三；金义计划赴荷兰、德国招引新能源、高端智能装备领域的重点企业。

六、实施联动创新提升行动

（一）片区间的联动

杭州片区对标舟山片区油气全产业链赋权，探索生物医药、临空制造全产业链创新；舟山的油品贸易便利化举措在宁波开展复制推广，形成大宗商品贸易便利化体系；宁波多式联运新模式在义乌区块开展复制推广，逐步实现货物和运输工具进入"第六港区"视同进入宁波舟山海港；杭州跨境电商关税汇便利化和生态模式创新在金义开展复制推广。

（二）片区与联动创新区间的联动

杭州余杭联动创新区在复制推广自贸试验区滨江区块知识产权集成改革基础上，打造商业秘密保护"余杭模式"，以数字化商业秘密保护平台为载体，提升商业秘密保护管理和服务水平；宁波采取"一区一件事"，每个区聚焦一个重点产业、选取一个重点项目（企业）、依托一个联动载体、推动一批改革创新，积极与自贸片区在政策、产业、制度上开展联动。

（三）浙江自贸试验区与国内其他地区的联动

充分发挥 2021 年 5 月成立的长三角自贸试验区联盟的作用，通过签署合作协议等方式，浙江自贸试验区实现了与兄弟自贸试验区的互联互通，如舟山片区推动上海期货交易所入股浙江国际油气交易中心，实现"期现联动"；宁波推动浙江和安徽港航合作，与合肥经开区合资运营综合物流园区；杭州建设异地城市货站，打通苏州—杭州机场—全球供应链通道；金义积极融入长三角 G60 科创走廊建设，成立了首个产业协同创新中心——金华（上海）科创中心等。

七、实施服务提升行动

在现代服务业方面，杭州以获批服务业扩大开放综合试点和亚运会为契机，聚焦商贸服务等领域，向欧洲、日本、新加坡等地派遣招商团组，推动优质服务业外资项目落地。

第三节 中国（浙江）自由贸易试验区提升发展成效及问题

一、中国（浙江）自由贸易试验区行动成效

（一）浙江自贸试验区开放型经济引领作用显著[①]

2022 年，浙江自贸试验区以不到 1/400 的全省面积贡献了全省 20.6% 的

[①] 《浙江自贸》公众号 2023.2.23 发布的新闻发布会记录，"发力奋跑，亮出成效！中国（浙江）自贸试验区建设例行新闻发布会召开"，https://mp.weixin.qq.com/s/ph6n8aOiti2BIAXJv2lWfw.

外贸、18.1%的外资。具体来看，全年进出口总额 9669.6 亿元，同比增长 22.4%（2021 年为 7725.9 亿元），其中，进口占全省 41.2%。全年实际使用外资 34.84 亿美元，同比增长 37.6%，高于全省 32.4 个百分点，全年新增 1 亿美元以上外资项目 36 个，自贸试验区高质量提升发展大会新签约世界 500 强项目 5 个。辐射带动作用显现，浙江省共有 5 家国家级经开区综合评价排名跻身全国 30 强，数量居全国第二；全省联动创新区实际使用外资超 75 亿美元、进出口额超 1.5 万亿元，分别同比增长 17.8%、23%。浙江连续四年获国务院稳外贸稳外资督查激励。

（二）浙江自贸试验区大宗商品资源配置能力增强[①]

在港口物流方面，2022 年舟山港域完成货物吞吐量 6.24 亿吨，其中油气吞吐量 1.33 亿吨；完成江海联运量 3 亿吨，其中粮食、铁矿石、油品等分别占同类货种进江总量的 65%、44%、41%。

在液化天然气接收方面，建设我国重要的海上接收中心，舟山已经成为华东地区重要的气源地，已建及在建总接收能力超 2500 万吨/年，占全国 25% 以上。

在进口粮食中转方面，建成我国重要的粮食集散中心和加工贸易基地，纳入全国首批大豆离岸现货市场交收地试点，2022 年实现粮食进口中转量 2500 万吨，占全国 18%。

在贸易结算方面，推动中石化全球船供油总部、中石油低硫燃料油区域结算中心等落户舟山，累计集聚油气贸易及相关企业 1.17 万家，成为全国油气贸易企业最集聚的地区。

（三）浙江自贸试验区制度创新改革推进

浙江自贸试验区聚焦深化集成改革和制度型开放，全国首创率和复制推广率均走在第三批自贸试验区前列。目前已累计形成特色制度创新成果和实

---

① 《浙江自贸》于 2023.3.29 发布要闻"浙江自贸试验区六周岁啦，有这些建设成果"，https://mp.weixin.qq.com/s/HskLlrvU3hwZbpejrSQmPQ.

践案例 269 项，全国首创 125 项，全国复制推广 32 项。落地了现代服务业开放、"企业外联" App、跨境贸易投资高水平开放、数字人民币、中资非五星红旗船沿海捎带、启运港退税、第五航权政策、数据知识产权保护等国家级重大改革试点，各片区开展制度创新累计达到 477 项，应用"关键词+思维导图"模式梳理形成 16 项集成性制度创新成果，为系统性复制推广探索有益经验。

（四）浙江自贸试验区投资贸易自由化便利化制度体系完善

在制度体系完善方面，修订了《中国（浙江）自由贸易试验区条例》；获批第五航权、数字人民币、本外币合一账户、跨境贸易投资高水平开放等国家级改革试点，全年新增制度创新成果 143 项，全国首创 36 项。其中，舟山"海上环卫"工作机制等 6 个案例被生态环境部复制推广；移动查验单兵集成知识产权商标智能识别应用被海关总署备案推广。

在贸易成果方面，宁波舟山连续两年位居国际航运中心城市十强，宁波舟山港首次跃居全国油气吞吐量第一大港，跻身全球第五大加油港；"义新欧"中欧班列开行数量达到全国前三；萧山国际机场货邮吞吐量达到全国第五。

（五）浙江自贸试验区数字自贸区建设结果显著

2022 年，首届全球数字贸易博览会一炮打响，建设了浙江数据国际交易平台、杭州国际数字交易平台、数据安全实验室、数据知识产权公共存证平台等服务平台，集聚了一批网络安全、数据供给、数字需求领域的龙头企业。

（六）浙江自贸试验区先进制造业建设增强

宁波获批建设国内磁性材料领域首个国家级知识产权运营中心；数字安防、新材料等 7 个制造业集群进入国家重点培育名单，数量居全国第三。金华先进制造业集群初具规模，基本形成了以智能照明及显示、光伏、新能源汽车及零部件、新材料、生物健康等优势产业为支撑的发展格局。发挥"贸工联动"效应，带动浙江省内外 20 多个产业集群成长壮大。

（七）浙江自贸试验区油气全产业链建设结果显著[①]

浙江自贸试验区舟山片区建成全国最大、单体全球第二的大型石化基地，形成原油加工能力 4000 万吨/年，2022 年实现原油加工量 3702 万吨；建成全国最大的能源保障基地，油气储存能力 3700 余万方；建成全国最大的油气贸易港，累计油气贸易额 2.7 万亿元，年均增长 64%；舟山成为全球第五大国际船加油港，保税船用燃料油年供应量从挂牌前的 106 万吨提升至 2022 年的 602 万吨，发布了全国首个低硫保税燃料油"舟山价格"；连续举办了五届世界油商大会，搭建了具有全球影响力的油气产业合作平台。

二、中国（浙江）自由贸易试验区提升发展问题

总的来看，浙江自贸试验区在推动浙江高能省建设中发挥了重要的作用，但经过分析发现，仍存在一些不足，具体问题如下：

（一）片区发展不均衡，各片区主导产业的带动性不足

2022 年，浙江自贸试验区全年进出口总额 9669.6 亿元，同比增长 22.4%（2021 年为 7725.9 亿元）。其中，舟山片区成立 5 年发展较为成熟，杭州、金义、宁波 3 个片区均只成立 2 年，发展相对缓慢，尤其是金义片区 2022 年进出口总额 1400.28 亿元，只占自贸试验区总额的 14.5%，自贸试验片区发展较不均衡。

浙江自贸试验区根据当地资源禀赋和要素条件，制定了产业发展整体规划，不同区域有各自的特色、侧重重点，以及产业发展计划。其中，杭州片区注重数字经济，着力打造数字经济高质量发展示范区；宁波片区利用港口资源等优势，重点建设国际航运枢纽，打造油气资源配置中心；金义片区则侧重于小商品贸易特色，致力于打造世界级的"小商品之都"。然而，部分自

[①] 《浙江自贸》于 2023.3.29 发布要闻，"浙江自贸试验区六周岁啦，有这些建设成果"，https://mp.weixin.qq.com/s/HskLlrvU3hwZbpejrSQmPQ.

贸试验区所在城市的特色产业与经济腹地之间存在一定的脱节，未能实现有效联动，主导产业的带动性不足。以宁波片区为例，尽管规划建设了"国际航运和物流核心区"，并拥有强大的港口优势，但其主要服务于长三角地区和浙江省，与宁波本地经济发展之间的联系相对较弱。

（二）外贸人才缺乏制约

2020 年，浙江自贸试验区扩展区域实施范围 119.5 平方公里，涵盖 3 个片区，即宁波片区、杭州片区与金义片区，人口与资源增长了一倍，同时，对外贸人才的需求也急剧增长，导致人才数量的缺乏。在高校、培训机构以及人才中心纷纷入局参与人才培养时，外贸人才培养规模扩大，进而又面临培养质量良莠不齐的问题。而在浙江自贸试验区运行中，需要应对复杂的多国交叉贸易、外贸政策、产业发展、文化风俗等，对外贸人才的专业素质与综合素质要求较高，从而导致高质量、差异化人才也十分匮乏。

（三）原油等大宗商品交易存在贸易和金融创新政策限制

浙江自贸试验区的炼化产业不够集聚，除了鱼山岛绿色炼化项目，没有其他炼厂。制造业数量不足，油品来源相对单一，导致市场竞争环境不充分。此外，自贸试验区内石化产业企业数量较少，难以最大限度地利用油品炼化附属化工产品。产业链结构相对单一，未能充分发挥产业链的价值。

在原油进口领域，尽管一些企业获得了原油非国营进口资质，但在进口配额管控方面仍存在较为严格的限制。虽然在储罐码头泊位的使用上进行了一些创新尝试，但对内外贸的区分依然比较严格，未能充分释放储运能力。在油气交易领域，对成品油的批发和出口也存在相当大的限制，无法从市场角度开放解决我国成品油供大于求的问题。

原油被视为大宗商品之王，国际原油指数是全球宏观金融指标之一。目前，我国尚未形成欧美现货、中远期、掉期等场外衍生品及期货交易相结合的市场体系，现有政策对上述交易存在诸多限制，这对提升我国在国际油气市场的定价权等方面存在不小的限制和阻力。

（四）数字创新、科技创新协同度不足

数字创新、科技创新是建设数字自贸试验区的重要任务，然而目前的发展情况显示，一些自贸试验区的数字、科技创新体系仍停留在政府推动的层面，未能有效激发当地企业和科研机构积极参与，协同创新程度不够。举例来说，浙江拥有许多中小企业，但部分自贸试验区所在城市尚未建立完善的中小企业协同互动体系，导致科技人才、产业和区域之间缺乏协同创新机制，阻碍了人才、企业、产业和区域之间的数字、科技创新合作。宁波、金华等地的民营企业在数字、科技创新方面的参与度较低，自贸试验区创新协同度不足。

（五）浙江自贸试验区联动发展不足

1. 管理机制的整体协同性不足

各地虽然已经建立了完整的工作机制，并成立了自贸办、领导小组等机构，但仍存在整体协同性不足，协同执行力相对有限，无法有效协同各部门和各地区的发展等问题。例如，许多自贸联动区存在负责人员不明、职责不清的情况，这将导致需要跨部门协调落实的创新举措经常因缺乏协同或配套措施不能及时到位而难以有效实施。

2. 设施建设缺乏"共担共建"机制

交通、管线、数字基建等基础设施建设是自贸试验区与经济腹地联动发展的基础，然而部分自贸试验区所在城市的基础设施建设存在一些问题。首先，由于行政区规划的限制，部分城市的基础设施建设仍呈封闭发展的状态，缺乏整体协同规划。这导致资源分散、各自为战的问题比较突出。其次，虽然许多城市已经制定了支撑自贸试验区与城市经济腹地联动发展的基础设施和服务平台建设规划，但由于权责不清，跨区域基础设施项目往往仍处于起步阶段，进度较慢。

（六）自贸试验区建设成效的政府评估机制有待完善

中国自贸试验区自成立以来，一些政府委托第三方机构对第一批、第二

批成立的自贸试验区的发展绩效进行了系列评估。评估的核心是制度创新和自贸试验区建设总体方案出台所承诺的相关业务完成情况，例如政府职能转变、市场准入、市场监督、预警制度、执法体系等相关的制度创新指标的实现情况。浙江自贸试验区亦是如此，自贸试验区的营商环境、市场准入等制度创新当然对自贸试验区的建设具有推动作用，但检验自贸试验区制度建设的成效应重点参考实战指标，不应仅用制度创新、政府文件的数量来检验，该评估机制有待完善。

第四节　中国（浙江）自由贸易试验区提升发展建议

一、自贸试验区产业规划要注重战略引领性

（一）立足国家战略叠加效应，增强主导产业带动性

要立足国家战略科学规划产业链，着重培育和发展主导产业，发挥其对经济腹地全域产业的带动和引领作用。一方面，需要引导和鼓励重点规划产业向自贸试验区集聚，以优化价值链为导向，建立更科学的产业链条，并发挥主导产业的带动作用。根据联动区和辐射区的功能定位、产业基础和资源禀赋等因素，优化区域产业空间布局，推动经济增长和原有产业向周边区域的逐渐转移，在市域内构建产业链。另一方面，可以加快中东欧国际产业合作园的建设，积极推动园区合作。从联合招商、合作开发逐步扩展到离岸研发、金融开放、服务贸易等领域，打造一个面向中东欧、连接全欧洲的一流产业园区，为主导产业的发展提供支持。

（二）实施补链强链工程，促进产业链调整与重构

自贸试验区所属地政府可以通过引进和培育产业链的双重力量，实施产业补链和强链工程。具体而言，一方面，可以通过政策优惠或成本优势吸引全球智能制造企业或其他分支机构进驻自贸试验区，借助领军企业的带动作

用来促进整个产业链的发展。另一方面，还可以为重点产业提供中间产业的服务和支持，为它们注入强大的发展动力，打造稳固而有竞争力的产业链。同时，政府还可以考虑建立物联网产业促进中心，为产业链提供测试、认证、检验、研发等各种配套服务，推动产业链的持续壮大。

二、加强自贸试验区人才培养

（一）重视客观规律，促进人才的培养提质

浙江自贸试验区背景下的人才培养要做到"质"与"量"的统一，必须要在尊重市场客观规律的前提下，将提质与增量结合起来。一方面，高校的外贸专业设置要立足于院校实际情况，综合考虑专业师资条件与教学资源，并从浙江自贸试验区发展的角度，突出专业特色与内涵建设。另一方面，培训机构与人才中心的外贸人才培养要遵循人力资源的市场规律，从供给与需求上把握外贸人才的质量。因此，浙江省可以加强多元主体的合作来扩充外贸人才的数量，提升人才培养质量。

（二）强化精英教育，推进人才的培养增效

根据外贸人才培养的不同目标，将精英人才与普通人才的培养区别开来，实现浙江自贸试验区内不同层次的外贸企业有才可用。同时，增强对人力资源机构的监管，促进社会对外贸人才培养的精英化发展。通过市场规律与政府调控，利用经济手段与财政手段，促进专业的人才培训机构发展，为跨国金融、远洋航运、全球保险、多国外语、跨境电商等领域输送更具实践能力的人才。

（三）注重国际形势，增进人才的培养创新

从国际形势上入手，立足各国贸易人才的现状，增进国内外贸人才的创新能力培养。一是完善顶层制度设计，在人才引进与培养中强调人才创新能力的考核，以自贸试验区伙伴国人才创新的标准，深化本国外贸人才的创新

力培养。二是依托"一带一路"倡议的发展，通过与这些国家的教育合作，为国内外贸人才培养注入创新力元素。例如，通过将不同国家的语言、文化、经济、外贸等纳入"一带一路"大学生创新大赛中，实现外贸人才的创新力培养。三是鼓励自贸试验区企业在人力资源管理上提升创新力要求。以企业人力资源管理为着手点，鼓励人才在自贸试验区工作中大胆创新，优化对外业务与自由贸易，促进自贸试验区平稳健康运行与经济快速发展。

三、完善大宗商品交易政策，促进金融环境开放

第一，可以适度推动原油等大宗商品以人民币进行计价结算，以提升人民币的影响力。第二，可以适度放宽外汇账户资金的进出限制，以吸引外资投入我国的油气产业。第三，可以通过鼓励外资参与，借助外资的力量提升我国油气产业的技术水平、管理水平和市场竞争力，推动油气产业的发展速度。第四，可以试点创新各类金融产品，以提供更高效的贸易融资和资金进出渠道，加快资金流动，提升贸易融资和资金进出的效率。

四、数字科技创新注重多方协作

（一）抢抓新基建政策机遇，共建数字转化平台与赋能平台

自贸试验区地方政府应积极与国内龙头企业合作，加快云计算、5G、物联网、区块链等数字信息基础设施的建设，提升自贸试验区的教育基础设施建设、网络服务质量和应用水平，构建安全便利的国际联网数据专用通道。同时，要加强教育技术在联动发展方面的结合，例如利用互联网技术和信息平台的功能来搜集和传输信息，促进信息的互联互通。此外，还可以与大型平台企业共同建设和运营通用性的数字化转型基础软硬件和应用平台，形成基于大型企业的数字化转型平台，为中小企业提供安全稳定的数字化赋能平台。

（二）加强自贸试验区政策的宣传与培训，鼓励民营企业参与建设

自贸试验区的建设需要企业的积极参与，创新成果的转化和产业规划的

落地都需要依靠企业的力量。同时，企业的资本也是自贸试验区发展的重要资金来源。因此，属地政府部门应该在加强制度创新的同时，加强对本地民营企业的宣传和辅导工作，让其了解自贸试验区出台的相关支持政策和措施，引导和鼓励他们积极参与自贸试验区的建设。从而形成"自上而下"和"自下而上"的双向互动协作，促进良性发展格局的形成。

（三）打造"双区"联动机制，建立联动创新发展基金

第一，地方政府应推动自贸试验区与科创区企业建立有效的联动机制，定期进行沟通和探讨，解决联动发展中的重点和难点问题。同时，双方应密切对接贸易情况和科研情况，促进科技创新、产业落地和贸易互通等产业链的畅通。第二，可通过建立联动创新发展基金，聚焦战略规划方向与新兴产业，为高新产业的研发、生产提供资金保障，还可引入银行等金融机构组建联合发展基金理事，按照认股份额比例制定管理职责，形成利益与风险共担机制。

五、细化政策推动油气产业建设

（一）细化政策助推石油化工产业集群建设

重要任务是改善营商环境，具体可以从以下两方面入手：一是在土地使用、税费补贴、公共事业配套等方面，进一步细化适用于石化企业的政策。通过提供土地租赁优惠、减免税费、完善公共设施等方式，吸引石化企业入驻自贸试验区，促进甬舟一体化发展，加快两地绿色石化产业链的对接。二是发挥制造业集聚效应，最大限度利用油品炼化过程中的附属产品，提高经济效益。这包括积极开展资源综合利用，推动石化企业的循环经济发展，降低资源消耗和环境污染。同时，还可以鼓励石化企业加强技术创新，提升产品附加值和市场竞争力。通过这些措施，可以吸引更多石化企业入驻自贸试验区，促进区域绿色石化产业链的发展，提高经济效益和可持续发展水平。

（二）制定合适政策促进市场开放

在原油进口方面，可以适度放开对非国营进口资质企业的进口配额限制，允许企业按照自主需求进口原油，从而增加市场竞争，提高供应链的灵活性。在油气储运方面，可以逐步放宽外贸限制，减少内外贸储运检查交易等环节，同时加强物联网和数字化技术应用，通过优化储运能力，提高运输效率，避免浪费资源。在油气交易方面，可以适度放宽成品油出口资质和配额管理，给予符合条件的贸易企业成品油出口资质和配额，这有助于解决国内成品油产能过剩的问题，并促进成品油贸易的发展。

六、加强自贸试验区联动发展

（一）打造要素共享共用平台，促进信息、资源互通

自贸试验区属地政府部门，应该在信息层、产业层和服务层三个层面上搭建各种要素共享共用平台，以促进全域联动发展，并实现信息和资源的互通。第一，建立自贸试验区与联动区经济腹地之间的信息共享平台，共享政策、产业和人才需求与供给的信息，以减少由信息不对称导致的联动障碍。第二，建立区域联动的产业合作平台，根据自贸试验区发展规划和本地领军企业的业务需求，对生产网络进行调整和布局，促进产业发展形成合力。第三，建立完善的公共服务平台，全面提升其功能和服务能力。例如，建立一个全流程一体、高度集成的在线政务服务新模式，实现本地政务服务的标准化在线统一管理和协同联动。

（二）加强与上海自贸试验区的联动

长三角一体化背景下，浙江自贸试验区想要实现更长远更健康的发展，需要加强与周边城市的合作，而中国金融中心上海（自贸试验区）是最优选择之一。

1. 实现更高层次的流通

在未来的自贸试验区建设中，积极打破行政分割壁垒对要素流动的限制。除了建设港口以实现贸易互通，还应推动人才、商品、信息、资金等要素在浙江自贸试验区和上海自贸试验区的自由流动和高效配置。从而促进两个自贸试验区之间的无障碍交流与合作，提升经济发展的效率和活力。

2. 加强通信网络等基础设施的连接

5G时代的到来使信息传递的速度变得快得难以估量。市场主体可以通过足不出户掌握国内甚至国际大事，并做出合理的应对。这为各个地区的企业带来了新一轮腾飞的机遇。而要抓住这一机遇的关键在于完善通信、网络等基础设施的配套。浙江杭州作为"数字第一城"，与上海自贸试验区实现网络基础设施的连接后，可以更好地分享数字经济发展的经验。这将为上海自贸试验区带来新的发展推动力，并使其进入一个新的阶段。同时，浙江自贸试验区也将获得正向溢出效应，实现与其他自贸试验区的联动发展。这种联动发展有助于促进各个自贸试验区之间的合作与互利共赢。

3. 创新金融方面联动对接机制

自贸试验区的成功与金融制度的创新密不可分，上海自贸试验区在过去七年里积极探索金融制度改革，并取得了很多可复制的创新成果。浙江自贸试验区以实现金融联动为目标，在借鉴上海自贸试验区经验的基础上，结合自身特色制定最优的金融制度方案。通过实现金融制度的联动对接，企业能够充分利用自贸试验区之间的资源和市场，实现融资自由化，从而促进经济发展。

参考文献

[1] 傅钟中，孙琪，闫晗，等. 自贸试验区与经济腹地联动发展：演进路径、联动机理和政策建议——以浙江自贸试验区杭州、宁波、金义片区为例分析 [J]. 国际贸易，2021（12）：43-49.

[2] 许孝岩. 广东自贸区发展现状、问题以及策略研究 [J]. 现代商贸工业，2023，44（09）：29-31.

［3］孙春媛. 浙江自贸试验区宁波片区营商环境优化的实践与思路［J］. 宁波经济（三江论坛），2022（10）：6-9.

［4］张鑫，杨兰品. 我国自贸试验区协同发展的成效与重点方向［J］. 经济纵横，2020（04）：89-95.

［5］李翔，李倩. 数字赋能浙江自贸区新基建发展路径：金义片区的探索实践［J］. 中国外资，2022（18）：36-38.

［6］王雅楠."双循环"视域下自贸区的创新方向、问题及实施路径探析［J］. 贵阳学院学报（自然科学版），2022，17（03）：1-5.

第六章　中国（海南）自由贸易试验区
提升发展战略与行动

第一节　中国（海南）自由贸易试验区提升发展战略

一、海南自贸港提升发展的顶层设计

为深入贯彻习近平总书记在庆祝海南建省办经济特区 30 周年大会上的重要讲话精神，落实《中共中央　国务院关于支持海南全面深化改革开放的指导意见》要求，2020 年 6 月 1 日中共中央、国务院印发了《海南自由贸易港建设总体方案》（以下简称《总体方案》），再次强调了海南自由贸易港"三区一中心"的战略定位，为海南自由贸易港的提升发展建设提供蓝图。在《总体方案》的指导下，全国人大常委会于 2021 年 6 月通过了《海南自由贸易港法》（以下简称《自贸港法》）。《自贸港法》是《总体方案》的法律化和制度化，为自贸港的建设和发展提供了全周期、高位阶的法治指引和保障，为完成自贸港封关运作筑实了法律基础。《自贸港法》不仅为制度集成创新提供了法律保障，而且让《总体方案》中以贸易投资自由化便利化为重点的各项制度设计得以落实和强化。

自 2018 年 4 月 13 日习近平总书记宣布支持海南逐步探索、稳步推进中国特色自由贸易港建设以来，在中央推进海南全面深化改革开放领导小组正确

领导下，海南建设中国特色自由贸易港不仅整体推进蹄疾步稳、有力有序，而且在实践中逐步形成了较为清晰的"一本三基四梁八柱"战略框架。"1348"战略框架既是顶层设计又是落实抓手，也是指导海南全面深化改革开放和自由贸易港建设的施工图。

二、海南自贸港提升发展战略深化

为深入贯彻习近平总书记考察海南重要讲话精神和省第八次党代会精神，落实"一本三基四梁八柱"战略框架的重大战略部署，《关于海南自由贸易港统筹区域协调发展的若干意见》（以下简称《若干意见》）于 2022 年 5 月 10 日发布实施。文件聚焦于以下四点：一是坚持全省一盘棋、全岛同城化。推进全岛统一规划、建设和管理，按照客观经济规律调整完善区域政策体系，促进各类要素合理流动和高效集聚。二是坚持陆海统筹、山海联动。科学配置陆海资源，加快构建现代海洋产业体系，大力发展热带雨林旅游产业，推动形成山海互动、蓝绿互补的发展新局面。三是坚持城乡统筹、资源融通。以协调推进乡村振兴战略和新型城镇化战略为抓手，逐步缩小城乡发展差距和居民生活水平差距，促进城乡融合发展。四是坚持三极联动、提升实力。着力发展壮大海口经济圈、三亚经济圈、儋洋经济圈三个增长极，增强区域辐射带动作用，提升海南整体经济实力。

《若干意见》对于构建"三极一带一区"的新格局进行了系统谋划，明确了各区域发展目标、实施路径和具体举措。为实现五大区域协调联动发展，文件还围绕重点工作领域提出"八大统筹"，以加快推动形成"三极一带一区"区域统筹发展新格局（见图 6-1）。

为统筹推进《若干意见》实施，在总结一年多以来推动区域协调发展进展情况的基础上，海南于 2023 年 9 月制定印发了《海南自由贸易港统筹区域协调发展三年行动方案（2023—2025 年）》（以下简称《行动方案》），为打造"三极"引领发展明显、基础设施高效互通、特色产业协同发展、公共服务普惠共享的区域协调发展新格局，明确了工作目标和实施路径。《行动方案》立足海南自贸港优势与特色，按照分阶段、分时序的方法，布局 7 大任务板块，充分发挥海口带动作用，联动澄迈、文昌、定安、屯昌等周边市县，全面提升海口经济圈发展能级，着力塑造"大海口"综合竞争新优势，打造中国特色自由贸易港核心引领区。

海口经济圈

中部山区生态保育区

以环岛旅游公路为主轴，以环岛高速铁路、高速公路等交通廊道为纽带，加快形成"2+3"滨海中心城市格局，推动滨海城镇统筹协调发展，构建以中心城市为引领、大中小城镇协调发展的世界级滨海城市带。

通过挖掘历史文化名城的发展潜能，将洋浦的政策、区位、产业优势，与儋州城市功能和腹地优势相结合，加快一体化融合发展，打造海南自由贸易港港城融合发展示范区、先行区。

儋洋经济圈

滨海城市带

以海南热带雨林国家公园建设为抓手，坚持在保护中发展、在发展中保护，加强中部地区多层次公路网与环岛旅游公路衔接，大力发展热带雨林旅游产业，推动形成山海互动、蓝绿互补的发展新局面。

三亚经济圈

"三极一带一区"
"三极"：海口经济圈、三亚经济圈、儋洋经济圈
"一带"：滨海城市带
"一区"：中部山区生态保育区

用好三亚国际旅游、科技创新资源，带动陵水、乐东、保亭等周边市县发展，大力培育发展南繁、深海等未来产业和新一代信息技术产业，打造成海南自由贸易港科创高地、国际旅游胜地。

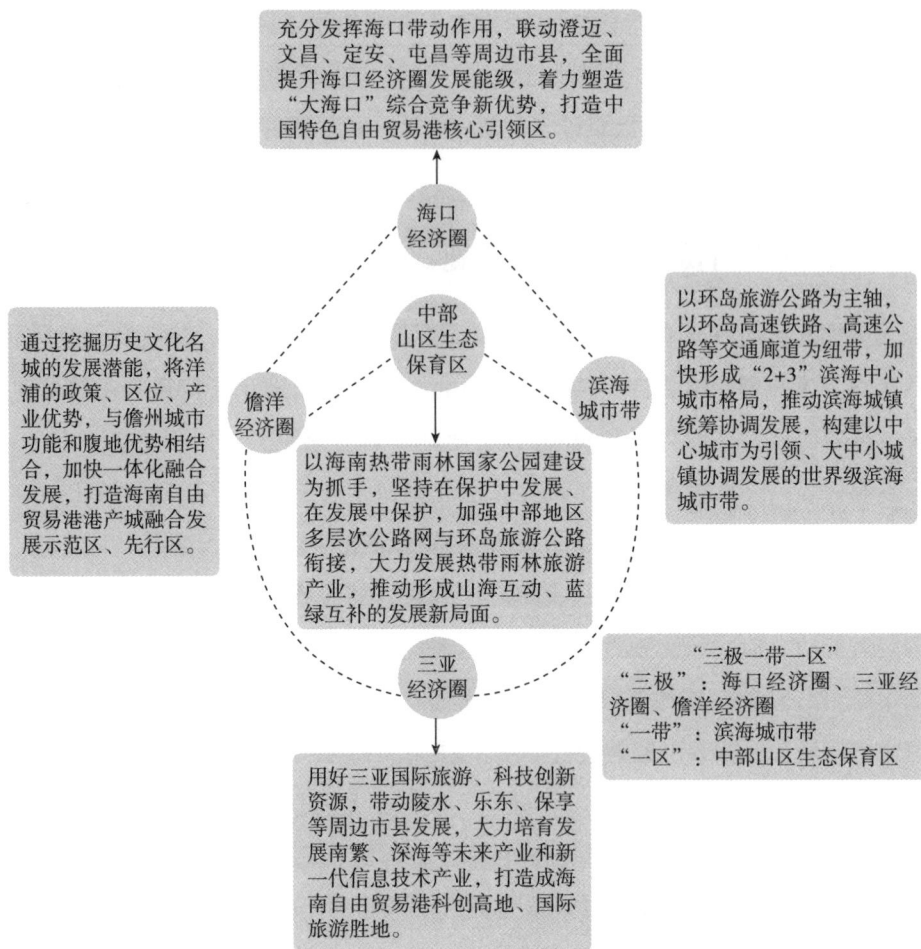

图 6-1 "三极一带一区"区位及定位图解

重点做好交通互联、产业协同、生态共治、服务共享等基础工作，聚焦营商环境、垦地融合等重点领域实施改革创新，推动初步形成区域协调发展新格局。七大任务板块：一是通过出台区域性综合、专项规划和聚集国内外优质资源，打造一批具有国际竞争力的标志性项目，形成高质量发展新引擎，提升"三极"的发展能级。二是通过打造高效对外通道、构筑便捷岛内交通、推进光电水气网络覆盖，高效率建设外联内畅的基础设施网络，确保封关运作后人流、物流的高效便捷流通。三是通过促进产业一体化发展空间布局、创新探索园区"飞地经济"模式，高水平推动特色产业的联

动发展。四是通过打造国内国际双循环的重要节点，高层次扩大对内对外的开放合作。五是通过协同推进营商环境建设、提高土地资源要素效能，高效能推进畅通要素流动的改革创新，加快形成分工协作、优势互补的发展格局。六是通过推动生态环境联保共治、加强流域生态保护补偿，高品质维护和谐共生的生态格局。七是通过优化医疗教育公共资源配置、深化社会保障和就业服务协作，高标准提供均衡共享的公共服务，让更多群众共享区域协调发展的成果。

第二节　中国（海南）自由贸易试验区提升发展行动

一、贸易自由化便利化

《总体方案》提出，要实现贸易自由便利，在实现有效监管的前提下，建设全岛封关运作的海关监管特殊区域。随后，海南自由贸易港陆续出台了贸易便利化的相关政策措施，主要囊括"一线放开、二线管住"、岛内自由和推进服务贸易便利等方面的内容。对货物贸易，实行以"零关税"为基本特征的自由化便利化制度安排。对服务贸易，实行以"既准入又准营"为基本特征的自由化便利化政策举措。2022年9月，海口海关和省商务厅正式印发实施《提升跨境贸易便利化水平支持外贸高质量发展若干措施》，聚焦海南自贸港建设要求和四大主导产业发展需要，提出32条具体措施，以进一步提升跨境贸易自由化便利化水平，全面促进外贸高质量发展（见表6-1）。2023年4月，海关总署组织召开2023年促进跨境贸易便利化专项行动部署动员会，部署动员在海口等17个城市开展为期5个月的促进跨境贸易便利化专项行动。以此为契机，海南自由贸易港在强化信息化建设支撑、支持产业提质升级、畅通跨境通关链条、规范降低口岸收费、提升企业获得感满意度等方面多点发力，大力优化全省口岸营商环境，以促进跨境贸易便利化水平提升。

表 6-1 《提升跨境贸易便利化水平支持外贸高质量发展若干措施》具体内容

六大方面内容	措施	具体内容
全力支持 高水平开放	引导企业用好自贸港政策	加大自贸港政策宣讲，做好政策评估，推进政策优化，完善配套措施，积极引导企业用足用好"零关税"三张清单等早期政策，降低企业税费成本，持续释放政策红利。加大涉企政策措施宣传，完善企业意见反馈和协调解决机制，积极保障各项措施落地见效，增强企业获得感。
	稳步推进"一线放开、二线管住"进出口政策制度试点工作	全面推进和做好"一线放开、二线管住"进出口政策制度在洋浦保税港区、海口综合保税区、海口空港综合保税区等区域的试点工作，并积极推进在海关特殊监管区域外开展试点，全面做好试点落地工作。指导重点企业用好加工增值免关税等政策做大货物贸易规模，支持医药制造、食品加工等重点行业做大外向型经济规模，形成外贸新增量。
	支持离岛免税产业发展	支持免税企业在海关特殊监管区域和保税监管场所内设立免税品物流分拨中心，促进海南离岛免税产业和海关特殊监管区域高质量融合发展。创新开展关区内免税品监管方式，试点使用智能关锁、音视频交互监控等手段不断提升企业物流运转效率。深化实施海南离岛免税进口食品化妆品特定附条件放行监管创新模式，促进离岛免税进口化妆品食品等热销商品快速验放、入场销售。支持公务机、游轮旅客享受离岛免税购物政策。
	推动 RCEP 高质量实施	发布 RCEP 进出口降税商品名录，指导全省重点行业企业用好关税减让安排。持续加强 RCEP 关税减让和原产地规则宣传，积极引导企业合理运用 RCEP 和现有自贸协定减税安排，扩大产品出口。推广应用原产地智能审核和自助打印，提高企业享惠便利化水平。推进落实经核准出口商制度，企业自行开具原产地声明，享受 RCEP 关税优惠。
	推进内外贸一体化发展	制定出台完善内外贸一体化发展政策，支持企业内外贸一体化经营。引导外贸企业精准定位，积极开拓国内市场，促进外贸企业出口转内销商品形成错位竞争。推进内外贸产品同线同标同质，带动海南相关产业加快提质升级，优化供需结构。围绕"跨境电商+海外仓"模式，支持有需求的传统外贸企业转型跨境电商，支持跨境电商海外仓建设和发展。持续开展"三同"产品"海南鲷"的宣传推广活动。支持外贸生产型企业购买国内贸易险及开展内销险融资。支持外贸生产型企业参加国内专业展会及购买资信服务。

六大方面内容	措施	具体内容
全力支持高水平开放	持续推动企业开拓国际市场，提升国际化经营能力	支持企业境外专利申请、商标注册、资质认证；支持企业参加境外展会和涉外进出口线上展会、境外自主办展；支持企业购买短期出口信用保险和开展国际贸易融资。
	共同推动重点政策研究	推动研究海南自贸港禁止、限制进出口货物、物品清单，积极推动放宽货物禁止、限制进口措施，助推跨境贸易量能提升，形成新的外贸流量增长点。
全速提升口岸通关效率	优化口岸作业模式	在洋浦港深入推进进口货物"船边直提"和出口货物"抵港直装"。稳步提升"两步申报"等海关通关改革措施应用率；在确保生物安全、生态安全有效管控的前提下，扩大"两段准入"模式的推广和应用范围，进一步提高通关效率。
	优化商品检验监管模式	对进口原油采取"先放后检"监管方式，对出口成品油实施"风险评估+周期抽样+合格保证"监管模式。对洋浦保税港区内符合条件的企业进口的需法定检验的商品，支持采信第三方检验结果。
	加快农食产品检疫审批	精简进境水果检疫审批随附材料，下放进境水生动物隔离检疫场考核和出口特定动植物及其产品、其他检疫物的生产、加工、存放单位注册登记2个事项事权至隶属海关，承接海关总署授权办理的农食产品检疫审批原则上1个工作日办结，进一步提高审批效率。
	保障优质农食产品快速通关	设立进出口鲜活易腐农食产品查检绿色通道，对出境活动物、水果等实行"5+2""白+黑"全天候工作机制，促进活猪安全供港。完善集中检验分批核销制度，支持海关特殊监管区域内企业加工食品快速出区内销。持续做好出口水产品"边检边放"，支持章雄鱼苗等优质农产品进一步扩大出口。
	开展保税油供应监管模式集成创新	探索实施"批量出库、分批加注""多次航程累计、集中申请加注"等便利化措施，支持内外贸同船运输境内船舶加注不含税油政策扩大效应。
	优化通关查验模式	推进货运监管"先期机检"、智能审图模式在海南口岸全面推广应用，将海关监管嵌入门岸物流运转过程中，提升集装箱口岸流转效率。继续推广疫情期间"无陪同"查验方式，实现"无陪同"查验申请电子化、查验过程可视化。

六大方面内容	措施	具体内容
全速提升口岸通关效率	提升口岸智能化水平	复制推广"单一窗口"航空物流平台至三亚,实现空港口岸查验、放行等作业环节单证电子化流转,方便企业实时查询货物在港状态。在洋浦口岸试点应用 AR 全景可视系统,及时获取货物情况,实现对海港口岸的可视、动态管理,强化与口岸经营企业的协同联动,进一步提升码头物流作业效率。
	提升外贸综合服务水平	支持洋浦口岸指定监管场地和冷链集装箱产业链服务基地建设,更好支撑外贸集装箱在洋浦港集港运营。支持外贸综合服务企业发展。
全方位支持重点区域重点产业发展	发挥综合保税区政策优势	持续推广应用综合保税区"四自一简"监管制度创新措施,支持区内企业根据生产经营需求选择适用的内销选择性征收关税,支持推广增值税一般纳税人试点。
	畅通博鳌乐城国际医疗旅游先行区特许药械供应链	下放低风险特殊物品卫生检疫审批权限,优化入境检疫监管流程,提供 7×24 小时预约通关及查检服务,加大联系协调力度,确保异地进口特许药械办理快速通关,支持特许药械进口。
	支持优异动植物种质资源引进	全力支持全球动植物种质资源引进中转基地建设,推广实施"进境植物繁殖材料隔离圃考核互认",全力支持优先开展中转基地引种需求检疫准入。支持同纬度热带果蔬、种虾等优异动植物种质资源、动植物源性生物材料便利安全引进,服务种业、生物产业发展。
	支持新业态发展	完善跨境电商出口政策措施。优化跨境电商零售进口商品退货监管流程。支持出口商品与退货复出口商品"合包"运输到境外,确保出口跨境电商"出得去、退得回、通得快"。推动海口、三亚跨境电子商务综合试验区建设,支持跨境电商企业对个人(B2C)、企业对企业(B2B)等贸易新业态高质量发展,支持两地结合实际情况创新监管与服务体系,推进跨境电商差异化发展。对中国国际消费品博览会等大型展会、赛事设置专门通道,优先办理手续,压缩审批时长,允许办展方统一提供符合海关规定的担保,优化出境手续,便利展览品展后处置,支持保税展示常态化。

续表

六大方面内容	措施	具体内容
持续深化"放管服"改革	进一步简政放权	进一步压缩出口食品生产企业备案时限，指导出口食品生产企业做好境外注册工作。承接好海关总署下放的进口肉类、鲜蛋、乳品、饲料、水生动物、水果、生物材料等12类商品的检疫审批权限，压减审批层级和时间。持续推进"一网通办"，政务服务事项"快办、即办""一件事一次办"。
	深化"双随机、一公开"	充分运用信息化手段，深入推进"双随机、一公开"监管。加强与市场监管等部门联系，对出口商品生产企业开展部门间联合抽查，实现"进一次门、查多项事"。
	深入推进"互联网+主动披露"	企业主动向海关报告其违反海关监管规定的行为并接受海关处理，经海关认定为主动披露的，可从轻、减轻处罚或依法免于处罚。企业通过自查发现少缴或漏缴税款并主动补缴，经海关认定为主动披露的，可依法减免税款滞纳金。
	加强知识产权海关保护	定期开展知识产权海关保护普法宣讲，拓展知识产权优质企业培塑范围。深入开展打击侵权专项行动，着力保护海南本土企业自有知识产权，助力维护海南国际旅游消费中心"无假货"。
全心服务市场主体	健全口岸收费目录清单制度	对现有目录清单进行全面梳理规范。动态更新收费项目、服务内容、收费标准。在口岸现场和国际贸易"单一窗口"更新海运口岸各环节收费及服务信息，便于货主进行比较选择和社会监督。
	降低进出口通关成本	持续落实《清理规范海运口岸收费行动方案》。对符合条件的现场查验监管场所和综合保税区，免除外贸企业查验没有问题集装箱（重箱）货物的吊装、移位、仓储费用。依法查处进出口环节存在的违规收费行为。依法调查处理口岸经营活动中的涉嫌垄断行为。加大对进出口中介环节治理力度。
	落实助企纾困优惠政策	对于因疫情导致经营困难，无法按期缴纳税款并在规定期限内补缴税款的，可以减免滞纳金。2022年内对企业内销加工贸易货物，暂免征收内销缓税利息。
	优化关税技术服务	全面推行归类、价格、原产地预裁定服务，便利企业通关，提高贸易可预知性。通过12360等平台，提供归类咨询服务，为企业查询各类商品税号提供便利。

六大方面内容	措施	具体内容
全心服务市场主体	推动 AEO 认证企业扩量增效	创新信用培育方式，加大对海南新兴业态和"专精特新"企业的信用培育力度。为 AEO 企业提供优先办理通关手续、减少单证审核、降低查验比例等专属服务。
	为重点进出口企业量身定制"服务包"	设立服务专员制度，定期开展开门接访，开展"一对一"精准服务。通过 12360 热线和通关现场咨询窗口等形式，多渠道收集企业问题，提供海关政策法律咨询、通关业务指导和疑难问题解决等量体裁衣式服务。
	推进"轻微首违不罚"机制	对初次违法且危害后果轻微并及时改正的企业，不予行政处罚。对企业的违法行为依法不予行政处罚的，海关对企业进行批评教育。
全面深化协同合作	建立关厅企合作机制	构建跨部门改革推进机制，共同疏解跨境贸易"堵点"难点"。针对海南省重点市县、重点园区及重点企业开展宣讲，深入解读海南自贸港政策及海关监管制度，指导企业用足用好惠企政策。
	强化外贸监测分析	会同市县密切分析研判重点企业外贸数据变化和形势发展，适时提供相应指导和服务。持续跟踪监测海南外贸进出口规模、结构、趋势变化情况，积极开展对海南重点产业和"专精特新"企业的进出口分析。进一步优化统计咨询服务，提升统计咨询服务的响应效率，做好统计数据互联网发布工作，为外贸稳增长和高质量发展提供有力预期引导。

二、投资自由化便利化

为进一步推动海南自贸港贸易投资自由化便利化，国家发展改革委、商务部发布《关于支持海南自由贸易港建设放宽市场准入若干特别措施的意见》并颁布《海南自由贸易港实施市场准入承诺即入制管理规定》（2022 年）、《鼓励外商投资产业目录（2022 年版）》等配套政策，旨在以更为开放的准入管理政策吸引重点领域的外商投资，促进生产要素自由便利流动，加快培育国际比较优势产业，高质量高标准建设自由贸易港。

其中，就市场准入而言，外商投资准入负面清单是自贸试验区投资制度改革的核心。首先，负面清单显著提高了自贸港外商投资自由化便利化水平。海南自贸港外商投资准入负面清单共 27 条，与同期自贸试验区版负面清单的30 条相比进一步缩减，率先在教育、增值电信、法律事务、咨询和统计调查、乘用车制造、采矿业 6 个领域全面或部分开放。比如：在教育领域，放开了境外理工农医类高水平大学、职业院校在海南自贸港独立办学的限制，支持海南国际教育创新岛建设；在法律服务领域，允许外商投资部分涉海南商事非诉讼法律事务，更好满足海南自贸港贸易、投资、金融等领域涉外法律服务需求。不断缩减外商投资准入负面清单条目，展现了自贸港更高水平的对外开放。其次，负面清单促进外资利用快速增长。施行国内最短外商投资准入负面清单，吸引了更多外资进入海南自贸港，形成新的增长极、辐射极。后续，海南省也将推动不断缩减海南自贸港外商投资准入负面清单，逐步实现海南自贸港投资自由便利。

三、税收制度的逐渐完善

根据《总体方案》，海南自由贸易港将按照"零关税、低税率、简税制、强法治、分阶段"的原则，逐步建立起与高水平自由贸易港相适应的税收制度体系。财政部、税务总局等相关部门陆续出台海南自由贸易港企业所得税、离岛游客免税、国际运输船舶有关增值税、原辅料"零关税"、交通工具及游艇"零关税"、启运港退税等税收优惠政策，并逐步落实。

2022 年 6 月，国家税务总局海南省税务局发布关于海南省政协七届五次会议第 0228 号委员提案办理情况的答复，对于"加快推进增值税的立法，形成具有海南特色的优惠政策"的建议，明确指出，"根据《海南自由贸易港建设总体方案》的部署安排，在 2025 年前全岛封关运作的同时，依法将现行增值税、消费税、车辆购置税、城市维护建设税及教育费附加等税费进行简并，启动在货物和服务零售环节征收销售税相关工作。届时海南自贸港不再征收增值税，将形成独具海南自贸港特色的税制安排，《建议》中涉及增值税的相关问题也将得到解决"。

表6-2 海南自由贸易港税收政策精选

序号	内容
1	对在海南自由贸易港工作的高端人才和紧缺人才，其个人所得税实际税负超过15%的部分，予以免征
2	鼓励类企业实施15%企业所得税
3	企业进口自用生产设备免征进口关税、进口环节增值税和消费税
4	进口营运用交通工具及游艇免征进口关税、进口环节增值税和消费税
5	进口生产原辅料免征进口关税、进口环节增值税和消费税
6	岛内居民购买的进境商品免征进口关税、进口环节增值税和消费税
7	离岛免税购物额度调高至每年每人10万元并增加品种
8	旅游业、现代服务业、高新技术产业企业2025年前新增境外直接投资所得免征企业所得税
9	企业资本性支出可一次性税前扣除或加速折旧和摊销
10	展会境外展品进口和销售免税
11	对原产于海南或含进口料件加工增值超过30%的货物进入内地免征进口关税
12	允许进出海南岛航班加注保税航油
13	对在"中国洋浦港"登记并从事国际运输的境内建造船舶给予出口退税
14	以"中国洋浦港"为中转港从事内外贸同船运输的境内船舶允许加注保税油
15	经"中国洋浦港"中转离境的货物试行启运港退税

四、生态环境保护

为深入贯彻落实习近平生态文明思想，落实党中央、国务院碳达峰碳中和决策部署，按照2022年4月习近平总书记视察海南时作出的重要指示要求，住房和城乡建设部会同海南省委省政府，以省部共建的形式，计划利用2022—2024年的三年时间，在东屿岛共同创建海南博鳌零碳示范区，在1.9平方公里的范围内，通过8大类19个项目的实施，逐步实现零碳运行目标，使之成为向世界展示中国低碳发展理念、技术和实践的窗口。示范区秉承"环境自然、区域零碳、资源循环、智慧运营"的理念，探索借鉴国际先进经验，目标是打造一个零碳示范的"中国样板"。2023年3月，首期建设验收通过。零碳示范区要建设的 8 大类 19 个项目中，目前有 16 个项目已建设完成。①

2022 年 11 月，海南省人大常委会第三十九次会议审议通过了《海南自由贸易港生态环境保护考核评价和责任追究规定》（以下简称《规定》），自 2023 年 1 月 1 日起施行。《规定》采取"小切口"立法形式，聚焦"谁来考、考核谁、考什么、怎么考、结果怎么用、责任如何追究"等关键问题，率先在全国通过立法对生态环境保护考核评价和责任追究制度作出规范，构建自由贸易港建设背景下全新的生态环境保护目标指标体系。海南省政府将以 2023 年度为首个考核评价年度，于 2024 年组织开展首次省级生态环境保护考核评价。

五、人才支持和发展

在高层次人才认定、人才吸引、资格考试和服务管理等方面，省委办公厅、省政府办公厅及省委人才发展局等相关部门均发布了详细的制度标准、执行办法和配套政策来为海南自由贸易港的提升发展建设和企业的可持续发展提供高素质人才，并且让这些高层次人才有用武之地，没有后顾之忧。

2022 年 12 月，省委统战部、省委人才发展局印发《海南自由贸易港支持港澳青年来琼就业创业实施细则》以给予港澳青年来琼实习、培训、就业创业等方面的帮扶及为参与海南自贸港提升发展建设的港澳青年提供保障，主要分为实习就业支持、创新创业支持以及保障措施三个板块。实习就业方面，用人单位可以为符合条件的港澳青年申请就业见习补贴，也可申请招用奖励补贴和社会保险补贴。另外，就业青年及其配偶可参加各类职业考试、招聘，享受晋升、高层次人才认定、个税优惠等一系列待遇。创新创业支持方面，符合条件的港澳青年可享受 10000 元的一次性补贴、创业孵化基地运营奖励补助、创业担保贷款、培训补贴、申报海南省文化发展专项资金、减征企业所得税等方面的政策。保障措施方面，符合条件的港澳青年可享受住房租赁

---

① 人民日报，《东屿岛的零碳探索》，人民网，http://env.people.com.cn/n1/2023/0419/c1010-32667646.html.

补贴或购房补贴、子女入学政策、购车政策、社保政策等福利。

2023年10月,海南省科学技术厅等9个部门联合印发了《海南省赋予科研人员职务科技成果所有权或长期使用权试点实施方案》,旨在进一步深化科技体制机制改革、促进科技成果的转移和转化,推动科研人员职务科技成果所有权和长期使用权试点工作。

六、金融健康发展和持续创新

海南自贸港建设以来,《总体方案》《关于金融支持海南全面深化改革开放的意见》和在洋浦经济开发区开展跨境贸易投资高水平开放试点等政策文件,赋予海南几十项含金量较高的金融政策,主要涵盖了支持跨境贸易投资自由化便利化、金融服务业对内对外开放、金融改革创新服务实体经济发展和金融风险防控体系等4个方面。金融政策以服务海南自由贸易港实体经济发展和促进投融资自由化便利化为目标,支持自由贸易港金融体制机制创新,着力提升资金跨境流动自由便利,为海南自由贸易港建设提供了有力的金融支撑。

2022年1月,国家外汇管理局宣布将在海南自由贸易港洋浦经济开发区等4个区域开展跨境贸易投资高水平开放试点。试点旨在支持建设更高水平开放型经济新体制,同时为进一步提高开放监管能力、探索"更开放更安全"的外汇管理机制积累经验。试点政策涵盖9项资本项目改革措施、4项经常项目便利化措施,以及2项加强风险防控和监管能力建设的相关要求。目前,洋浦跨境贸易投资高水平开放试点在稳步推进中,4项经常项目便利化措施全面落地。

七、改善营商环境

作为海南自由贸易港建设的重要一环,营商环境对于吸引投资、推动经济发展至关重要,打造一流营商环境是海南自贸港建设的核心任务。将知识产权保护纳入优化营商环境范畴,海关承担了进出境环节知识产权海关保护重要职责。2022年6月,海南省人民政府办公厅印发了《海南自由贸易港进一步优化营商环境行动方案（2022—2025 年)》，详细列明了重点任务清单和"领跑行动"路线图，旨在打造法治化、国际化、便利化和公平、透明、可预期的营商环境。《海南省 2023 年营商环境制度集成创新重点任务》（以下简称《创新任务》）锚定一流营商环境目标和 2025 年前全岛封关运作要求，提出 9 项跨领域系统集成创新举措和 13 项重点环节改革任务。《创新任务》对标世界银行新营商环境评估体系，以及国家营商环境工作有关要求和海南自贸港实际和特色需求，坚持补齐短板、发挥实效。文件突出自贸港建设特色，对标高标准经贸规则，深入推进高水平制度型开放，以制度集成创新推动自贸港政策红利进一步释放。此外，《创新任务》还聚焦提升政务服务水平，解决企业群众办事难、办事慢问题，积极推进"一枚印章管审批""极简审批"等改革创新举措落实落地。

八、产业政策

在产业政策方面，2022 年 2 月 26 日，海南省人民政府正式印发实施《海南省创新型省份建设实施方案》（以下简称《实施方案》）。《实施方案》提出，到 2025 年，建成具有海南特色的"一省两市三高地"区域创新体系，海南省争取进入创新型省份行列，海口市进入创新型城市先进行列，三亚市进入创新型城市行列，初步建成具有国际影响力的种业、深海、航天科技创新高地，并明确了海南省建设创新型省份的六大重点任务。

2023 年 7 月 12 日，海南省工业和信息化厅印发《海南省车联网产业发展规划》（以下简称《规划》），提出发展符合海南资源禀赋和发展定位的重点领域和重点区域，建设国家级车联网先导区，努力将车联网产业培育成为海南新的经济增长极，为自贸港建设提供有力支撑。近年来，在海南省委、省政府重视下，海南不断探索车联网发展经验和做法，在多地开展自动驾驶汽车应用试点建设工作，出台相关办法，发布了两批测试和示范应用道路，并以"揭榜挂帅"方式鼓励各市县先行先试谋求车联网先导区建设突破，全省统筹旅游公路智能化建设，创造良好发展环境，实现了车联网产业初步发展。

免税产业布局完善，释放发展强劲动能。2022 年 10 月 28 日，海口国际免税城在海南海口正式开业，成为继三亚国际免税城后世界最大单体免税店，也将成为海南自贸港建设标志性项目之一。当天超 4.4 万人次进店，销售额超 6000 万元。中免线上商城独立访客达 200 万人，销售额超 5 亿元。海口国际免税城的开业也刺激和带动了海南离岛免税市场销售火爆，海南 11 家离岛免税店当日总销售额超 7 亿元，创下海南离岛免税店单日销售额历史新高，接近以往历史最高值的 2 倍。[①] 至 2024 年年初，万宁王府井国际免税港正式运营。至此，海南已有 6 家免税经营主体、12 家离岛免税店，"邮寄送达""返岛提取""即购即提""担保即提"等多种便捷提货方式也先后落地。

第三节　中国（海南）自由贸易试验区提升发展成效及问题

一、行动成效

（一）贸易投资自由化便利化进程加快

《总体方案》印发以来，海南外贸进出口实现跨越式发展，外贸规模、增速均取得突破，外贸结构持续优化。2020 年 6 月至 2023 年 5 月，三年内海南货物贸易进出口总值达 5044.8 亿元，较上个三年增长 101.4%，增速在同期全国各省市中排名第一。[②]

海南外贸进出口方面，其一，海南自贸港外贸主体蓬勃发展。三年来，海南有进出口业绩的外贸企业数量增加了 144.1%，达到 2387 家。其中，民营企业在海南外向型经济发展中的作用愈发突出，有进出口业绩的企业数量

---

① 海口市人民政府新闻办公室，《海口国际免税城正式开业，央媒齐聚焦！海南离岛免税店单日销售额创历史新高》，海口发布微信公众号，https://mp.weixin.qq.com/s/FJKdZWZyxUr88v3P LqWKCg.

② 海南日报，《海南货物贸易进出口增速居全国第一》，海南日报数字报，http://hnrb.hinews.cn/html/2023-06/30/content_ 58464_ 16272479.htm.

大幅增加161.1%，达到2136家，在全省外贸进出口总值中所占的比重达到48.4%，较上个三年提升了27.1个百分点。同时，中免集团、中国大唐集团等大集团大企业也加速布局自贸港，为海南外贸发展注入强劲动能。其二，海南自贸港外贸出口快步转型升级。随着新企业新项目的不断入驻，推动海南外贸出口结构优化、动能转换，实现了主导出口商品从初级产品到工业制品的转型。三年来，海南外贸出口1496.9亿元，增长59%。其中，工业制品出口938.5亿元，大幅增长167.8%，在出口总值中所占的比重达到62.7%，提升了25.5个百分点。特别是在电动摩托车、电动高尔夫球车等绿色新能源产品的拉动下，三年来海南对发达市场出口快速发展，其中对欧盟、美国出口分别大幅增长299.2%和72.5%。其三，海南自贸港有效联通国内大市场。三年来，海南离岛免税购物政策不断调整优化，免税购物总额突破1300亿元，增长290%，有效促进我国消费回流。同时，在海南自贸港"双15%"税收优惠政策和加工增值超30%内销免关税政策的支持下，部分大宗商品贸易商和粮油加工企业逐步在海南成立区域总部或加工厂，使海南成为大宗商品进入我国市场的重要平台。三年来，海南外贸进口3547.9亿元，增长127%。其中，进口消费品1338.4亿元，大幅增长254.9%，海南已成为全国第9大消费品进口、第2大化妆品进口省份；进口能源、矿砂、粮食等大宗商品1025.6亿元，增长358.5%。其四，海南自贸港与全球联系更加紧密。三年来，随着对港口码头建设力度的不断加大，海南对外航线持续加密，洋浦西部陆海新通道国际航运枢纽稳步推进，有力促进了海南与全球各地的贸易往来。这三年里，海南共与208个国家和地区开展进出口业务，贸易伙伴数量增加6.7%。其中，对"一带一路"沿线国家进出口1689.3亿元，增长70.9%。东盟继续保持海南第一大贸易伙伴地位，共进出口912.9亿元，增长30%，占18.1%；欧盟、澳大利亚紧随其后，分别增长161.4%和295.2%，分别占16.4%和10.7%。[①]

---

① 海南省新闻办公室，《海南外贸情况及海口海关优化营商环境若干措施新闻发布会》，海南省人民政府网，https://www.hainan.gov.cn/hainan/szfxwfbh/202303/f6ff1dda05764232a9aeb670673e4958.shtml.

2023 年前三个季度，跨境资金流动呈现出货物贸易稳步增长、服务贸易增长迅猛、跨境投融资增长加快等特点。其中，全省货物贸易收支规模 330.1 亿美元，保税贸易规模大幅增长，主要得益于洋浦保税港区大型石化企业保税成品油规模出现大幅增长态势。全省服务贸易跨境收支规模 40.2 亿美元，同比增长 81.7%。其中，运输服务收支规模 18.8 亿美元，同比增长 1.1 倍，维护和维修服务同比增长 2.1 倍。[①] 跨境贸易投资自由化便利化水平不断提升。

（二）优惠税收政策落地实施

《总体方案》中规划的第一阶段（2020—2025 年）税改优惠政策在 2021 年就已基本全部落地，2022 年和 2023 年对政策细节进行补充完善。具体来说包括"零关税"领域两张正面清单、一张负面清单（还有一张正面清单待落地）；对鼓励类产业企业减按 15% 征收企业所得税，境内外高端紧缺人才最高征收 15% 个税，且明确定义了优惠企业所得税和个税的适用范围；对核心产业（旅游业、现代服务业、高新技术产业）企业 2025 年前新增境外直接投资所得免征所得税；对企业符合条件的资本性支出，允许在支出发生当期一次性税前扣除或加速折旧和摊销，利好新设企业和总部迁移。2022 年，海南自由贸易港 15% 所得税个人和企业享惠面分别增长 122.7%、35.7%。[②]

待全岛封关后，2025 年到 2035 年海南将对负面清单以外所有企业征收 15% 所得税，所有居住满 183 天的个人征收不超过 15% 所得税。该税率的优惠力度媲美国际上成熟的自由贸易港。目前，新加坡通行的是 17% 的企业所得税和最高 22% 的个人所得税，中国香港通行的是 16.5% 的企业所得税和最高 17% 的个人所得税。

[①] 中国人民银行海南省分行，《实录 | 2023 年前三季度海南省金融统计数据新闻发布会》，中国人民银行海南省分行微信公众号，https://mp.weixin.qq.com/s/1Eqa_ WuIyrX5Zc6H7F_ ALw.

[②] 海南日报客户端，《2023 年海南省人民政府工作报告》，海南省人民政府网，https://www. hainan.gov.cn/hainan/szfgzbg/202301/d0465d7368334abfa40b7db6b982720c.shtml.

表6-3 海南自由贸易港税改措施进度表

改革	具体措施	进度
零关税	部分商品零关税政策：	
	—负面清单：企业进口自用生产设备	已落地
	—正面清单：进口营运用交通工具	已落地
	—正面清单：生产自用或加工贸易原辅料	已落地
	—正面清单：岛内居民消费的进境商品	未落地
	放宽离岛免税购物额度至每年每人10万元，扩大免税商品种类	已落地
	国家级展会境外展品在展期内进口和销售享受免税政策	已落地
	【全岛封关后】除进口征税目录内商品，全部免征进口关税	2025—2035年落实
低税率	企业所得税：鼓励类产业企业减按15%征收	已落地
	港内旅游业、现代服务业、高新技术产业企业：2025年前新增境外直接投资所得免征企业所得税	已落地
	资本性支出：支出发生当期一次性税前扣除或加速折旧和摊销	已落地
	高端和紧缺人才：15%以上免征	已落地
	【全岛封关后】负面清单以外所有企业减按15%征收所得税	2025—2035年落实
	【全岛封关后】居住满183天的个人按3%、10%、15%三档征收个人所得税	2025—2035年落实

（三）金融高质量发展与开放创新

海南着力完善金融基础设施功能，金融服务水平持续提升。海南不断丰富自由贸易账户（FT账户）体系功能，结算量翻倍增长。2022年，海南FT账户收支折合人民币2561.97亿元，较2019年增长17.61倍。跨境金融服务平台应用成效不断提升。截至2023年3月末，跨境金融服务平台出口应收账款融资场景共接入18家银行机构，累计办理780笔融资业务，金额合计1.2亿美元。新型离岸国际贸易、货物贸易也在快速发展，2022年全省新型离岸国际贸易涉外收支184.5亿美元、货物贸易涉外收支409.1亿美元，分别是

2018 年的 3.5 倍、3.6 倍。① 多项跨境投融资便利化政策有序落地。先后放宽外商投资企业外汇资本金使用范围、推动 QFLP 和 QDLP 试点。另外，海南省作为全国首个在全省全域开展数字人民币试点的地区，目前，全省支持数字人民币商户超 32 万个，覆盖免税购物、旅游景点、重点高校等多个具有自贸港特色的应用场景，财政实拨资金业务、签约缴税业务等全国"首发"应用落地。海南还在海口、三亚、儋州正式启动本外币合一银行结算账户体系试点，降低涉外市场主体和结算银行运营成本。

海南外汇营商环境持续优化，涉外企业主体数量大幅增长。截至 2023 年 3 月末，海南货物贸易外汇收支名录企业 8475 家，同比增长 53%。海南涉外收支规模和银行结售汇规模大幅增长，2022 年全省跨境收支总额达 624.1 亿美元，同比增长 63.8%。②

海南自由贸易港洋浦经济开发区跨境贸易投资高水平开放试点工作稳步推进，试点成效显著。截至 2023 年 6 月末，洋浦经济开发区 4 项经常项目便利化措施全面落地实施，4 家银行完成试点备案手续，优质试点企业 18 家，累计发生试点业务 4167 笔，金额合计 159.6 亿美元；取消结汇待支付账户等 6 项资本项目试点政策落地实施，涉及金额约 11.4 亿美元。其中，2023 年上半年，首家基金管理企业获批 QFLP 余额管理制试点资格，规模 2 亿美元。

与此同时，国家外汇管理局海南省分局持续扩大优质企业贸易外汇收支便利化政策受惠面。2023 年 6 月末，辖内符合条件的 7 家银行全部纳入试点，较 2022 年 6 月末增加 3 家；试点企业 62 家，较 2022 年 6 月末增加 32 家；累计办理贸易外汇收支便利化试点业务 4574 笔，较 2022 年 6 月末增加 3429 笔；金额合计 14.7 亿美元，较 2022 年 6 月末增加 11.5 亿美元。③

2022 年 10 月，海南省政府在香港成功发行离岸人民币地方政府债券 50

---

① 中国人民银行海南省分行，《实录｜ "4·13" 重要讲话发表五年来金融支持海南自贸港建设新闻发布会》，中国人民银行海南省分行微信公众号，https://mp.weixin.qq.com/s/B9N‐E4cAOKl_LszcR3geUQ.

② 中国新闻网客户端，《海南金融开放水平不断提升，跨境收支规模五年年均增长 32.5%》，中国人民银行海南省分行微信公众号，https://mp.weixin.qq.com/s/OctTN1SYpto3rB5zWhds3w.

③ 洋浦政务，《洋浦开展跨境贸易投资高水平开放试点成效显著》，洋浦政务微信公众号，https://mp.weixin.qq.com/s/_o6OZdfsguM0YkaImZWR8w.

亿元；2023 年 3 月，中国银行发行首笔海南自由贸易港离岸人民币可持续发展债券 10 亿元。两次离岸人民币债券的成功发行，有效拓宽了金融市场融资渠道，为加快推进海南自贸港建设注入了强劲的金融动力。①

此外，海南持续加大对重点领域和薄弱环节信贷支持力度，助推园区金融、绿色金融、科创金融快速持续增长，普惠金融量增面扩，跨境金融增势明显。2023 年 9 月末，全省园区贷款余额同比增长 30.8%，其中，海口江东新区、文昌国际航天城、海口综保区等 6 个重点园区均实现 40% 以上增长；全省绿色贷款余额同比增长 46.9%，其中，清洁能源产业贷款和基础设施绿色升级贷款分别增长 32.6% 和 81.2%；全省科技中小型企业贷款余额同比增长 25.5%，获贷企业数量同比增长 14.8%。②

（四）提高政务服务水平，优化营商环境

海南持续深化商事制度改革，以经营主体的获得感为准绳，在全国率先探索承诺即入制和准入即准营，近 5 年新增市场主体超过之前 30 年的总和，2022 年海南营商环境全国排名前移了 4 位，市场主体增速连续 34 个月保持全国第一。③

海南在营商环境建设上从未停止过探索的步伐，2022 年 12 月，海南成立全国首个营商环境建设厅，统筹推进营商环境、政务服务、数据共享、社会信用"一体四面"建设。拟出台《海南自由贸易港向香港开放专业服务市场十条措施》，努力为港企和香港人才提供更加开放的政策和环境；全面推广科研项目"揭榜挂帅""赛马制"；推出重大科技创新应用场景，推动科研人员减负活动，在科技领域营商环境建设上取得了显著成效，近五年全省高新技术企业年均增长超过 40%，增幅居全国前列。

---

① 中国人民银行海南省分行，《海南自贸港：蓬勃兴起正当时——专访人民银行海口中支行长方昕》，中国人民银行海南省分行微信公众号，https://mp.weixin.qq.com/s/OV-F1tHc2pRYUTV Mwzum-RA.

② 中国人民银行海南省分行，《实录丨2023 年前三季度海南省金融统计数据新闻发布会》，中国人民银行海南省分行微信公众号，https://mp.weixin.qq.com/s/1Eqa_ WuIyrX5Zc6H7F_ ALw.

③ 海南日报客户端，《2023 年海南省人民政府工作报告》，海南省人民政府网，https://www.hainan.gov.cn/hainan/szfgzbg/202301/d0465d7368334abfa40b7db6b982720c.shtml.

营商环境好不好，经营主体说了算。建设一流营商环境，海南始终聚焦经营主体关切，进一步优化服务水平，做到"无事不扰、有事必应"，当好企业的"店小二"。以海口为例，2022年以来，海口全面提升一体化政务服务能力，"零跑动"服务事项全网办率达88.3%，"秒批"事项287项。政务"服务方式完备度"指数进入全国前十。为更好优化企业服务，海口还将持续开展政务服务"零跑动"准入即准营、信用审批、国土空间智慧治理、工程建设项目审批制度改革、跨境贸易自由便利、投资自由便利，以及知识产权创造、保护和运用等"八大领跑行动"，推进更多民生和涉企高频事项实现"一件事一次办"，切实破解制约营商环境的痛点堵点。[①]

（五）产业生态化与生态产业化

2022年，海南自贸港建设标志性工程取得新成效，海南热带雨林国家公园成为首个完成自然资源确权登簿的国家公园。低碳转型不断加快，海南发展优势愈发凸显：清洁能源装机比例达到75%；新能源汽车保有量占比10.5%，高于全国平均水平约1.6倍，在全国率先建成运行新能源汽车充换电"一张网"。海南重点行业场所生物降解塑料替代品占有率达81.6%。装配式建筑面积连续四年翻番。"六水共治"取得阶段性成效，地表水水质优良率达94.9%。博鳌东屿岛零碳示范区启动建设。2022年，全省空气质量优良天数比例为98.7%；主要污染物细颗粒物（$PM_{2.5}$）浓度为12微克/立方米，再创历史新低。[②]

海南在积极推动"两山"即"绿水青山就是金山银山"的转化上，探索推进生态系统生产总值核算结果进决策、进规划、进考核、进项目，形成应用范例；分区域、分领域、分行业开展试点示范和探索实践，创新生态产品价值实现机制，发展热带雨林生态旅游与林下经济，统筹实施流域补偿和环

---

① 海南网络广播电视台，《持续聚焦优化　不断改革推进　加速提升海南自贸港营商环境"核心力"》，海南省营商环境建设厅，http://db.hainan.gov.cn/xwdt/yszx/202306/t20230605_3429559.html.

② 海南日报客户端，《2023年海南省人民政府工作报告》，海南省人民政府网，https://www.hainan.gov.cn/hainan/szfgzbg/202301/d0465d7368334abfa40b7db6b982720c.shtml.

境治理，培育生态产品公用品牌，推动产业生态化和生态产业化。

海南白沙黎族自治县在积极探索"两山"转化路径的过程中，也为乡村振兴注入了源源不断的新动能。白沙以创建国家乡村振兴示范县为契机，优化整合生态资源资产清单，全力打通"两山"双向转化通道，推进"白沙良食"、海南大叶茶品牌试点、打安镇橡胶林业碳汇等工作；同时，招引一批高端化、智能化、绿色化的产业项目，经济转型与生态保护相得益彰。目前，白沙"两山平台"已列入海南省推进"两山"转化路径先行先试的 13 个试点之一。①

（六）产业创新发展

2013 年，习近平总书记到亚龙湾兰德玫瑰风情产业园考察时强调"小康不小康，关键看老乡"，并对产业园实行"公司+合作社+农户"模式种植经营玫瑰花、示范带动农民增收致富的做法表示肯定。几年间，三亚亚龙湾玫瑰谷形成了一产农业种植、二产玫瑰衍生品研发销售、三产旅游观光的独特模式，研发出 300 多种衍生产品，每年吸引 150 万游客。"公司+合作社+农户"的发展模式，带动当地 500 多名村民就业。②

围绕产业链部署创新链，围绕创新链布局产业链。三亚崖州湾科技城不仅构建起"从基础科研、成果转化到企业孵化"的良性产业循环，还打通了"检测前端、田间服务、实验室管理、成果转化、经营创收"种业全产业链条。三亚崖州湾科技城管理局党委专职副书记牛晶晶介绍，截至 2022 年 6 月，园区入驻了包括中国科学院、中国农科院、中国热科院等 17 所科研院所机构。累计注册的 7043 家企业中，集聚了包括招商局集团、中国金茂、中船集团、中种集团等龙头企业在内的央企（包含控股子公司）21 家，世界 500 强企业（包含控股子公司）15 家，国家高新技术企业 131 家，外资企业 81

---

① 海南日报，《白沙：守好生态美　赋能产业兴》，海南日报数字报，http://hnrb. hinews. cn/html/2023-04/13/content_ 58548_ 16006078. htm.

② 人民日报，《海南全力推进自由贸易港高质量发展（高质量发展调研行）》，人民网，http://politics.people.com.cn/n1/2023/0714/c1001-40035337.html.

家。在南繁种业、深海特色产业和高新技术产业等领域构建了产业生态，打通产业链条。①

毗邻三亚崖州湾科技城的南山港，万吨级通用泊位投入使用，科考泊位等港口设施正加紧建设。自打造科考母港以来，南山港已服务700多个科考航次、40家科研单位。三亚崖州湾科技城内，海洋产业类企业累计注册近千家。

文昌冯家湾现代化渔业产业园推动传统产业转型升级，吸引企业、科研院所集聚，打造水产种业的"南繁硅谷"；海口复兴城互联网信息产业园、海南生态软件园聚焦数字经济，引进相关企业超万家。2022年，冯家湾现代化渔业产业园固投、产值、税收分别完成14.09亿元、3.85亿元、1096万元，分别增长112.3%、367.7%、26.6%。退养户从最初的等待观望，到进政府提供的免费厂房养殖，再到自愿自建厂房养殖，入园上楼养殖模式被验证可行，入园企业正在从工厂化养殖向工业化养殖提升，设立新型研发机构，科技攻关取得突破，为推动海南传统渔业"向岸上走、向深海走、向休闲渔业走"，探索出一条以科技创新为核心支撑的生态产业化、产业生态化之路。②

二、问题与及成因分析

（一）基础设施不完善

海南省虽然地理位置优越，自然资源丰富，但多年来在全国属于经济欠发达的省份。其主要原因有三个。首先，海南岛特殊的地形地势导致其交通基础设施建设不完善，岛内环城高速、高架交通网与岛外公路铁路运输网均未建设完全，远达不到国际化自贸港的建设标准。其次，海南省信息化建设起步时间较早，目前信息化网络建设在全国位于前列，但在推进海南自贸港

---

① 海南发布，《实录："奋进自贸港 建功新时代"系列专题新闻发布会（第三十一场）》，海南发布微信公众号，https://mp.weixin.qq.com/s/zEmKiXRIIU18jEhvVc97sw.

② 文昌市融媒体中心，《首届文昌国际智慧渔业发展论坛："大咖"云集 共话智慧渔业高质量发展良策》，文昌市人民政府网，http://wenchang.hainan.gov.cn/wenchang/66785enccrm/202303/edf448c808e047c5803831feb8c914f8.shtml.

建设的新形势下，信息化网络建设需更进一步，亟须增强各信息平台间的联动性，促进信息一体化建设。最后，海南省内的配套服务基础设施建设已初具规模，政务系统化建设基本完成，但未来自贸港建成后海南省物流、人流将会成倍增长，海南省将会成为国际性的货物中转集散地，将对配套服务体系承载力提出更高的要求，因此当前自贸港配套服务系统仍具有巨大的提升空间。

（二）政府监管水平及服务水平有待提高

从海南省经济特区到海南自贸试验区再到海南自贸港，海南省数十年来不断出台各类财政税收优惠政策，完善公共基础服务设施，探索完善政务服务系统，提升政府服务水平，但是当前政府监管水平与服务质量仍待提升。首先，尽管政府不断出台各类优惠政策，但企业在申领落实的过程中仍遭遇诸多困难，一些政务工作人员对政策解读不到位，行政审批环节不流畅，增加了企业运行成本，降低了企业运行效率。其次，部分政府工作人员的服务意识仍需提高，以罚代管的现象层出不穷。在环境保护的监管方面问题尤为突出，部分地方政府对管与放之间的度拿捏不准，无形中增加了企业的经营成本。最后，政府信息化管理水平仍需加强，尽管目前海南省政府各部门的政务信息系统已基本建成，但政府之间信息衔接机制不完善，信息流通渠道不畅通，企业的信息与数据在各个部门的交换不及时，政府信息共享平台需进一步完善加强。

（三）人才资源缺口大

自贸港的建设离不开人才支撑，而海南原住居民少、高等学校少、人才回流少的问题突出，人才缺口巨大，急需将人才引进作为自贸港建设的工作重心。从人口密度上看，海南人口密度低于国内大多数省份。从人才培养上看，国际上著名的自由贸易港往往是高科技、高素质人才的聚集之地，如新加坡和中国香港均拥有一些顶尖高等院校，每年培育大量的高素质人才。而海南当地缺乏高水平的教育机构，并且出岛求学的大学生、研究生回乡比例也不高，导致人才供给能力严重不足。虽然目前海南已开始推进"百万人才进海南"项目并取得一定成效，但在服务人才、留住人才、回馈人才方面还有很大提升空间，相比国际一流城市，海南为引进人才提供的医疗和教育配套措施还缺乏竞争力，如何让人才进入后长期留驻海南，是自贸港建设急需破解的难题。

（四）金融发展滞后

海南自贸港建设中大型金融机构参与力度仍不足，尤其缺乏为自贸港"量身定做"的金融组织和金融业务，使得海南金融业整体上缺乏国际竞争力。通过经验总结不难发现，国际一流的自贸港几乎都具备有世界影响的金融中心，而海南金融业的基础较弱，存在诸如金融组织单一、金融产品创新不足、金融人才缺乏等短板，相较于国际一流自由贸易港的金融业水平尚有较大的差距。在海南自贸港建设上，需要海南整个金融系统都围绕自贸港人员往来、贸易投资高度开放的特点进行制度创新和系统变革，逐步构建起与国际一流自贸港地位相匹配的高度开放的、与国际金融体系有效对接，又审慎监管、有效防范系统性风险的金融制度。

（五）产业基础较薄弱

海南产业发展基础薄弱，三大产业比例不协调，难以为经济快速起飞提供坚实支撑。从产业分布来看，海南的服务业发展较为突出，但农业和工业发展缺乏协调性，表现为传统产业比重仍较大，农产品产业链不长，附加值不高，工业发展起步晚且水平较低，很多企业处在初级加工、低端化的层次上，缺乏具有核心竞争力的高端产品。究其原因，在于海南过去40年的发展中，曾多次出现追求短期红利而损害长远利益的产业发展投机问题，无人顾及工业基础建设，第二产业发展始终未得到重视，最终导致制造业原始积累不足，没有形成完整的产业链和技术链，成为经济快速起飞的制约因素。此外，海南作为一个岛屿经济体，长期以岛上房地产、旅游业为重点开发对象，未与周边地区形成有效的产业合作和优势互补，未嵌入周边地区的产业发展链条中，未形成稳固实体产业根基的合力，这也导致了海南抵御经济危机、房地产泡沫等的能力很差，经济发展易受到外部冲击而产生较大波动。

第四节　中国（海南）自由贸易试验区提升发展建议

一、完善海南自贸港各类基础设施

交通是自贸港开展一切商业活动的基础，政府应加大资金投入，加快完善海南自贸港交通基础设施建设。首先，升级改造自贸港内现有道路，修缮重点交通主干道，扩展交通线路，重新布局城市交通网络；加快自贸港港口建设，优化港口现代化管理设施布局，提升港口转口效率，并在此基础上整合航空资源，建立更加高效便捷的航空网络，最终推动自贸港海陆空交通系统化建设，形成贯穿全港的一体化交通系统。其次，对商品、服务、物流等多方面的信息进行汇总，利用大数据技术进行整合、分类，畅通信息网络，全面提升自贸港信息化水平。

二、提升政务服务水平，转变政府职能

海南省政府部门不仅要不断为企业推行各类优惠政策措施，而且应加强相关政策的执行力度，将便利落到实处，帮助企业加快与自贸港的融合。首先，政府政务工作人员应加强对政策的理解，提高服务意识，找到管与放之间的平衡，而不是以罚代管；提升服务水平，政策实施坚持透明公开原则。其次，增强政府各部门的信息共享能力，加强政府各部门间工作的衔接，利用大数据和信息基础设施推动信息平台一体化建设，在此基础上实现自贸港内数据的信息流通渠道畅通，提高信息传输的及时性，增强信息传递的效率。

三、完善人才流动机制

海南自由贸易港建设最重要的资源是人才，要全力吸引人才、留住人才、用好人才。第一，构建更加开放的引才机制。聚焦重点领域、重点产业发展

需要，打造线上线下相结合的"聚四方之才"招才引智活动品牌，广泛集聚各类人才。高水平推进国际离岸创新创业示范区建设，实施引进科技类海外留学生项目，吸引更多海外人才来琼创新创业。深入实施省外优质人才智力资源"高位嫁接"项目、"冬季小学期"制度，支持内地国企、事业单位专业技术和管理人才来海南兼职兼薪，吸引更多院士专家来琼工作。继续通过双向交流、挂职任职、短期协作等方式柔性引进干部人才，引导干部人才在自贸港建设火热实践中砥砺才干、担当作为。第二，建立创新多元立体的育才机制。发挥海南"温度""深度""纬度"优势，围绕种业、深海、航天"陆海空"三大未来产业等领域，培育一批能够突破关键核心技术、引领带动传统产业转型升级和战略性新兴产业发展的领军型创新创业团队，形成科研人才的培养和成长梯队，推动海南高新技术产业蓬勃发展。第三，树立导向鲜明的用才机制。深化"放管服"改革，推动人才管理部门简政放权，充分向用人主体授权，为人才松绑。第四，打造拴心留人的爱才机制。完善人才表彰奖励制度，推动设立"海南自由贸易港人才日"，打造海南优秀人才群像，挖掘宣传矢志爱国奉献的优秀人才事迹。建设线上线下相融合、服务交流引智助创一体的人才服务平台，增强高层次人才服务联络员队伍专业本领，为人才干事创业助力赋能。要加大教育、医疗、文化、体育等优质公共服务资源供给，用心用情用力解决好人才普遍关心的住房、就医、社保、子女教育等问题。进一步优化国际人才环境，加快培育建设国际学校、国际医院、国际社区，营造开放度高、包容性强的良好社会氛围。

四、创新金融服务和监管方式

基于海南金融组织单一、金融产品创新不足的现实，建议从以下三方面进行提升：第一，港内逐步试行自由化外汇管理制度，实行资本项目可兑换，建立以人民币为本位币、本外币合一、基于自由贸易港离岸金融规则的账户体系，可以借鉴新加坡经验，通过渐进式放松资本项目，将在岸金融与离岸金融隔离监管，在防控风险的基础上，鼓励金融创新；第二，逐步取消金融行业市场准入限制，支持国外金融机构在港内独资设立银行、证券、保险、基金等金融机构；第三，进一步提高自贸港金融审慎监管能力，运用大数据、人工智能、区块链等技术手段创新金融监管方式，提高海南自由贸易港的金融风险识别能力和系统性风险防范能力。

五、聚焦产业结构转型，加速产业创新发展

产业结构调整转型方面，海南应在保持服务业领先优势的同时，筑牢产业基础，促进三次产业协调发展。加快农业产业链延伸，学习先进的产业创新发展示范案例，开发特色农产品加工、乡村休闲旅游等项目，加强与周边国家在农作物培育、农产品流通、农业科学技术等领域交流，同时，配合搭建面向国内和国际市场的农业电商服务平台，促进农业全产业链的协调优化。工业方面，建议积极推进新型工业化，以洋浦经济开发区、海口江东新区、三亚崖州湾科技城等重点园区为载体，重点打造新能源汽车制造、绿色食品、医药产业、低碳制造业等新型特色工业，推动行业骨干企业向园区集聚，同时，抓住国家南海资源开发战略，推动油气开发及加工产业转型升级。服务业方面，以旅游业为龙头，以服务贸易为主导，积极发挥热带滨海休闲旅游品牌效应带动其他产业共同发展。

参考文献

石建勋，徐玲. 新发展格局下海南自贸港建设与发展战略研究［J］. 海南大学学报（人文社会科学版），2022，40（02）.

第七章 中国（河南）自由贸易试验区
提升发展战略与行动

第一节 中国（河南）自由贸易试验区提升发展战略

一、深入实施制度型开放战略

河南省为深入实施制度型开放战略，推动中国（河南）自由贸易试验区（以下简称"河南自贸试验区"）、高水平建设、高质量发展，制定了《中国（河南）自由贸易试验区2.0版建设实施方案》。

（一）总体要求

1. 指导思想

以习近平新时代中国特色社会主义思想为指导，全面贯彻党的二十大精神，深入贯彻习近平总书记关于对外开放的重要论述，实施自由贸易试验区提升战略，紧扣建设"两体系、一枢纽"（现代立体交通体系、现代物流体系，服务"一带一路"建设的现代综合交通枢纽）战略定位，以制度创新为核心，以可复制可推广为基本要求，加快构建现代产业体系，为实施制度型开放战略探索新路径、积累新经验。

2. 发展目标

到2025年，河南自贸试验区贸易、投资、金融、运输往来等自由化、便利化水平进一步提升，主导产业做大做强，新业态新模式加快发展。中欧班列（中豫号）扩量提质，航空货邮年吞吐量突破 100 万吨，货物进出口年均增长 20%，实际使用外资年均增长 15%，跨境电商交易额年均增长 18%，形成可复制、可推广制度创新成果 100 项以上，开放创新联动区建设取得显著成效，服务高水平开放、支撑高质量发展的能力进一步增强。

（二）主题内容

1. 强化扩展"两体系、一枢纽"功能

紧扣建设"两体系、一枢纽"战略定位，进一步强化河南地处中原、天地之中的交通枢纽优势，为高质量开放发展奠定更加坚实的交通基础。

第一，深化郑州—卢森堡"空中丝绸之路"战略合作。加快建设卢森堡货航郑州枢纽、空铁转运中心和专属货站。支持航空公司向中国民航局争取扩大第五航权配额，加密国际航线航班、开通新的国际航线。支持郑州新政国际机场建设海外货站，拓展与布达佩斯机场海外货站合作内容。

第二，推进郑州新郑国际机场航空物流电子货运试点成果应用。加快推广航空电子货运信息服务平台、电子运单中性平台，吸引更多全球性物流企业参与使用，建立与国际对标的航空物流电子货运标准化体系。

第三，加快建设全国重要国际邮件枢纽口岸。争取中国邮政航空第二基地落户郑州，加快推进航空邮件处理中心、东航物流生鲜港等项目规划和建设。

第四，加快建设中欧班列郑州集结中心。支持拓展中欧班列（中豫号）至欧洲、中亚、东南亚等地区的线路和集疏网络，推动中欧班列扩能提质和运贸一体化发展。加快建设郑州国际陆港航空港片区，争取全国陆路启运港退税试点政策。

2. 持续推进贸易投资便利化

第一，持续深化与 RCEP 成员国地方经贸合作。推动建设 RCEP 企业服务中心，争取 RCEP 国际组织、商协会分支机构落地，在汽车制造、生物医药、知识产权运营等领域建设一批产业园区和项目。依托郑州数据交易中心，探索建立数据定价、流通方式等交易体系。

第二，建设外籍人员移民事务服务中心。搭建出入境人员综合服务"一站式"平台，实现外国人来华、出入境体检、证件办理及查询、随行子女入学等"一口通办"。

3. 积极开展制度创新

第一，实施原产地自主声明制度和原产地预裁定制度。推荐符合条件的企业申请"经核准的出口商"，自行出具原产地声明。引导企业申请归类、价格、原产地预裁定，稳定企业通关预期。

第二，加大"证照分离"改革力度。在全省"证照分离"改革全覆盖清单基础上，加大河南自贸试验区涉企经营许可事项改革力度。对审批改备案的事项，原则上实行事后备案。探索在更多涉企政务服务领域实行告知承诺。

第三，支持郑州商品交易所创新发展。支持期货和期权新品种研发上市，创新期货保税交割监管模式，促进期货市场国际化。

4. 引育发展重点产业

精准推进产业招商，持续提升先进制造业水平，加快培育战略性新兴产业，大力发展现代服务业，推进国际合作产业园区建设。

5. 推动自贸试验区与综合保税区统筹发展

重点优化管理运行机制、提升研发创新能力、促进保税维修业务发展。

6. 加强交流合作和复制推广

扩大黄河流域自贸试验区交流合作，推动与中国（广西）自贸试验区联动发展，加快制度创新成果复制推广，积极申建河南自贸试验区空港新片区。

二、制定河南自贸试验区重点工作清单

2023 年 6 月 20 日，商务部印发《自贸试验区重点工作清单（2023—2025年)》。其中，明确河南自贸试验区 8 项重点工作，主要包括打造服务"一带一路"的现代综合交通枢纽、支持郑州商品交易所创新发展、打造网上"丝绸之路"核心驱纽、加快新能源及智能网联汽车产业发展、加快艺术品交易全链条服务体系建设、加快构建医疗大健康产业体系、打造国际智能制造合作示范区，以及推动生物疫苗产业高质量发展。

表 7-1 河南自贸试验区重点工作清单（2023—2025 年）

序号	重点工作
1	打造服务"一带一路"的现代综合交通枢纽，推动空陆网海"四条丝路"融合发展、集成创新，建设中欧班列集结中心，中欧班列集散分拨中心，推动扩大航权安排，强化多式联运标准研制和装备推广，推进联运组织模式创新。(河南自贸试验区、郑州片区)
2	支持郑州商品交易所创新发展，完善期货及衍生品交易规则，推动研发更多符合实体经济需求的期货期权品种，探索保税交割通关监管模式优化。(河南自贸试验区、郑州片区)
3	打造"网上丝绸之路"核心枢纽，做大做强跨境电商核心功能集聚区，完善跨境电商监管、质量追溯体系和退换货制度，深化与共建"一带一路"沿线国家跨境电商交流合作。(郑州片区)
4	加快新能源及智能网联汽车产业发展，加大政策支持力度，促进汽车及零部件产业国际化发展，布局智能网联、新能源电池、电机电控等配套项目，构建智能网联汽车技术创新和推广应用体系，打造集"研发+制造+贸易"的汽车产业链条。(郑州片区)
5	加快艺术品交易全链条服务体系建设，依托现有交易场所开展国际艺术品（不含文物）交易，畅通文化艺术国际交流合作渠道，办好开封国际艺术博览会。(开封片区)
6	加快构建医疗大健康产业体系，加快建设"健康乐谷"，推动抗心律失常药物研发，集聚高端医疗和研发机构，围绕医疗产业高质量发展开展集成创新。(开封片区)
7	打造国际智能制造合作示范区，推进数字化转型与安全创新研究院、周山双创智慧岛等建设，完善高水平工业互联网服务体系，探索 5G 机床联网、自动驾驶、安防机器人等新应用模式，建设先进农机装备研发生产基地。(洛阳片区)
8	推动生物疫苗产业高质量发展，加快推进动物疫苗与药品产业研究院、体外诊断试剂重点实验室等重点研发平台建设，推动兽用药品领域集成创新，完善生物制品研发和临床试验激励机制。(洛阳片区)

三、开展贸易调整援助试点

（一）指导思想

按照国家关于贸易调整援助制度建设的总体部署，对标国际经贸规则，保障外贸主体发展，坚持问题导向，围绕解决全省域贸易调整援助制度建设开展针对性探索，健全开放安全保障体系，推进海南省贸易高质量发展。

（二）试点内容

1. 援助对象

河南自贸试验区内企业，持续经营超过 2 年及以上，无不良信用记录，无重大失信或违法违规行为，未拖欠应缴财政资金；企业有较为明确的调整意愿、计划或方案；在年度范围内企业在销售额、产量、利润、市场份额等生产和经营性指标存在显著下降，或员工出现一定比例离职的。企业上述生产和经营困难不是企业自身经营不善导致的，而是因国际经贸环境变化、不可抗性环境情况、进口增加、贸易摩擦、贸易壁垒、产业转移或其他异常情况等造成损害的。侧重援助中小企业。

2. 援助内容

（1）涉外法律援助

与企业对外投资、对外贸易、对外交涉、争端解决等方面相关的法律服务支持及援助，主要涉及对企业提供商事法律培训、合规培训、法律咨询等公共服务和针对性服务，应对加征关税、海关执法、双反调查、知识产权调查等，帮助企业维护自身合法权益，恢复竞争力。

（2）信息咨询服务

与企业业务发展相关的各种信息类服务，目的是获取目标市场的动态信息，助力拓展销售和上下游渠道，主要涉及对企业提供新型贸易方式、市场调查、海外市场咨询与结构调整、产品准入检测等方面的公共服务和针对性服务，应对贸易受阻、非市场性原因导致的市场禁入等，帮助企业恢复竞争力。

（3）贸易结构优化

贸易的产品结构优化、目标市场替换、多元渠道并进等方面涉及的服务，主要涉及对企业提供产品性能优化、设计能力升级、贸易结构转型等方面的公共服务和针对性服务，应对企业国际市场竞争力下降、员工流失等，帮助企业恢复竞争力。

（4）其他援助

因形势变化而增加或调整的其他援助内容。

（5）除外情形

企业因市场需求减少、消费模式变化、产品（技术）迭代或自身决策失误、管理不善等原因导致生产经营困难的，不属于贸易调整援助支持范围。

（6）禁止领域

贸易调整援助不得用于和出口实绩相挂钩的援助方式，不得用于人员经费，不得提取工作经费，不得用于硬件建设等开支，不得用于其他违反相关规定的支出。

3. 援助方式

贸易调整援助的主要方式是通过购买行业组织、商协会、专业机构等第三方提供的专业咨询、技术指导、专业培训等公共服务方式援助。鼓励探索其他符合各片区特点的援助方式。

企业自主开展的贸易调整符合援助对象和援助内容，且具有调整成效的，可以就与调整相关的产品检测和认证、市场开拓、产品设计研发和法律咨询等服务费用申请资金支持。

四、申请设立中国（河南）自由贸易试验区空港新片区

2023 年 3 月 6 日，河南代表团以全团名义向十四届全国人大一次会议提交了《关于恳请国家支持设立中国（河南）自由贸易试验区空港新片区的建议》。在会议中，全团建议提出，随着制度型开放探索实践的不断深入，作为河南制度型开放的基础平台和链接国内国际双循环的核心窗口，如何在更大范围、更宽领域、更深层次上推动自贸试验区与航空港区协同联动发展、释放"乘数效应"，已成为亟须突破的最大瓶颈、亟待破解的最大难题。

为此，全团恳请国家支持设立中国（河南）自贸试验区空港新片区，进一步发挥郑州航空港区物流枢纽、综合保税区、口岸体系等功能，推动河南自贸试验区在更大范围共享要素资源和政策红利、在更高层次深化改革探索和制度创新、在更宽领域引育高端产业和经营主体，加快构建"临空+自贸+保税+口岸+航权"叠加优势，为拓展我国对外开放战略布局提供重要支撑，为高水平推进对外开放、加快建设贸易强国贡献"河南方案"。

河南省将围绕建设国际航空物流中心和航空经济引领的现代产业基地，发挥郑州航空港区临空区位、物流枢纽和功能口岸等优势，探索完善高水平开放政策制度体系，培育开放型经济新动能，申建河南自贸试验区空港新片区，建设更具国际影响力和竞争力的改革开放新高地。

第二节　中国（河南）自由贸易试验区提升发展行动

一、中国（河南）自由贸易试验区郑州片区提升发展行动

（一）EBD（全球汇总部基地港）：打造数字贸易港、全球商品消费中心和国际物流枢纽中心

EBD，全称全球汇总部基地港（E-trade Bussiness Central District）。EBD选址于河南自由贸易试验区郑州片区经开区块内，具体位于郑州经开区东四环、经开第八大街和经南三路、陇海铁路围合区域，面积约为9平方公里，旨在更好发挥该区块作为河南对外开放的策源地、主窗口、主引擎作用，最大限度吸引全球经贸领域的业态、企业、品牌、贸易、物流、资本、数据、人才汇聚河南，真正实现"全球汇"。

该项目整体功能定位为"一港、两中心、一窗口"，一港即数字贸易港，两中心即全球商品消费中心、国际物流枢纽中心，一窗口即环球文旅之窗。整体形成"双心联动、两轴伴生"的规划结构，即全球商品消费中心、国际物流枢纽中心协同联动和沿航海路、经开第十六大街分别形成国际商展集聚轴、南北城市景观发展轴。

数字贸易港主要是形成复合型国际贸易枢纽、数字时代的国际化营商环境、数字经济产业链、创新创业和国际人才培养聚集地；围绕跨境电商综试区打造全球商品消费中心，围绕中欧班列集结中心、全球航空线路打造国际物流枢纽中心；环球文旅之窗指的是通过设立国家展馆群落，彰显鲜明国家特色，成为各国商品展示、输出本国文化的对外窗口。

（二）推动新能源及智能网联汽车产业转型发展

在政策方面，河南坚持政策先行，持续强化顶层设计。2022 年 6 月出台《河南省人民政府办公厅关于进一步加快新能源汽车产业发展的指导意见》等政策文件，有力支撑新能源及智能网联汽车产业提速提质发展，设立了总规模 150 亿元的新能源汽车产业基金，发挥"四两拨千斤"的杠杆效应，引领带动金融资本和社会资本参与河南省新能源汽车产业发展。为抢抓国家战略机遇，推动全省汽车产业向电动化、网联化、智能化、共享化方向转型发展，河南主要采取提升产业规模、实施创新驱动发展战略、加快新能源汽车推广应用和积极开展智能网联汽车示范应用四大举措。

在实施内容方面，深入实施创新驱动战略。依托宇通客车、上汽乘用车、奇瑞汽车等重点企业和国家电动客车电控与安全工程技术研究中心、省氢能与燃料电池汽车产业研究院、省新能源及智能网联汽车电子电气产业研究院、新型动力及储能电池材料产业研究院等研发机构，巩固提升产业优势，补齐车用芯片等关键零部件短板，做强动力电池、燃料电池等环节，加快向新能源及智能网联环节延链。

二、中国（河南）自由贸易试验区开封片区提升发展行动

（一）中国（河南）自由贸易试验区开封片区提升发展行动

1. 文化提升发展行动

开封片区是全国 21 个自贸试验区、67 个片区中唯一以发展文化产业为主要功能定位的自贸片区，以打造文化贸易开放先行区、开拓文化产业开放新模式、建设服务贸易创新发展区、探索中华文化"走出去"新路径、带动文化贸易高质量发展为宗旨。

（1）推动文化产业创新和发展

开封片区依托自贸试验区、综保区的政策红利，推进各种文化产业制度创新，设立中部地区首个艺术品保税仓——河南自贸区国际艺术品保税仓。

同时，开封片区与中央美院中国艺术金融研究中心、上海自贸区国际艺术品交易中心、大湾区国际艺术品保税产业中心、重庆艺术品保税仓等，联合发起中国自贸试验区国际艺术品交易联盟以及"黄河动漫产业发展联盟"等行业联盟。

（2）推动文化金融创新，提升文化产业活力

开封片区设立了河南省首个中原银行开封自贸区文化艺术支行，并与中原银行合作推出多种创新艺术金融产品，先后推出针对中小微文化企业的专属艺术金融信贷产品"原艺贷"和线上信用类贷款产品"艺分期"，免担保无抵押，最快3分钟完成审批，已有多家小微企业办理了相关业务。成功引入了国内目前唯一的一家由中宣部等国家九部委联合批准的国家级文化金融机构——深圳文化产权交易所，设立深圳文交所河南自贸区运营中心。总规模30亿元的河南省文化旅游融合发展基金在开封片区注册，正式进入运行阶段，为文化类初创企业提供更多的金融支持，增强文化产业发展活力。

（3）打造面向世界的艺术品交易通道

开封片区依托河南自贸区国际艺术品保税仓，以港澳地区为"前进基地"，不断"出海亮相"，打造面向世界的艺术品交易"出海"通道，在海内外打出了开封文化产业的响亮品牌。连续3年举办国际文化金融与贸易论坛、数字文化大会、中国（开封）动漫节等，持续探索搭建高规格、高品位的文化交流合作平台。2022年1月26日，中国（河南）自贸试验区国际艺术品保税仓作为内地唯一一家受邀企业，参加了主题为"香港文化艺术产业的发展和拍卖行的机遇"的香港特别行政区行政长官VIP圆桌会议。

2. 医疗大健康提升发展行动

自贸试验区开封片区成立以来，紧紧围绕国家赋予的功能定位，积极培育医疗健康、医疗旅游等医疗产业，全力打造创业者高新技术企业集群，支撑产业发展先进技术，聚集创新创业各类人才。截至2022年，自贸试验区开封片区已推动康必恩、贝威科技、中镜科仪等医疗健康类企业100余家落户注册。

（1）培育医疗科技型企业

2019 年，自贸试验区开封片区引入康必恩医学检测实验室，短短 2 年时间，康必恩就成长为开封市唯一一家第三方医学检验公司和河南省第三方医学检验明星企业。

为促进企业做大做强，开封片区积极为企业"穿针引线""招才引智"。2022 年初，上海凡知云诊断科技有限公司完成了对开封康必恩医学检验所的全资收购，拟建立"凡知医学（中原）精准医疗研究院"项目，致力于仪器、芯片、诊断试剂、互联网远程诊疗四大业务板块，加快产品临床市场转化和迭代升级，帮助产品快速进入基层医疗体系，力争打造河南省研发生产中心、先进核酸技术工程中心，并成为自贸试验区开封片区医疗产业发展新动力。

（2）引进医疗科技型人才

自贸试验区开封片区坚持"产业强区、项目立区、科技兴区"办区理念，充分发挥开封片区科创中心孵化高新技术企业的摇篮作用，营造科技创新和创业环境，使更多的优秀企业落地生根。

（3）延链补链医疗科技型产品

电镜是尖端科研和高科技产业必需的精密仪器，目前电镜相关产品及技术主要依赖进口，是国家 35 项"卡脖子"技术之一。河南引进中镜科仪公司，并将其总部由北京中关村高新开发区迁至开封，在开封片区成立河南中镜科仪科技有限公司，致力于打破国际高端分析仪器技术壁垒，该公司自主研发的支持膜产品在国内处于领先水平，市场占有率 40%，产品出口韩国、新加坡等多个国家，已打破国外对该项技术的垄断。河南中镜科仪科技有限公司成功入选"2022 年度河南省创新型中小企业"。

自贸试验区开封片区积极推进企业人才培养，中镜科仪与河南化工技师学院联合开展人才培养，创立国内首个电镜专业，创建国际唯一电镜博物馆，培养的专业人才分布在北大、清华、浙大等 50 多家国内一流高校和科研单位，从事电镜技术工作。

三、中国（河南）自由贸易试验区洛阳片区提升发展行动

（一）中国（河南）自由贸易试验区洛阳片区提升发展行动

1. 立足高端重点产业，刺激产业新发展

产业是经济社会发展的脊梁。洛阳片区立足"国际智能制造合作示范区"功能定位，把产业发展作为"重中之重、要中之要"，强化风口思维，坚持向风而行。6年来，深入实施"换道领跑战略""数字化转型战略""优势再造战略"，锚定氢能及储能、信息技术、生物医药三大产业集群方向，选定氢能和新能源电池、高端光电元器件、智能农机装备、人工智能、生物医药、第三代半导体、高端轴承产业链等七条产业链，确保风口产业更加聚焦、产业链条更加明晰、产业协同更加紧密、招商引资更加精准，真正做到把产业落到风口上。

表7-2　中国（河南）自由贸易试验区洛阳片区产业集群发展行动方向

序号	产业集群	发展内容
1	氢能和新能源电池	围绕氢能产业园打造氢能全产业链条，重点推动氢能"储—运—用"系统化技术创新，先后建设了洛阳氢能汽车产业园、星耀新能源10万吨硅碳电池负极材料生产基地、双瑞风电高压气瓶生产项目等重点项目。
2	高端光电元器件	以中航光电股份有限公司为龙头，重点发展高性能、高效率、高可靠光电元器件，逐步拓展智能终端、消费电子、新能源汽车、新一代通信设备等领域的元器件市场；依托麦斯克电子、丰联科电等企业，推动半导体材料向高纯度、大尺寸、高性能发展，巩固电子材料环节优势，提高光电元器件电子材料供给能力，推动集群规模质量稳步提升。
3	智能农机装备	积极推进中国一拖集团建设省级农机装备产业研究院、国家农机装备产业计量测试中心，打通"产学研用"通道，实现技术产业化，助力龙头企业做大做强，引领带动产业优化升级。
4	人工智能	完善智能服务机器人产业链，打造"硬件+软件+服务+内容"的智能服务生态圈构建，以中科慧远为龙头，以中国科学院自动化研究所（洛阳）机器人与智能装备创新研究院为牵引，重点发展工业视觉检测、无人车、机器人制造、智能语音识别等尖端产业，加快推进中科慧远人工智能研发中心、智能农机等项目，打造高品质、特色化、标准化人工智能产业化基地。

序号	产业集群	发展内容
5	生物医药	引进武汉光谷生物城运营团队，推进生物医药产业园项目；加快普莱柯P3生物实验室建设，打造具有国际先进水平的生物科技创新中心和生物医药产业孵化中心；推进中科基因、上海凯赛生物、普泰生物等重点项目落地，加速生物经济产业形成规模。
6	第三代半导体	聚焦光电子、微波射频、电力电子等细分领域，加快麦斯克年产360万片8英寸硅外延片、360中部数字安全产业基地等项目建设；推动硅基氮化镓材料、微型光伏逆变器等项目实施，打造全国最大的硅基氮化镓材料生产基地；加强与豫信电科等行业龙头企业、协会的合作，积极对接电子电路及芯片封装检测项目。
7	高端轴承产业链	以轴研所、中信重工、LYC轴承等企业为龙头，重点推进新能源高端轴承智能化技术改造、高精度中大型轴承自动化生产线及轴研所5~13MW大功率海上风电主轴承产业化、大型掘进机系列轴承产业化等重点项目，提升新能源产业配套、航空航天高精密轴承、大型风电轴承、盾构机轴承等研发及产业化水平。

2. 以人为本，不断创新制度

在办事效率方面，设置专项窗口、线上审批、"跨区域通办"等，在全国率先开设企业"单一窗口"，率先推出"多证集成、一照通行"改革，率先设立简易注销"单一窗口"等。

在法律诉讼方面，河南省洛阳市中级人民法院坚持把非诉讼纠纷解决机制挺在前面，在河南自贸试验区洛阳片区先行先试，将"诉源治理""多元化解""一站式"建设等改革系统集成，通过精准分流、专业调处、司法确认、速裁快审、源头防范等五大环节，建立"递进式商事纠纷多元化解模式"，为企业提供"高效率、低成本、更优质"的解纷服务，从源头预防化解商事纠纷，有效提升营商环境法治化水平。

3. 发挥跨境电商综试区优势，引领开放型经济高质量发展

2022年12月印发的《洛阳市"十四五"开放型经济发展规划》提出，实施开放平台优势提升行动，充分发挥自贸试验区、自创区、高新区、综保区、跨境电商综试区"五区联动"战略叠加优势，切实将洛阳市打造成为经济建设主阵地、主战场、主引擎，为全市高质量发展和竞争力提升提供核心

支撑。

打造自贸创新 2.0 版。高水平建设洛阳自贸片区 2.0 版，在促进贸易便利化、扩大投资领域开放、双向投资、跨境贸易等方面先行先试、改革创新。到 2025 年，累计形成 300 个以上创新案例，力争形成 2~3 个对现有体制机制有较大突破的重大创新成果，复制推广 5 批以上制度创新成果。

高水平建设跨境电商综试区。出台支持跨境电商发展专项政策，全面复制推广"两平台六体系"成功经验，加快打造"一核心支撑、两中心四园区示范带动、多产业融合"的发展格局。布局建设一批公共海外仓，引导跨境电商企业集聚发展，目标到 2025 年，培育 5 个以上交易规模超 20 亿元的跨境电商产业集群。

第三节 中国（河南）自由贸易试验区提升发展成效及问题

一、中国（河南）自由贸易试验区提升发展成效

2023 年 4 月 1 日，河南自贸试验区挂牌运行整 6 年。6 年来，围绕"两体系、一枢纽"战略定位，河南自贸试验区全力打造国内国际双循环战略重要支点，朝着建设制度型开放先导区、高能级国际物流枢纽、现代产业高质量发展示范区及营商环境国际化引领区的目标蹄疾步稳迈进。自成立以来，试验区累计形成 515 项改革创新成果，跨境电商、商品期货、多式联运、政务服务、文化贸易等领域多项改革走在全国前列。目前，15 项创新成果被国家层面采纳推广，99 项成果在全省推广，溢出效应明显。

其中，郑州片区加快推动多式联运国际性物流中心建设、开封片区在文化产业对外开放与创新发展方面先行示范、洛阳片区着力打造国际智能制造合作示范区，三个片区产业发展实现高质量聚集，产业链特色优势显现。2022 年，全区实际使用外资 7803.5 万美元，同比增长 33.7%；进出口 624.9 亿元，增长 4.7%。

（一）中国（河南）自由贸易试验区郑州片区提升发展成效

郑州片区坚持"大胆试、大胆闯、自主改"，在投资贸易便利化、多式联运、跨境电商综合监管、金融开放创新等领域系统推进改革创新，截至 2023 年 4 月，郑州片区已形成原产地证书"信用签证""政银合作直通车"等 290 多项创新成果。一些制度创新成果在全国复制推广。

截至 2023 年 4 月，郑州片区已累计新注册企业 8.4 万家、企业总量达 9.4 万家，比自贸试验区成立前增长 4.3 倍。同时，郑州片区还助推空路网海"四条丝路"开放平台建设，打造内陆开放高地。自贸试验区挂牌以来，郑州机场货运货邮吞吐量增长 54.3%、规模突破 70 万吨；中欧班列（郑州）开行量增长了 5 倍，2022 年达到 2050 班，从开行首列中欧班列至今已累计开行超 7000 班；郑州片区交易模式创新和海关监管创新引领全国，跨境电商年交易总量达到 1180 亿元；开通海铁联运班列，已累计开行 600 多班，2022 年全年到发 2.8 万标箱，比上年增长一倍。

1. 中欧班列集结中心发展成效：五年成长，架起国际物流通道的桥梁纽带

中欧班列（郑州）中亚线路自 2018 年 5 月 18 日首趟开行以来，截至 2023 年 5 月 10 日，已累计开行 954 列。开行五年来，中欧班列（郑州）中亚线路去程由每月 1 列到目前的每月最高达 27 列，从时速 80 公里到 120 公里，从 500 公里集货范围到 1500 公里集货区域。

五年来，中欧班列（郑州）中亚线路经历着从无到有、织线成网、从"点对点"到中欧班列集结中心"枢纽对枢纽"的转变，在构建对外开放国际物流通道上不断拓展和扩容，铸就了沿线国家互利共赢的桥梁纽带。

2. EBD：3~5 年实现城市更新、产业培育的量化发展

计划通过 3~5 年的城市更新及产业培育，EBD 基地港要实现落地 10 家以上全球数字经济 500 强及一批业界头部企业；多领域引进孵化 50 家以上独角兽、准独角兽企业；1 万家以上河南企业通过全球汇平台走向世界；进出口额贡献年均不低于 500 亿元；社会消费品零售额贡献年均不低于 1000 亿元；海外仓和线上出海渠道覆盖欧美、RCEP 成员国、"一带一路"国家等十大全球汇产业平台量化目标。

3. 新能源及智能网联汽车产业：稳扎稳打，积极推进

新能源基础建设方面，在各相关职能部门的积极推动下，河南省新能源汽车产销量、保有量不断增加。2022 年全省共新增新能源汽车 32 万辆，保有量超过 89 万辆；累计建成公共充电站 3967 座，公共充电桩 7.2 万个，新能源基础设施不断完善。积极推进智能网联汽车示范区和国家燃料电池汽车示范应用郑州城市群建设，为新能源汽车产业高质量发展提供有力支撑。

智能网联汽车方面，河南省已认定了一批智能网联汽车道路测试与示范第三方机构、测试基地。同时，省内智能网联汽车场景应用不断丰富，基于宇通 L3 级纯电动客车的自动驾驶商用智能公交线路在郑东新区龙湖区域开通运营，宇通客车"郑州快速公交自动驾驶先导应用试点项目"入选交通运输部《第一批智能交通应用试点项目名单（自动驾驶和智能航运方向）》。

（二）中国（河南）自由贸易试验区开封片区提升发展成效

作为全国唯一以发展文化产业为主要功能定位的自贸片区，自贸试验区开封片区聚焦艺术品交易和"文化金融"先行先试，加快延伸拓展产业链；设立的中部地区首个艺术品保税仓——河南自贸区国际艺术品保税仓，不到 3 年累计进出口总额已近 12 亿元。该片区的《创新艺术品交易"新路径"打造文化产业开放先行区》案例成功入选 2022 年度河南省经济体制改革十大案例。

此外，开封片区产业链取得初步成效，自设立河南自贸区国际艺术品保税仓起，依托国际艺术品保税仓、艺术银行、深圳文化产权交易所、河南自贸试验区运营中心等开展艺术品投融资、鉴定、评估、确权、托管、流通等全产业链配套服务，截至 2022 年底，开封片区通过全产业链制度创新有效吸引市场主体集聚，文化及相关产业市场主体占片区整体的近 50%。

自贸试验区开封片区以开封综保区为发展新引擎，在完善开放平台体系的基础上，融入"双循环"新发展格局，确保辖区产业高质量升级发展。自贸试验区开封片区聚焦汽车零部件、装备制造和新产业新业态，以创新赋能产业发展，以绿色引领产业提质。截至 2022 年 3 月底，自贸试验区开封片区

累计入驻企业 7081 家，约是挂牌前的 40 倍，注册资金 1228.15 亿元；2022 年全年，开封片区外贸进出口总额预计 35 亿元人民币，同比增长 127.5%。2022 年全年开封片区外资部口径完成 1322 万美元，同比增长 39.4%。2023 年 1—2 月，自贸试验区开封片区外贸进出口总额 5.75 亿元，同比增长 44.84%，其中累计出口 3.86 亿元、进口 1.89 亿元。

1. 中国（河南）自由贸易试验区开封片区特色产业取得重大突破

（1）汽车产业

自贸试验区开封片区立足开封综保区打造奇瑞商用车出口重要基地，用时四个月正式落地达产奇瑞 KD 出口基地项目，截至已实现整车出口 2 万台，出口额达 20 亿元，平均每 15 分钟就有 1 台奇瑞汽车从这里走向世界。

（2）电商产业

开封片区成为郑州跨境电商综合试验区拓展区，入选跨境电商进口试点城市，电子口岸入网联审服务模式办结时效大大缩减，网上"丝绸之路"更加便捷通畅。

（3）艺术品交易全链条服务体系

中国（河南）自贸试验区国际艺术品保税仓是开封首个海关特殊监管场所，中部地区第一个艺术品保税仓；开封海关正式开关运营，实现了开封人民家门口的海关梦；成功获批国家文化出口基地，实现了河南省特色服务出口基地零的突破；2022 年，位于自贸试验区开封片区的国家文化出口基地艺术品进出境达 8000 万美元。

2. 国际化平台搭建初现成效，推动文化产业发展

自贸试验区开封片区搭建国际化平台，设立中部地区首个艺术品保税仓——河南自贸区国际艺术品保税仓，开仓至今，艺术品保税仓已累计进出口总额近 12 亿元；为加强金融支撑，自贸试验区开封片区设立了河南省文化艺术银行——首个中原银行开封自贸试验区文化艺术支行，与中原银行合作创新艺术金融产品，先后推出针对中小微文化企业的专属艺术金融信贷产品"原艺贷"和线上信用类贷款产品"艺分期"，免担保无抵押，最快 3 分钟完成审批。总规模 30 亿元的河南省文化旅游融合发展基金在开封片区注册，正式进入运行阶段，为文化类初创企业提供更多的金融支持，增强文化产业发展活力。与开封市文投集团共同出资 5000 万元，设立开封市文旅产业信贷风险补偿资金，对在汴金融机构为小微文旅企业提供贷款进行风险补偿、担保、增信，已推动 7 家企业与 9 家银行进行签约，签约总金额 8.36 亿元。

自贸试验区开封片区打造"文化出海"通道，连续 3 年举办国际文化金融与贸易论坛、数字文化大会、中国（开封）动漫节等，持续探索搭建高规格、高品位的文化交流合作平台。2022 年 1 月，中国（河南）自贸试验区国际艺术品保税仓作为内地唯一一家受邀企业，参加了主题为"香港文化艺术产业的发展和拍卖行的机遇"的香港特别行政区行政长官 VIP 圆桌会议。中国（河南）自贸试验区国际艺术品保税仓与中央美院、上海自贸试验区国际艺术品交易中心、大湾区国际艺术品保税产业中心、重庆艺术品保税仓等联合发起中国自贸试验区国际艺术品交易联盟。

3. 医疗大健康产业体系逐渐成型

自贸试验区开封片区医疗健康产业初见成效。已逐步推进贝威科技新药研发、凡知医学精准医疗研究院等项目。区内企业开封康必恩医学检验实验室筹备建设"凡知医学（中原）精准医疗研究院"项目，加快完成仪器、芯片、诊断试剂、互联网远程诊疗四大业务板块布局，加速产品的临床市场转化。

开封片区九福来公司与坦桑尼亚建立医疗卫生合作，研制的纯酰素抗艾单方生物制剂已经获准 OTC 药号，逐步打开非洲市场；贝威科技与牛津大学合作成立牛津大学中药研究中心，在海外建立"人才飞地创新港"，走出一条"人才、项目在海外，产业转化在开封"的人才引进新路。

（三）中国（河南）自由贸易试验区洛阳片区提升发展成效

2017 年 4 月 1 日，中国（河南）自由贸易试验区洛阳片区（以下简称"洛阳片区"）挂牌，6 年来，洛阳片区主动服务和融入构建新发展格局，以"国际智能制造合作示范区"为功能定位，坚持以制度创新为核心，大胆探索、先行先试，营商环境评估综合排名连续多年位居河南省国家级功能区前列；累计利用外资 27.41 亿美元、进出口额 304.48 亿元，分别是挂牌前 6.54

倍、21 倍；累计入驻各类经营主体 3.96 万家，是挂牌前的 1.8 倍。其中，企业 2.17 万家，是挂牌前的 4.94 倍。

1. 发挥原有优势，突破高端产业壁垒

洛阳片区形成了集工业机器人、智能成套装备、关键零部件等为一体的智能装备产业集群；以智能传感器、电子功能材料、关键元器件及光电设备等为一体的电子信息产业集群；以新能源汽车、电池制造与组装、充电配套设备等为一体的新能源产业集群；以兽用疫苗、生物制品、基因检测等为一体的生物医药产业集群。主导产业规上企业达 113 家，产值突破 600 亿元。

此外，除了高端产业，洛阳片区从以"一枚印章管审批"推进窗口服务集成、助力企业高效落户，到以政策链、资金链、创新链、产业链"四链融合"提速产业转型升级、激发产业创新活力，再到累计进驻各类市场主体 3.67 万家，培育创新平台、科技型中小企业和高新技术企业近 1800 家。

2. 制度创新硕果累累

制度创新和复制推广成熟的经验做法，是自贸试验区作为新时代改革开放新高地的核心任务。2023 年 1 月 11 日《关于复制推广中国（河南）自由贸易试验区洛阳片区第三批创新成果的通知》印发，再次总结梳理 10 项涉企改革成果，正式在洛阳市复制推广，内容涉及企业开办、涉企经营、金融服务、法律服务、招商引资等多个方面，在全市复制推广的创新成果共 10 项。

表 7-3 中国（河南）自由贸易试验区洛阳片区制度创新成效

序号	涉及方面	创新内容
1	企业开办	企业开办全流程"一次办妥"升级版。
2	企业市场经营	"建好即验好"创新单体竣工联合验收模式、药品零售企业经营许可告知承诺制改革、工程建设项目施工图审查自身承诺制改革、增值税期末留抵税额退税"轻松退"。
3	金融服务	探索委托境外加工贸易跨境资金结算新模式、多措并举创新非公企业线上金融对接模式。
4	法律服务	"三位一体"电子送达新模式、"点对点"对接服务企业助力知识产权"源头式"保护。
5	招商引资	"一制度三机制"着力打造外商投资企业全流程服务体系。

对于地方制度创新而言，营商环境是一个地方的重要软实力，也是制度创新的重要体现。洛阳片区积极优化营商环境，实现市场准入"多合一"，企业开办速度全国领先，并率先为企业提供免费刻制公章和免费邮寄服务，真正实现企业开办"零成本"。

围绕企业"准入"，洛阳片区在全省率先设立"企业开办快捷专区"，实现"企业开办+N"服务，即将企业工商登记、税务登记、公章刻制、社保及公积金登记等全部纳入，实现企业开办"一件事一次办"，开办时间压缩到1个工作日，最快60分钟完成。洛阳片区按照"准入、准建、准营"设置窗口75个，进驻业务1630项，其中92%事项实现网上办，98%事项实现不见面审批。

同时，围绕企业"退出"难问题，率先实施企业简易注销改革，将市场监管、税务、商务等涉及企业注销的业务全部纳入，实现注销公告期由45天缩短到20天，材料由10多份缩减为4份，这项改革成果已在全国复制推广，河南省已实现企业注销全程电子化。

此外，洛阳片区进一步拓宽服务重点企业覆盖面，涵盖规上企业、高企、科技型中小企业等各类经营主体。建立"十个一"工作机制，为企业提供"全周期""全代办"服务。片区共建成企业服务中心6个，通过搭建"智汇高新"手机App，定期发布助企信息，解决企业困难问题。

3. 跨境电商产业集群走向世界

洛阳市邮政分公司作为洛阳跨境电商的主要物流渠道和跨境电商生态体系的重要组成部分，积极发挥网络优势、口岸优势、产品优势，持续拓展国际邮件和跨境包裹寄递通道。河南郑州邮政口岸已开通全球39个国家（地区）、50个城市直封关系，累计实现29个国家（地区）、35个城市直航出境。全国共有20余省33个互换局的进出口总包经由河南邮政集散分拨。在河南省邮政分公司的大力支持下，洛阳市邮政分公司也成功开通了洛—郑—欧日韩专线，并实现跨境平台重点欧洲14条路线（英国、法国、德国、意大利、西班牙、瑞士、瑞典、丹麦、波兰、捷克、奥地利、比利时、匈牙利、荷兰）全面覆盖，跨境出口包裹运输时限由原来的10~15天缩短至7天以内，进一步提升了跨境电商卖家的国际物流送达时效、降低了发货成本。

此外，2023年4月17日洛阳设立首个跨境电商海外仓。对于企业来说，跨境电商特殊区域出口海外仓模式具有入区即退税，退税流程简便、周期短、效率高等优势。在该模式下，商品可按出口货物模式先行发往海外仓，海外客户下单后，包裹从海外仓直接出货，缩短配送时间；加上海关特殊监管区域具备入区即退税的政策优势，企业完成出口进区报关后即可办理退税手续，大大缩短资金运转周期。建设海外仓能够有效提升产品的销售速度，加上自主研发的F2C系统，洛阳片区目前能够依托国内洛阳保税区的保税仓库和国外的海外仓，联通两地商家，形成联动机制，成功打通跨境电商进出口贸易的"最后一公里"。

二、中国（河南）自由贸易试验区提升发展问题

从实际情况来看，中国（河南）自由贸易试验区从成立以来在推进自贸试验区建设发展方面发挥了重要作用，基本完成国务院赋予的160项试点任务，但在发展潜能、物流体系和体制机制方面还存在一些问题。

（一）中国（河南）自由贸易试验区经济发展问题

1. 河南开放发展的总体水平仍然较低，区域内发展不平衡，自贸试验区潜能未激发

河南开放发展的总体水平仍然较低。尽管2022年河南的进出口总额已经跃居全国第9位，但是占全国的份额毕竟才2.0%，与河南经济大省和人口大省的地位不相称。

其中，2022年，郑州市货物贸易进出口总额完成6069.7亿元，同比增长3.1%，占全省贸易总额的71.2%，具体来看，郑州出口额3596.3亿元，同比增长1.3%；进口额2473.4亿元，同比增长5.8%。进出口总额居全国省会城市第5位，连续11年在中部城市排名第一。

2022年，开封市进出口总额为94.5亿元，同比增长1.3%。其中，出口总额为78.5亿元，同比下降2.3%；进口总额为16.0亿元，增长23.7%。

2022年，洛阳市进出口总额为209.2亿元，比上年增长1.2%。其中，出

口总额为 175.3 亿元，增长 7.4%；进口总额为 33.9 亿元，下降 21.9%。[①]

从图 7-1 中可以看出，郑州市进出口额度在三个片区所在城市中占比最大，高达 95.2%，郑州市开放水平明显高于其他两个城市，区域内开放发展程度不平衡。

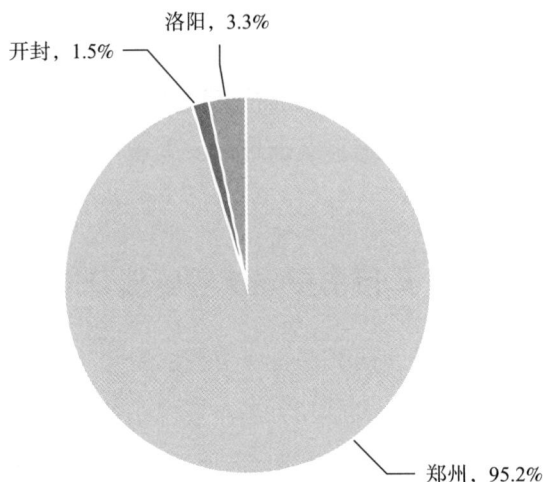

图 7-1　2022 年中国（河南）自贸试验区三个片区进出口总额占比

中国（河南）自由贸易试验区自 2017 年建立以来，在各片区的激励下，当地开放发展水平均得到相应的增长，三个片区所在城市进出口总额从 2017 年的 5397.2 亿元增长到 2022 年的 6373.4 亿元，增长率为 18.1%；其中，郑州进出口总额从 2017 年的 5232.8 亿元增长到 2022 年的 6069.7 亿元，增长率为 16%；开封进出口总额从 2017 年的 31.4 亿元增长到 2022 年的 94.5 亿元，增长率为 200.9%；洛阳进出口总额从 2017 年的 133 亿元增长到 2022 年的 209.2 亿元，增长率为 57.3%。

单独来看，中国（河南）自由贸易试验区三个片区所在城市均取得了不错的增长，其中开封市增长率超过 200%，取得了很好的成绩。但是，和 2017 年同期建设的自贸试验区相比，中国（河南）自由贸易试验区建设后取得的

---

① 数据来源：河南省统计局。

增长率位于同批次最低，自贸试验区潜能和优势并未完全激发（见图7-2）。①

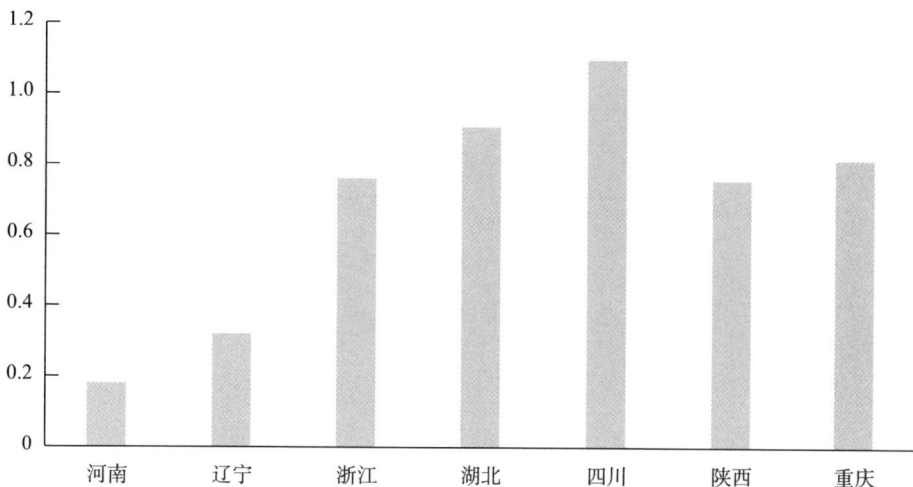

图7-2　2017—2022年同批次自贸试验区进出口额增长率对比

2. 加工贸易占比较高，产品附加值低

河南省对外贸易方式仍然以加工贸易为主，对外资企业依赖过重。2022年，河南省以加工贸易方式进出口5113.3亿元，增长0.7%，占河南省外贸进出口总值的60%。加工贸易倾向于高能耗、高污染、低附加值、低技术含量的产品，且产业关联带动作用弱。而且加工贸易企业缺乏创新研发能力，易受制于人，对河南的经济发展威胁较大。

3. 出口商品结构单一，竞争力不强

富士康落户郑州航空港，带动了手机产业集群发展，也成为河南省主要出口产品。从商品结构看，2022年，手机及其零部件为河南省主要进出口商品，手机、集成电路、音视频零件、平板显示模组等4项商品合计进出口4502.7亿元，占全省进出口总额的52.8%。但富士康是苹果公司的代加工厂，企业没有自主品牌，缺乏创新能力和技术优势，企业竞争力不强。单一的手机产品出口为主导，在中美贸易摩擦影响下，贸易的不确定性大大加，外贸

① 数据来源：河南省统计局。

风险增大。

4. 投资力度不够，外贸发展动力不足

加快贸易转型升级是提升河南省高水平开放的重要措施。河南省要多引进有自主品牌和创新能力的企业，要加大研发投入力度，培养自主品牌，增加产品附加值，提升国际竞争力。河南高新技术产业发展相对落后，一定程度上导致全省创新能力不足。最主要的原因就是研发投入不够。2022 年，河南制造业企业 100 强研发投入总额为 278.02 亿元，同比增长 19.08%，平均研发投入强度为 1.72%，基本保持上年水平，但与全国 4.89% 的水平仍有一定的差距。

（二）中国（河南）自由贸易试验区管理体制问题

1. 缺乏高层次专业人才

自贸试验区是新生事物，自贸试验区的工作人员面对的工作都是全新的课题，目前各片区工作人员中，熟悉国际贸易、金融、物流、法律等的专业人才不多。初步统计，涉外专业的人员占在职人数的比例，郑州片区为 3.75%、洛阳片区为 20%、开封片区为 0%。从在职人员的文化结构来看，3 个片区没有一名博士学历的工作人员。作为中西部内陆地区的自贸试验区，存在区位劣势，与沿海相比，在吸引贸易、物流，尤其是金融人才方面，没有很强的竞争力。用人机制不够灵活，缺乏有效的引入机制和人才激励机制，政府机构薪酬待遇对高端人才的吸引力非常有限，专业化人才引不来、留不住，专家型人才紧缺，专业技术人员数量与岗位不匹配，人才短板问题突出。如开封片区管委会各部门临时抽调大量工作人员，岗位不固定，借调人员岗位和隶属单位脱节，其工作考核及事业发展方向存在较大问题，队伍稳定性差。

2. 下放的省级权限落实不够

2017 年，河南省向自贸试验区下放 455 项省级经济社会管理权限，共涉及 31 个省政府工作部门。其中，108 项省级行政许可事项、204 项省级行政处罚事项由自贸试验区各片区管委会集中实施，57 项省级行政检查事项、行政确认事项和其他职权事项下放自贸试验区各片区管委会或有关部门实施，

86 项省级行政检查事项、行政确认事项和其他职权事项委托自贸试验区各片区管委会实施。第一批下放的权限赋予了自贸试验区更大的自主权，使自贸试验区内企业办事更加便利，切实享受到改革红利。但经过几年的运行，也有个别事项因存在业务系统不能及时有效对接、相关权限配套不足、实用性不强等问题，不能很好地发挥应有的作用。如：郑州和开封片区在机构设置上没有相应的执法机构，以致下放的 200 多项行政执法事项无法落实。另外，片区管委会为省政府派出机构，但在承接省级事权下放方面，与省直部门沟通难度大、协调任务重。为促进企业发展而推行的"放管服"改革，不需要企业和群众再"跑腿"，但需要片区管委会在省直部门之间"反复跑腿"。

3. 人才引进政策力度不够

中国（河南）自由贸易试验区科学有效的运行离不开综合性、专业性高素质人才的支撑。为了促进中国（河南）自由贸易试验区的快速发展，应重视高层次人才的选定标准，如具备扎实的专业知识、较强的信息处置能力和管理能力。物流贸易涉及高端外贸专业知识、涉外法律知识和外语知识，外贸、法律和外语人才需要有丰富的实战经验。由于自贸试验区行政级别过低，人才引进难，目前河南自贸试验区缺乏熟悉国际营销、国际贸易结算、计算机网络技术和国际物流信息开发与维护的专业人才，不能适应"高""大""上"的自贸试验区改革与创新的需要，河南自贸试验区现有的法律制度对该类特殊人才的引进与培养没有给予特别关注，从而导致该类高层次人才的引进和培养缺乏制度保障。

第四节　中国（河南）自由贸易试验区提升发展建议

一、优化贸易方式，挖掘外贸发展潜力

首先，加快传统贸易转型升级。一方面，就政府工作而言，应对对外贸易经济进行一定的介入式管理，即采用强制性手段优化对外贸易模式，引领河南企业积极革新，摒除传统加工手段，将经济发展与当地发展模式融合，

积极创设新型的具有河南特色的对外经济模式，强化其管辖范围内的相关企业工作绩效考核力度，确保对外经济步调与国际趋同。另一方面，企业自身要主动优化、提升。企业要加大资金、技术、人才等方面的投入，培育自主品牌，提高产品附加值。其次，创新贸易新业态，寻求河南外贸新的增长点。抓住机遇，以跨境电商产业为抓手壮大河南新兴业态，构建跨境电子商务产业链和生态链，推动外贸方式优化。

二、激发自贸试验区潜能

在产业方面，支持先进制造业高地建设，引进新型显示、集成电路、新能源汽车等重大项目，在行业政策、关税、进口增值税等方面给予支持。

在交流方面，支持承载国际化高端商务活动，举办"空中丝绸之路"国际合作论坛，在中欧重大合作项目布局上给予倾斜。

在创新方面，支持实现更高水平开放，设立中国（河南）自由贸易试验区空港新片区，支持建设离岸金融中心，赋予其更大的先行先试权。

在特色打造方面，支持创新国际贸易，设立国际互联网数据专用通道，大力发展电子信息、药品、文化产品、时装等特色产品物流，建设全球重要的产品交易展示中心和国内进出口货物集散中心。

三、强化自贸试验区人才保障

建立健全各片区人才引进机制和激励机制，可把自贸试验区招才引智工作纳入全市招才引智工作的大盘子，引进高层次专业人才。支持自贸试验区创新选人用人机制，探索实行聘任制、绩效考核制等，允许实行兼职兼薪、年薪制、协议工资制等多种分配方式。进一步破解行政管理体制机制障碍，赋予自贸试验区更多的自主权和独立权，可借鉴上海、深圳、海南等地做法。条件成熟的片区，可探索设立法定机构，将专业性、技术性或社会参与性较强的公共管理和服务职能交由法定机构承担，赋予法定机构相对独立的事权、财权和人事权，实行企业化、市场化的用人制度，实行全员聘任，在薪酬总额范围内自主决定人员聘用、薪酬标准等。

四、加强自贸试验区精准赋权工作

建立省级经济管理权限下放运行评估机制，加强对省级经济管理权限下放承接效果的跟踪评估。按照"依法下放、按需下放、应放尽放"的原则，围绕国家赋予各自贸片区的战略定位，精准下放所需事权，支持自贸试验区加快差异化探索。在赋权的同时，及时联通各级、各部门审批、监管系统，确保"放得下、接得住"，进一步提高省级经济管理权限下放的系统性、实操性，以激发自贸试验区改革创新活力，促进高质量发展。在工作机制上，可参照郑州航空港经济综合实验区，探索建立管委会与省直部门的"直通车"制度，实现规划直报、项目直报、统计直报、财政补助直报、证照直接发放和直接报批、政策直接享有、信息直接获取等，切实为自贸试验区企业提供便利，提高办事服务效率。

参考文献

［1］孙静.河南自贸试验区累计入驻企业12.3万家［N］.河南日报，2023-04-03.

［2］王延辉.除了CBD、CCD，郑州还有EBD！全球汇总部基地港项目加快建设［N］.河南日报，2023-07-09.

［3］曹婷.自贸区郑州片区挂牌六年8.4万家企业落户［N］.郑州日报，2023-4-10.

［4］王寅龙，龚砚庆.开封片区6周年｜持续开放促提升　昂首迈步新征程［N］.河南日报，2023-04-03.

［5］周伟，李文姬.论河南自贸区物流便利的法治化［J］.河南财经政法大学学报，2022，37（06）：24-33.

［6］河南省委编办市县处课题组.河南自贸试验区各片区管理体制问题研究［J］.行政科学论坛，2022，9（02）：4-9.

［7］吴珍彩.河南省高水平开放的优势、问题与对策［J］.全国流通经济，2021（01）：90-93.

第八章 中国（广西）自由贸易试验区提升发展战略与行动

2019 年 8 月 2 日，国务院同意设立中国（广西）自由贸易试验区（以下简称"广西自贸试验区"），并印发实施《中国（广西）自由贸易试验区总体方案》（以下简称《总体方案》）。广西自贸试验区实施范围 119.99 平方公里，涵盖三个片区：南宁片区 46.80 平方公里（含南宁综合保税区 2.37 平方公里）；钦州港片区 58.19 平方公里（含钦州保税港区 8.81 平方公里）；崇左片区 15.00 平方公里（含凭祥综合保税区 1.01 平方公里）。

一、战略定位和发展目标

以制度创新为核心，以可复制可推广为基本要求，全面落实中央关于打造西南中南地区开放发展新的战略支点的要求，发挥广西与东盟国家陆海相邻的独特优势，着力建设西南中南西北出海口、面向东盟的国际陆海贸易新通道，形成 21 世纪海上丝绸之路和丝绸之路经济带有机衔接的重要门户。经过三至五年改革探索，对标国际先进规则，形成更多有国际竞争力的制度创新成果，推动经济发展质量变革、效率变革、动力变革，努力建成贸易投资便利、金融服务完善、监管安全高效、辐射带动作用突出、引领中国—东盟开放合作的高标准高质量自由贸易园区。

二、特色和亮点

广西自贸试验区主要突出三个特色和亮点：

一是突出打造国际陆海贸易新通道。广西自贸试验区突出加快打造贯通西部地区、面向东盟的国际大通道，通过实施一系列创新试点任务和政策，加快建设陆海联通门户港、建设中国—中南半岛陆路门户，构建以海铁联运为主干的多式联运体系，完善陆、海、空一体化现代物流体系，为有机衔接"一带一路"提出了实施路径和具体措施。

二是突出打造边境合作新模式。广西的沿边开放工作基础扎实，创新探索空间巨大。广西自贸试验区将围绕深入开展沿边地区开放合作，推动跨境贸易、跨境物流、跨境金融、跨境旅游和跨境劳务合作等创新改革，为全国沿边地区深化同周边国家的互利合作、睦邻友好，提供可复制可推广经验。

三是突出打造对东盟合作先行先试示范区。近年广西在推动中国—东盟自贸区建设、开展以东盟为重点的国际合作方面，做了许多创新探索。广西自贸试验区将进一步拓展与东盟国家在物流、贸易、产业、金融等多领域的合作，有力促进开放型产业集聚，促进中国与东盟区域经济一体化发展。

第一节 中国（广西）自由贸易试验区提升发展战略

建设自由贸易试验区是党中央、国务院在新形势下全面深化改革和扩大开放的战略举措。为深入贯彻落实党中央、国务院决策部署，全面贯彻落实党的二十大关于"实施自由贸易试验区提升战略"和《"十四五"规划和2035年远景目标纲要》中建设新时代壮美广西有关要求，推动中国（广西）自贸试验区建设实现新提升、取得新突破，促进广西开放型经济高质量发展。2023年2月8日，广西壮族自治区人民政府制定印发《进一步深化中国（广西）自由贸易试验区改革开放方案》（以下简称《深改方案》）。

一、制定背景

自2019年8月获批设立以来，广西自贸试验区以制度创新为核心、以可复制可推广为基本要求，大胆试、大胆闯、自主改，积极为国家试制度、为改革闯新路、为广西谋发展，全面实施《中国（广西）自由贸易试验区总体方案》(以下简称《总体方案》)赋予的 120 项改革试点任务，建设取得阶段性成果。根据国内其他自贸试验区建设经验，进入建设第 4 年开始谋划出台深化改革相关方案。全国 21 个自贸试验区中，已有上海、广东、天津、福建、浙江、陕西、辽宁、湖北等多个自贸试验区制定出台深化改革方案。为推进广西自贸试验区进一步深化改革，广西壮族自治区人民政府制定印发《深改方案》。《深改方案》是国务院批准《总体方案》的升级版，是广西自贸试验区改革开放方案的 2.0 版，是未来三年广西自贸试验区的建设指引。

二、建设目标

通过三年左右时间（2023—2025 年），进一步推进广西自贸试验区投资自由便利、贸易自由便利、跨境资金自由便利、运输往来自由便利、要素资源自由便利、人员进出自由便利、数据流动安全有序，建成高水平制度型开放先行区和试验田；实现企业主体数量翻番、质量更优，规模以上工业总产值达到 3200 亿元、税收收入达到 300 亿元以上，实际使用外资、外贸进出口总额均占全区实际使用外资、外贸进出口总额 40% 以上，外向型经济不断发展壮大，跨境服务要素更趋完备，将广西自贸试验区建成面向东盟和 RCEP 其他成员国、服务国内国际双循环市场自由便利地核心区。

三、主要任务

（一）聚焦制度型开放，进一步构建与国际经贸规则相衔接的制度体系

一是提升实施 RCEP 规则质量。加快探索制度型开放，加强与 RCEP 其他成员国政策、规则、标准对接和服务贸易合作，在知识产权保护、原产地电子联网、制造业相关服务等方面先行先试，打造高质量实施 RCEP 示范项目集聚区。

二是提升对接 CPTPP 规则能力。探索投资准入、服务贸易、金融开放、数字经济、政府采购等重点领域制度创新，开展风险压力测试，探索将"竞争中性"纳入竞争政策体系，试点集成电路产业与东盟国家"三零"（零关税、零壁垒、零补贴）规则。

三是提升制度创新系统集成。加强制度创新系统性、整体性、协同性，在跨境投融资、跨境产业合作、沿边开放合作等领域围绕"办成一件事"积极探索，统筹各环节改革，注重改革举措配套组合。鼓励各片区间、片区与自治区相关部门间开展联合创新，鼓励片区与协同发展区建立协同创新机制，有效破解束缚创新瓶颈，更大程度激发市场活力。

（二）聚焦投资自由便利，进一步构建市场主体平等准入有序竞争的投资管理体系

一是提升投资自由便利水平。全面落实外商投资准入前国民待遇加负面清单管理制度，负面清单之外领域按照内外资一致原则实施管理，提高外商投资负面清单的透明度和市场准入的可预期性，建立与负面清单管理方式相适应的事中事后监管制度。在国家统一部署下，有序推进电信、互联网、教育、文化、医疗、航运服务等领域开放，探索建立数字化国际投资"单一窗口"。

二是提升营商环境市场化、法治化、国际化水平。持续深化"证照分离"改革、商事登记确认制改革试点和"双随机、一公开"监管。在新技术、新产业、新场景等领域，建立更具弹性的包容审慎监管制度。提升法律、税务服务水平，建立与国际接轨的商事纠纷解决机制，打造更加市场化、法治化、国际化的营商环境。

（三）聚焦贸易自由便利，进一步构建贸易转型升级和通关便利的监管体系

一是提升贸易转型升级水平。培育壮大供应链服务平台企业。争取试点开展高技术含量、高附加值项目境内外检测维修和再制造业务。在国家统一

部署下，实施跨境服务贸易负面清单制度。促进数字贸易与其他产业融合发展。

二是提升边境贸易发展水平。认真落实鼓励边境贸易创新的"国十条"，推进边民互市贸易进口商品落地加工，争取增加边民互市贸易进口商品品类。开展多种运输方式进口互市商品落地加工试点改革。探索广西自贸试验区各片区间边境贸易创新发展合作。

三是提升新型贸易发展水平。大力发展跨境电商、离岸贸易、数字贸易等对外贸易新业态新模式，推动实现跨境电子商务综合试验区在广西自贸试验区全覆盖，加快建设跨境电子商务海外仓、边境仓、保税仓和大宗商品交易储运基地。

四是提升贸易平台发展水平。高标准建设中国—东盟经贸中心、中国—东盟特色商品汇聚中心，积极培育面向东盟的水果交易市场、药材交易中心、大宗商品交易平台、计量检验检测中心等平台。

五是提升智慧口岸通关能力。加快智慧口岸建设，支持建设以电子信息产业为主的中越跨境产业链保障通道，探索智慧化、智能化、自动化的中越跨境无人驾驶运输模式和 24 小时无人化智能通关。加强海关、铁路、港口等"一站式"服务，优化进口原油、金属矿产品检验监管模式，推动扩大"经认证的经营者"（AEO）互认范围。

（四）聚焦跨境资金自由便利，进一步构建金融开放创新和风险防控服务体系

一是提升面向东盟的金融开放水平。在中国人民银行统筹安排下推动本外币合一银行账户体系试点。鼓励金融机构基于真实贸易背景开展跨境金融、离岸金融创新。探索赋予西部陆海新通道多式联运单证物权凭证功能。支持建设林业碳汇开发和交易试点。探索"沙盒监管"模式。

二是提升人民币跨境使用水平。推动中国—东盟金融城拓展服务能力。深化中马钦州产业园区金融创新试点政策。探索与东盟国家及周边国家开展双边本币结算。推动在大宗商品贸易、境外产业园区及工程承包等重点领域

使用人民币计价结算。

三是提升跨境保险服务水平。支持设立健康、养老、科技等专业保险机构。支持海外投资保险、工程建设保险、科技保险等保险产品创新，大力发展陆海联运保险服务。

（五）聚焦运输往来自由便利，进一步构建跨境多式联运高效衔接的交通物流服务体系

一是提升西部陆海新通道运营质效。稳步扩大海铁、公铁联运规模和覆盖范围，深化海铁联运集装箱共享通用试点，推动跨境陆路物流综合信息共享。推进多式联运"一单制"改革，推动构建中国—东盟多式联运联盟。推进广西北部湾港和洋浦港一体化发展。扩大内外贸同船运输规模，争取开展沿海捎带业务试点。优化航运路线，鼓励增加运力投放，提升运输便利化和服务保障水平。

二是提升跨境陆路运输能力。加快国家物流枢纽建设，推进建设中新南宁国际物流园、南宁国际铁路港、西部陆海新通道凭祥公铁联运物流国际港、区域性冷链物流中心。探索开行中药材、矿产、汽车等跨境班列。

（六）聚焦要素资源自由便利，进一步构建面向东盟的跨境产业链供应链体系

一是提升面向东盟国际产业链供应链合作水平。加快打造跨境电子信息、化工新材料、中药材加工、汽车和新能源汽车、东盟特色产品加工等面向东盟的跨境产业链供应链。大力推进建设新能源汽车产业集聚区。支持龙头企业在原料供应、能源开采等方面与东盟国家企业共建化工新材料产业链供应链。支持跨境铝产业链合作，创新再生铝资源进口监管方式，支持建设进口再生铝资源检验检测中心，探索在进口口岸依照有关标准开展分选、处置等制度创新，规范化建设再生铝资源进口基地。加强与东盟在种业方面合作，探索活牛、种牛进口便利化监管措施等创新。

二是提升面向东盟现代服务业合作水平。推进文化创意、非通用语译制

等产业发展和广播电视交流合作，推动国外文化演出项目在广西文化艺术中心首演。支持境外高水平大学、职业院校围绕跨境产业链急需专业开展合作办学和职业技能培训。建立中越跨境旅游合作机制，推动设立中越友谊关—友谊跨境旅游合作区。

三是提升面向东盟园区合作水平。支持建设中国—东盟跨境产业融合发展合作区、中马"两国双园"升级版、中越跨境产业合作园区、中国—东盟工业设计中心。

四是提升制造业与商贸业协作水平。围绕跨境产业链，推动制造业与商贸业协同发展，培育线上线下、内贸外贸、现货期货一体化的专业市场，实现供需互促、产销并进，延伸发展相关生产性服务业，构建适应产业链供应链新生态的现代商贸体系。强化城市规划、土地供应、金融支持、人力资源等领域高效联动，吸引创新资源要素集聚，完善与产业链密切关联的创新要素配套，降低交易、物流、信息成本，推动以商贸带动生产、以生产促进商贸的良性循环。

（七）聚焦人员进出自由便利，进一步构建更加便利的人才发展体系

一是提升人员进出便利度。支持在便利来华外籍高端人才出入境、税收、子女入学、金融支持等方面先行先试。根据国家有关规定探索与港澳地区、东盟国家比照互认职称或职业资格。

二是提升跨境劳务合作试点水平。依法依规探索适度灵活的外来劳务用工政策。争取国家层面批准同意在边境地区开展境外边民跨境劳务合作试点。延长越南务工人员入境停留时间。完善跨境务工人员人身保险体系。

（八）聚焦数据流动安全有序，进一步构建符合市场规则和治理能力要求的现代政府管理体系

一是提升数字化政务服务能力。加快构建政府、企业统一共享数字化平台。加快构建智慧政务体系，建立健全"跨省通办"和跨片区、跨行业、跨

部门统筹协调机制。探索建立数据安全管理机制。

二是提升中国—东盟信息港影响力。积极培育中国—东盟大数据交易市场，建立完善跨境数据资源交易监管机制，培育壮大开放型数字经济市场主体，加强与东盟国家在数字经济、北斗导航、人工智能等领域合作，开拓东盟国家算力市场和元宇宙业务。

四、主要特点

一是坚持面向市场，服务企业主体。全面落实外商投资准入前国民待遇加负面清单管理制度，建立与负面清单管理方式相适应的事中事后监管制度。持续深化"证照分离"改革、商事登记确认制改革试点和"双随机、一公开"监管。建立与国际接轨的商事纠纷解决机制，加快构建智慧政务体系。

二是坚持联动内外，整合各类资源。有序推进电信、互联网、教育、文化、医疗等领域开放，探索建立广西自贸试验区数字化国际投资"单一窗口"。大力发展跨境电商、离岸贸易、数字贸易等对外贸易新业态新模式，加快建设跨境电商海外仓、边境仓、保税仓和大宗商品交易储运基地，用好国内国际两个市场、两种资源。

三是坚持循环畅通，优化要素供给。围绕跨境资金、运输往来、要素资源、人员进出自由便利等方面，构建金融开放创新和风险防控的服务体系、跨境多式联运高效衔接的交通物流服务体系、面向东盟的跨境产业链供应链体系和更加便利的人才发展体系。

四是坚持改革提高，突出特色优势。突出广西自贸试验区"跨境"特色，探索创新边境贸易，加快智慧口岸建设，探索中越跨境无人驾驶运输模式和24小时无人化智能通关。推动构建中国—东盟多式联运联盟。提升面向东盟的人民币跨境使用水平和跨境劳务合作试点水平。

五是坚持开放发展，开展探索创新。加快探索制度型开放，打造高质量实施 RCEP 示范项目集聚区。对标 CPTPP 规则，在服务贸易、金融开放、数字经济等重点领域开展先行先试和风险压力测试。

第二节　中国（广西）自由贸易试验区提升发展行动

全面贯彻落实党的二十大和中央经济工作会议精神，深入贯彻落实习近平总书记对广西"五个更大"重要要求、视察广西"4·27"重要讲话和对广西工作系列重要指示精神，大力实施自由贸易试验区提升战略，按照"面向市场、联动内外、循环畅通、改革提高、开放发展"思路，聚焦实现投资、贸易、跨境资金、运输来往、要素资源、人员进出等六个自由便利和推进数据流动安全有序，打造服务国内国际双循环市场经营便利地核心区。

一、关键目标

1. 聚焦落实重大战略，全力建好沿边临港产业园区核心区

紧紧抓住中央支持广西云南等沿边临港产业园区建设，支持在南宁、钦州、崇左、北海和防城港设立自贸试验区协同发展区机遇，围绕承接国内外产业转移，深化改革创新，加强政策协调，提升产业链供应链整合塑造能力，加大政策、项目、资金等支持力度，加快发展电子信息、石化化工、新能源材料、海洋装备制造、纺织服装、家电家居、商贸物流等产业集群，把广西自贸试验区和协同发展区建设成为沿边临港产业园区核心区。

2. 聚焦制度型开放，打造改革创新示范核心区

2023年推动形成40项以上自治区级制度创新成果在全区范围内复制推广，力争实现1项全国级制度创新成果在全国复制推广。加大力度复制推广国家级278项和自治区级134项制度创新成果。聚焦投资、贸易、跨境资金、运输来往、要素资源、人员进出等六个自由便利和数据流动安全有序，加快开展系统集成创新和协同创新。加紧与商务部、海关总署、人民银行等部门对接汇报，力争更多成果获批最佳实践案例。

3. 聚焦外贸外资提升，打造开放型经济引领核心区

充分发挥自贸试验区招商大使、海外招商合作机构作用，筹划好进博会、

东博会期间自贸试验区推介会等系列活动。跟踪服务好重大项目落地，推动马来西亚国家石油公司在钦州港片区扩大投资，力争签署相关战略合作协议。推动国家知识产权局专利局南宁代办处等 4 家国家级知识产权服务平台尽快整体入驻中国—东盟经贸中心建设。

4. 聚焦推动产业发展，打造标志性关键项目集聚核心区

加快推动中国—东盟经贸中心、中国—东盟大宗商品交易平台、中国—东盟商品汇聚中心、跨境产业合作试验园等重点项目建设。分期分批推动在南宁、钦州、崇左、北海、防城港设立协同发展区，实现片区与协同发展区创新协同、产业协同。

5. 聚焦服务市场主体，打造营商环境示范核心区

推动出台制度创新成果复制推广奖励办法、促进产业人才发展政策等系列政策措施，进一步发挥自贸试验区营商环境日常监测督导机制作用。建立项目跟踪服务和投诉机制，持续优化提升营商环境，打造市场化、法制化、国际化营商环境。

二、主要行动

2023 年以来，广西自贸试验区大力实施自由贸易试验区提升战略，具体部署了体制机制优化健全工程、跨境贸易扩量提质工程、跨境金融高效融通工程、跨境运输往来便利工程、跨境劳务和跨境旅游改革创新工程、协同发展区建设联动工程、招商引资规模倍增工程、大宗商品平台提升工程、数字经济发展扩大工程、"放管服"统筹增效工程等"十大工程"行动，努力建设服务国内国际双循环市场经营便利地核心区。

（一）坚持为国家试制度，开展引领性标志性制度创新

获批设立以来，广西自贸试验区紧紧围绕实施自贸试验区提升战略，出台深化改革方案，聚焦贸易、投资、跨境资金、运输往来、要素资源、人员进出"六个自由便利"和数据流动安全有序，建设服务国内国际双循环市场经营便利地核心区。

1. 突出制度创新

累计形成 134 项制度创新成果在全区复制推广，其中 48 项为全国首创。国家层面 302 项制度创新成果中，第七批自贸试验区改革试点经验 24 项已启动，其余 278 项制度创新成果广西已落地 248 项。[①]

2. 突出贸易自由便利

全国首创"边民互市+落地加工"模式集成改革，服务边境地区落地加工企业发展，实现兴边富民。2023 年上半年，云鑫利边贸合作社 1405 人，每人分红 1800 元。

3. 突出投资自由便利

实施"负面清单式"放权，下放 115 项事权至片区；创新"拿地即开工"4.0 版，提高项目审批便捷度。

4. 突出跨境资金自由便利

创新"边境地区跨境人民币使用改革"，建立边境地区跨境人民币使用"银行+服务中心"模式，便利边民互市贸易结算。创新开展"东盟—香港—南宁"三地联动+智慧运营平台管理模式，实现 7 个东盟国家、地区的覆盖。

5. 突出运输往来自由便利

友谊关口岸海关、边检共用一个卡口，实现"多卡合一"作业，日均进出境车辆从自贸试验区设立前的 980 辆上升至 2023 年上半年的 1200 辆。钦州港片区首创"原箱出口、一箱到底、海外还箱"国际多式联运新模式，钦州港开通 70 条集装箱航线，通达 119 个国家和地区 393 个港口。

6. 突出要素资源自由便利

创新要素市场化配置改革，探索陆海新通道海铁联运系统集成改革、林业碳汇预期收益权质押贷款改革等创新，推动土地海洋、法律、金融等要素资源流动自由便利。

7. 突出人员进出自由便利

友谊关口岸是新冠疫情蔓延后全国唯一保持旅检和货检不间断运行的边

[①] 广西壮族自治区人民政府，中国（广西）自由贸易试验区设立四周年建设成果新闻发布会，广西壮族自治区人民政府门户网站，http://www.gxzf.gov.cn/zt/xwfb/wssthjbh0728_ 189882/index.shtml.

境口岸。2023 年上半年，友谊关口岸出入境旅客达 60.4 万人次，同比增长 180%。①

8. 突出数据流动安全有序

在南宁片区建设五象云谷云数据中心，目前，企业已实现与国内数字经济头部企业深入对接，为 60 多家企业提供全生命周期的数据存储服务，还将面向东盟提供数据中心服务，把南宁打造成为面向东盟的数据安全高地。

（二）坚持为改革闯新路，打造高能级开放平台

1. 推进智慧口岸建设

积极在友谊关口岸建设智慧口岸，打造全国边境陆路口岸智慧高效通关示范，力争实现 24 小时不间断、无接触、无人化、智能化通关，南宁至河内"园对园、企对企、生产线对生产线"货物 24 小时内运抵。2023 年 9 月 15 日上午，我国首个跨境智慧口岸项目——中越智慧口岸项目在凭祥友谊关口岸开工建设，标志着凭祥口岸向智慧化方向迈进。

2. 集成面向东盟的金融开放门户

在跨境金融、沿边金融和地方金融等 10 个领域 152 个方面进行了改革创新。南宁片区全面推进"海运互市+落地加工+人民币结算"。中国—东盟金融城入选"2023 年广西生产性服务业集聚示范区"，税收亿元楼宇达 13 栋。

3. 开展本外币合一银行结算账户体系试点

南宁市获批开展数字人民币试点，南宁片区管委会出台了《中国（广西）自由贸易试验区南宁片区数字人民币试点工作实施方案》，为在南宁片区内更好地开展相关试点工作指明了方向。

4. 建设中马"两国双园"升级版

2023 年 4 月 7 日，中马关丹产业园升级扩园和重大项目集中开工仪式举行，未来产业园将打造"一园多区"发展模式，围绕新材料、新能源汽车及

---

① 广西壮族自治区人民政府，中国（广西）自由贸易试验区设立四周年建设成果新闻发布会，广西壮族自治区人民政府门户网站，http://www.gxzf.gov.cn/zt/xwfb/wssthjbh0728_189882/index.shtml.

动力电池、电子电气、装备制造等领域多元化布局，并与中马钦州产业园互动发展，构建跨境产业链、供应链与金融链。

5. 集成西部陆海新通道

"洋浦港—北部湾港—云南"海铁联运沥青班列、重庆新能源汽车陆海新通道海铁联运专列等实现首发，海铁联运"朋友圈"扩大至 18 省（区、市）69 市 138 个站点，实现西部 12 个省（市、区）全覆盖；内外贸集装箱航线达 70 条。

6. 建设中国—东盟水果交易中心

积极打造面向全国和东盟各国的水果分拨中心、交易中心、加工中心。2023 年 8 月 25 日，中国—东盟（崇左）水果交易中心启动仪式在凭祥举行，该项目以"口岸+市场"模式，以友谊关（含弄尧浦寨通道）为口岸通关核心。8 月 26 日，中国—东盟（钦州）水果交易中心在北部湾畔启动。该交易中心依托海运物流优势，以泰国、马来西亚、柬埔寨的榴莲、杜果、椰青、山竹、龙眼等品类进口为重点，力争到 2025 年实现全年进出口水果 60 万吨以上。8 月 29 日，中国—东盟（南宁）水果交易中心项目正式揭牌，该项目在中新南宁国际物流园内规划建设，利用物流园的大型冷链、高标仓储等设施，整合中国与东盟水果生鲜供应渠道，搭建水果进出口贸易供应链产业链体系。

7. 深化大宗商品交易平台建设

拓展吉利国盟大宗商品交易平台铝产品交易品类，推动建立供应链枢纽中心仓，构建中国—东盟铝产业生态。广西钦州保税港区开放投资有限责任公司获郑州商品交易所批复为指定锰硅交割仓库，北部湾大宗商品交易平台完成首单进口锰矿跨境摘牌交易、跨境人民币结算业务。

（三）坚持为广西谋发展，壮大现代产业发展新动能

第一，聚焦《深改方案》以及沿边临港产业园区建设，围绕电子信息、新能源汽车及零部件、石化化工、装备制造、金属新材料、纺织服装、商贸物流等重点发展产业，积极推动出台支持自贸试验区产业人才发展等有针对性支持政策，提升自贸试验区产业开放力度和竞争优势。

第二，南宁片区积极发展生产性服务业，吸引蓝水星、格思克、泰克半导体、华芯振邦、中银香港等80多家规上企业入驻。国家知识产权局专利局南宁代办处等入驻中国—东盟经贸中心。

第三，钦州港片区依托向海、临港优势资源，重点发展港航物流、国际贸易、绿色化工等产业，引进中伟钦州产业基地、格派新能源、雅保（天源）新能源材料等一批重大项目。大榄坪南作业区9～10号自动化集装箱泊位等正式投入运营，协鑫、国创、交科三家企业列入天然气市场化改革试点，中国南方地区首个锰硅期货交割仓库获批落户。

第四，崇左片区重点发展电子信息制造、特色农产品加工、跨境物流等产业，打造跨境产业合作示范区，引进三诺、良维、新秀新材料等企业，市场采购贸易同比增长190%，手机保税维修业务即将开展，电子信息产品保税分拨中心项目启动。

（四）坚持内外联动，为高质量发展赋能

1. 推进片区之间协同发展

2023年9月28日，广西自贸试验区工作办公室依据《中国（广西）自由贸易试验区条例》关于设立协同发展区有关规定，推动自贸试验区与具备条件的区域协同发展、改革创新，制定出台《关于设立中国（广西）自由贸易试验区协同发展区的指导意见》，在南宁、钦州、崇左、北海、防城港市设立自贸试验区协同发展区。

2. 推动成立粤桂琼自贸试验区（港）联盟

目前，广西正在加快推动粤桂琼自贸试验区（港）联动发展，并拟于2023年内签订《中国（广东）自由贸易试验区中国（广西）自由贸易试验区海南自由贸易港粤桂琼自由贸易试验区（港）联盟框架协议》，推动粤桂琼自贸试验区（港）联动发展。

3. 推动沿边自贸试验区联动发展

创新推动全国沿边自贸试验区联动发展，共同推动跨境劳务、海关监管、

运输及产业合作等改革事项。8月22日，2023年中国沿边自贸试验区协同发展大会在广西南宁市召开，大会以"联动创新共谋沿边自贸新发展"为主题，旨在推动广西、黑龙江、云南三省区发挥沿边优势，在对标规则、园区建设、产业发展方面推进差别化探索，实现联动发展。会上，与会代表签署《广西、黑龙江、云南三省区自贸试验区2023—2024年协同创新发展行动计划》；广西自贸试验区钦州港片区与黑龙江自贸试验区绥芬河片区签署合作协议，加强内贸货物跨境运输和陆海联运通道建设；广西自贸试验区崇左片区与云南自贸试验区红河片区、云南自贸试验区德宏片区就加强跨境产业合作达成协议。

（五）坚持以"外"促内，推动广西营商环境改善走上新台阶

广西自贸试验区以投资自由、贸易自由、资金自由、运输自由、人员从业自由、信息快捷联通为重点，积极对接CPTPP、DEPA等国际高标准经贸规则，构建更高标准投资贸易自由化营商环境。

1. 出台营商环境优化提升方案

2023年2月，广西自贸试验区营商环境优化提升行动方案出台，聚焦营造良好的创新创业环境，促进广西自贸试验区高质量发展，明确实施闭环监测管理、诉求快捷响应服务等9项措施，聚焦重点产业、企业建立"一对一"挂钩服务机制。探索形成自贸试验区"产业分析—企业服务—制度创新—问题整改—产业发展"良性循环机制。

2. 创新推出了营商环境日常监测督导机制

广西自贸试验区以经济主体真实感受为关注重点，对企业发展密切相关的准入准营、政策扶持、政务服务、人才供给、产业要素等开展日常监测工作。全面梳理广西自贸试验区南宁、钦州港及崇左三个片区营商环境存在的问题，结合实际提出具有针对性、可操作性的改进建议，并持续跟踪回访，形成闭环监测。以开放包容的营商环境，增强市场主体创业投资信心，深化东盟经贸合作、服务陆海新通道建设、创新发展边境经济。

3. 推行企业"免申即得"政策

2023 年 7 月，南宁市在中国（广西）自由贸易试验区南宁片区试点推行企业"免申即得"政策，企业免予提交申请材料，在办理营业执照注册登记时，只需签署承诺书即可快速获得相应的经营许可证件或批复文件，实现极简审批，进一步减轻企业负担，激发企业活力。

4. 印发工程建设项目"验登合一"工作流程图

钦州港片区在 2023 年初时印发《中国（广西）自由贸易试验区钦州港片区工程建设项目"验登合一"工作流程图》，从 2023 年 9 月 1 日起，辖区范围内重大项目及民生项目新建、改建及扩建的房屋建筑工程（房地产项目除外）在完成规划、消防、人防等专项验收或实行竣工联合验收，取得验收合格意见后，执行"验登合一"改革，进一步深化"放管服"改革，持续优化营商环境。

第三节　中国（广西）自由贸易试验区提升发展成效及问题

一、发展成效

（一）总体成效

2023 年 1—9 月，广西自贸试验区实现外贸进出口 2036 亿元，同比增长 22.4%；实际使用外资 3.7 亿美元；外贸外资分别占全区的 40.9% 和 59.4%。①

1. 南宁片区总体成效

南宁片区以大型调研主题活动为抓手，深入研究突破自贸试验区深化改革中的难点、堵点问题，并取得良好成效。2023 年 1—9 月，规模以上工业企业达 82 家，其中，电子信息制造业企业 33 家，实现规模以上工业总产值

---

① 中国（广西）自贸试验区工作办公室，22.4%乘势而上，中国广西自贸试验区公众号，https://mp.weixin.qq.com/s/4-KOGf12VoV21PpQ90pY8A.

214.73 亿元；2023 年 1 月 1 日—10 月 20 日，南宁片区新增企业 1.14 万家（其中外资企业 70 家），累计新增企业 5.7 万家（其中外资企业 441 家），分别为设立前的 22.2 倍和 11 倍。

2. 钦州港片区总体成效

钦州港片区全面实施"建大港、壮产业、造滨城、美乡村"四轮驱动战略。"集装箱跨境物流'全生命周期'管理服务改革"获 2023 年国务院自由贸易试验区工作部际联席会议简报第 11 期刊登推广；2023 年 1—9 月，片区港口货物、集装箱吞吐量各为 1.4 亿吨、443.7 万标箱，分别增长 12.9%、16.8%。

3. 崇左片区总体成效

崇左片区坚持以"跨境贸易、跨境物流、跨境金融、跨境旅游、跨境劳务合作"等"五跨"试点任务为重点，高质量推进片区建设，构建国际陆海贸易新通道陆路门户。友谊关口岸扩大开放至浦寨弄尧项目于 2023 年 9 月 7 日正式通过国家验收，成为全国首个启用出入境车辆快捷通关查验模式的陆地边境口岸。2023 年 1—9 月，友谊关公路口岸出入境货运车辆达 31.42 万辆次，同比增长 150.36%；进出口总额为 3252.51 亿元，同比增长 214.21%。友谊关口岸出入境旅客达 118 万人次，同比增长 434%。

（二）具体成效

1. 制度创新取得新突破

（1）抓好已实施试点任务深化落实和已出台制度创新成果复制推广

形成第四批 30 项自治区级制度创新成果并在全区复制推广，全面梳理国家赋予广西自贸试验区 120 项试点任务和自治区级 134 项制度创新成果落实情况，摸清实施效果，有针对性研究进一步深化改革措施。南宁片区围绕生产性服务业领域加强探索创新，糖业数字化智慧发展模式、构建中国—东盟影视贸易中转站助力文化交流两项创新成果获自治区推荐上报商务部。2023 年以来新增形成"物流数字化平台赋能实体经济发展新模式"等 22 项围绕产业发展的制度创新成果，广西首个陆铁联运跨境电商商品安检平行作业试点在南宁片区顺利启动，实现海关监管、铁路安检平行作业，节约50%开箱、装载、查验时间，进一步提升跨境电商出口商品通关效率。

（2）抓好改革系统集成和协同创新

加强跨部门、跨领域、跨行业统筹协调，联动10个指挥部部长单位和重要成员单位开展系统集成改革创新。联合南宁海关、钦州港片区、平果市等共同推进再生铝资源进口，对标宁波港优化通关模式，提升再生铝进口通关效率。联合自治区市场监管局、南宁片区，共同筹建南宁市知识产权保护中心，将实现发明专利平均授权周期从18个月缩短至3个月。联合人民银行南宁市中心支行、南宁海关等，共同推进"海运互市+落地加工+人民币结算"、对越南等东盟国家跨境电子商务跨境人民币等业务落地。联合自治区大数据发展局，共同推动解决片区实施自治区行政权力事项同区不同权问题。

（3）面向东盟的金融开放门户建设持续深化

RCEP的生效实施为广西建设面向东盟的金融开放门户、促进跨境人民币业务创新提供了更有利的政策环境。中国人民银行广西分行数据显示，2023年1至7月，广西跨境人民币结算量2764.74亿元，同比增长102.96%。东盟成为广西人民币跨境使用增长最快的区域，同比增长127.71%。[①]

2. 高能级开放平台建设取得新成效

（1）口岸物流管理持续优化

中越陆路智慧口岸建设率先在全国推进，积极探索货运车辆通关全流程智能调度管理新模式，开展"提前申报、卡口验放"等通关便利改革，大幅压缩公路口岸通关时间。2023年上半年，广西公路口岸进口整体通关时间10.33小时，出口整体通关时间0.25小时，在全国排名均为第四。[②]崇左片区友谊关口岸跨境货物流量占据中越货物贸易的"半壁江山"，也是新冠疫情期间全国唯一保持旅检和货检从不间断运行的边境口岸。

---

① 王晓伟，广西深化面向东盟的金融开放门户建设，新华财经客户端，https://baijiahao.baidu.com/s?id=1777273606179847594&wfr=spider&for=pc.

② 曹玉娟，以制度型开放提升跨境流通便利化水平，中国广西自贸试验区公众号，https://mp.weixin.qq.com/s/d8A3ovhU1O9YD33X01wsxQ.

（2）中国—东盟多式联运高质量发展

中国—东盟多式联运基础设施联通、运输组织畅通、制度规则贯通取得显著进展。广西以西部陆海新通道为牵引，贯通直达东盟的东中西三大主通道，全力打造中国—东盟多式联运枢纽。北部湾港已与全球 113 个国家和地区的 335 个港口实现通航。密集出台多式联运优惠便利政策，开辟中国—东盟产业链供应链"白名单"快速通道。积极推动企业大宗货物"公转铁"、大宗散货"散改集"，多式联运物流量质齐增。

（3）门户港基础设施进一步完善，区位带动优势充分凸显

创新推进陆海联运、港站区一体化、集装箱"全生命周期"管理服务等改革，"朋友圈"实现西部 12 个省（市、区）全覆盖并扩大至华东、华中 17 省（区、市）63 市 121 个站点；内外贸集装箱航线达 70 条；全国首个海铁联运自动化码头暨全球首个 U 型工艺全自动化码头投入使用，20 万吨级集装箱船单向航道和 30 万吨级原油码头投入运营。截至 2023 年 7 月，钦州港累计货物吞吐量突破 5.45 亿吨，集装箱完成量超过 1453 万标箱，钦州港在全球集装箱大港排名提升至第 35 位，北部湾港被国家交通部定位为"北部湾国际枢纽海港"，区位战略及带动作用进一步凸显。①

3. 产业发展取得新成果

第一，在产业发展方面，南宁片区聚焦跨境产业要素需求，不断加强与东部发达地区的产业对接，谋划布局生产性服务业高端化融合化发展，不断释放出"链"式效应。在先进制造业方面，瞄准高端电子信息产业链上游研发及高附加值重要器件与智能装备等关键环节，华芯振邦半导体等一批电子信息制造业项目投产入规，初步形成以芯片加工和半导体、LED、电路板、手机及配件制造企业为主的新兴产业集群。2023 年 1—7 月，片区规模以上工业总产值 165.32 亿元，同比增长 15.7%，其中，电子信息制造业总产值 125.05 亿元，同比增长 18.9%。在现代金融服务方面，中国—东盟金融城入选"2023 年广西生产性服务业集聚示范区"，是广西仅有的两家金融服务集

---

① 广西壮族自治区人民政府，中国（广西）自由贸易试验区设立四周年建设成果新闻发布会，广西壮族自治区人民政府门户网站，http://www.gxzf.gov.cn/zt/xwfb/wssthjbh0728_189882/index.shtml.

聚示范区之一。目前累计入驻金融机构 474 家，累计落地 QFLP 基金 8 支，规模达 10 亿美元，实现税收亿元楼宇达 13 栋，2023 年上半年金融机构税收超 15 亿元。在配套服务方面，南宁片区的大数据中心数量占据了南宁市半壁江山；现有国家级的科技企业孵化器 1 家、企业技术中心 1 家，自治区级的科技企业孵化器 1 家、企业技术中心 13 家、重点实验室 1 家、新型研发机构 6 家、众创空间 4 家。有超 90 家卫星遥感数据应用方面的科研单位和龙头企业入驻中国—东盟地理信息与卫星应用产业园，中国—东盟协同创新中心吸引了科大讯飞、浪潮、华为、中科通信等 50 多家国内数字经济领军企业入驻。[①]

第二，钦州港片区向海产业集聚加快，高质量发展产业格局基本形成。钦州港片区依托向海、临港优势资源，聚焦绿色化工、新能源新材料、海洋装备制造、电子信息、生物医药等五大产业，中石油、华谊、恒逸等 10 多家世界 500 强、中国 500 强企业进驻钦州港片区并扩大投资。创新推动大宗商品平台交易，中国南方地区首个锰硅期货交割仓库获批落户，累计完成交易额 83.6 亿元。2022 年，规模以上工业总产值突破 1280 亿元，高质量发展产业格局基本形成。

第三，崇左片区跨境产业发展壮大。崇左片区初步形成跨境电子信息、东盟特色产品深加工两条产业链，2022 年，规模以上工业总产值 77.12 亿元，同比增长 26.29%。跨境金融形成中越货币现钞跨境调运、边民互市贸易人民币结算、跨境电商人民币结算等沿边特色业务。跨境旅游复苏步伐加速，2023 年以来，友谊关口岸验放跨境旅游团 3600 多个，团队游客 5.57 万人次。中越跨境自驾车旅游、越南河内—中国南宁国际直达客运线路恢复运行。

4. 自贸试验区协同发展取得新进展

（1）自贸试验区内部协同发展区助力经济社会高质量发展

通过设立协同发展区，协同开展制度创新、产业发展、物流建设、要素共享、服务配套、监督管理，促进土地、劳动力、资本、技术、数据等要素高效集聚，拓展自贸试验区高质量发展空间，推动与协同发展区形成"制度

---

① 广西壮族自治区人民政府，中国（广西）自由贸易试验区设立四周年建设成果新闻发布会，广西壮族自治区人民政府门户网站，http://www.gxzf.gov.cn/zt/xwfb/wssthjbh0728_ 189882/index.shtml.

创新共享、空间布局合理、业务链条清晰、人才生产生活便利"的协同发展格局，为推动广西经济社会高质量发展和高水平开放注入强劲动力。

（2）沿边自贸试验区联动发展助力自贸试验区协同创新和提升发展

广西、黑龙江、云南自贸试验区签署《2023—2024年协同创新发展行动计划》，三省区自贸试验区所属9个片区签署协同创新发展框架协议，将携手服务国家战略，加强西部陆海新通道、南向陆海大通道、东北海陆大通道有机联动，促进中越班列、中老班列、中欧班列有效衔接，深化三省区与东盟以及东北亚国家之间经贸交流合作，共同服务构建国内国际双循环新发展格局；将加强制度创新协同，聚焦制度型开放，共同在跨境贸易、跨境物流、跨境金融、跨境旅游和跨境劳务合作等五个方面开展创新探索。

5. 营商环境优化提升取得新亮点

（1）出台自贸试验区营商环境优化提升行动方案

制定广西自贸试验区营商环境优化提升行动方案，对自贸试验区市场主体全生命周期营商环境进行全方位日常监测，重点解决建设的"拿地即开工"流程化和政务服务"跨省通办"事项的升级拓展问题，持续优化营商环境。

（2）推行市场准入承诺即入制

2023年9月26日，广西出台了《中国（广西）自由贸易试验区推行市场准入承诺即入制实施方案（试行）》，在广西自贸试验区探索试行市场准入承诺即入制改革，进一步提升市场准入便利化，激发各类经营主体活力，着力营造法治化、国际化、便利化营商环境，打造国内国际双循环市场经营便利地。

（3）创新实施企业"全生命周期"服务模式

创新上线"企事业服务明镜系统"，推进企业"全生命周期"服务模式，提升服务水平；持续深化商事登记服务改革，企业注册登记实现"秒批即办"；探索工程建设项目"极简审批"、林业碳汇预期收益权质押贷款、石化园区一体化等改革；推进"定制化"通关监管模式创新；建成"RCEP+法律服务"一站式企业服务中心，创新在线争端解决机制国际商事调解业务新模式，企业获得感持续增强。

二、存在问题及分析

（一）制度创新不足、国际化不足，对标国际高标准经贸规则开放压力测试有待加强

第一，制度创新不足，具有全国引领性的创新成果较少。广西自贸试验区设立以来，已累计形成134项制度创新成果在全区复制推广，其中48项全国首创，但仅有少数案例获全国推广。而走在全国自贸试验区前列的上海自贸试验区，有一百多项制度创新成果获得全国推广。第二，在国际化方面，广西自贸试验区还缺少优越的国际语言环境、便捷的国际航班航线、师资良好的国际学校，以及国际化的法律服务、金融服务等。第三，对标国际高标准经贸规则开放压力测试有待加强。主要体现在应对开放的压力测试和风险测试不足，在知识产权、政府采购、数字贸易等方面对接高标准国际贸易规则具有滞后性，同时，开放性配套政策协调性有限。对照RCEP规则，广西自贸试验区在部分制度开放领域有待深入探索，资源要素配置能力有待提高。比如，在面向中国—东盟自贸区的信息获取、原产地证书开立、市场推广等方面未建立起高效的管理机制。

（二）产业发展升级缓慢，围绕主导产业精准招商引资存在困难

一方面，广西产业结构不优，资源型、高能耗、低附加值工业比重大，劳动密集型产业众多，高技术产业增加值占比低。而且广西自贸试验区成立时间较晚，发展模式、开放程度远不如国内其他自贸区，竞争优势不够突出。广西自贸试验区着力打造的高端制造业、金融服务业、国际物流业等产业几乎覆盖国内现有的21个自贸区。广西自贸试验区内多数企业处于起步阶段，开放意识不足，海外拓展意愿不高，新技术开发能力有限，导致产业升级缓慢。广西本地企业普遍规模较小，龙头企业、重大项目带动作用不够，围绕主导产业精准招商，特别是外资招商有待进一步加强。

另一方面，广西自贸试验区的主导产业多为劳动密集型和资源密集型制

造业，而与广西毗邻的越南等东盟国家处于工业化迅速发展时期，劳动力成本较低，相比之下广西处于劣势地位。而且 RCEP 实施后，随着劳动密集型产业的加速外移，越南为主的东盟国家有望成为新的制造业中心，这也会加大广西自贸试验区招商引资与产业发展的困难。

（三）自贸试验区协同发展处于起步阶段，协同发展作用有待进一步发挥

推进区域协同发展是自贸试验区建设的重要工作之一。内部片区协作水平是广西自由贸易试验区供应链竞争力的一个重要影响因素，为确保供应链竞争力的提高，外部借力是必要的，但更需要整合内部力量，形成协同效应。一方面，广西已于 2022 年制定并印发了《关于设立中国（广西）自由贸易试验区协同发展区的指导意见》，要求在南宁、钦州、崇左、北海、防城港市设立自贸试验区协同发展区，指导三大片区围绕"协同制度创新、协同产业发展、协同物流建设、协同要素共享、协同服务配套、协同监督管理"等六大任务开展协同发展区建设，但到目前为止，广西自贸试验区各片区之间协同开展自贸试验区工作的效果还不明显。同时，当前广西自贸试验区协调机制不科学、不完善，南宁片区、钦州港片区和崇左片区采取的仅是浅层次的合作模式，这使得区内各个片区之间生产要素不能充分自由流动，未达到资源配置的最优化状态，未实现片区间的深度融合发展。另一方面，广西已于2022 年 9 月与云南、黑龙江自贸试验区签订了《沿边自由贸易试验区协同创新发展框架协议》，并于 2023 年 8 月 22 日召开 2023 年中国沿边自贸试验区协同发展大会，探索沿边开放合作新模式，助推沿边开放开发水平不断提升。但三省区自贸试验区的协同发展作用还有待发挥。

（四）人才资源缺乏，人才素质有待提高

在自贸试验区高速发展的背景下，人才供给与片区高速发展矛盾比较突出。一是片区企业急需的多层次人才缺乏，影响片区重点产业的谋划和发展。例如，随着广西自贸试验区跨境电子商务、供应链金融和数字经济的发展，

对人才提出新要求，最迫切需要的是能够融合商务、技术和供应链管理等不同领域专业知识的全面应用型人才。然而，目前大多数市场供应并不能准确满足企业需求，区内人员整体专业素养有待提高，人才培养缺乏科学规划，而专业人才又缺乏适应自贸试验区专项培训。二是人才系统化服务未建立。各部门没有形成吸引人才系统集成的服务政策体系，产业园区所处位置偏远，配套生活、娱乐措施不健全，导致人才"留不住"。三是人力资源服务业发展水平滞后。片区人力资源专业化服务水平及发展程度不高、服务能力不突出、国际国内领先的中大型人力资源服务企业较为缺乏。

（五）营商环境有待继续优化

一方面，广西营商环境有较大的优化空间。《2020 年广西营商环境调研报告》显示，广西在各省（自治区、直辖市）2020 年营商环境评价中居全国中上水平，还存在一些短板和不足。比如，市场准入限制偏多，融资难融资贵；部分政策制定不科学、落实不到位，有的政策卡在"最后一公里"等。另一方面，广西自贸试验区起步较晚，与上海、广东、浙江、四川等省市在制度创新、营商环境等方面存在一定差距，仍存在许多短板，例如体制机制创新力度不足、行政服务水平有待提升、通关便利化尚有提升空间等。

第四节　中国（广西）自由贸易试验区提升发展建议

一、主动对接 RCEP 规则，深化制度创新

要瞄准 RCEP 规则，突破体制机制障碍，率先开展开放压力测试，大力推动规则、管理、标准等制度与国际对接，推动开放型经济集聚发展。要加大投资便利化领域的制度创新力度，最大限度发挥广西自贸试验区贸易投资便利化自由化的政策效应，完善外商投资促进机制，进一步完善外商投资"单一窗口"服务平台，全面推行外资企业服务"一专员两清单"制度，支持外资企业发展壮大。要用好用活原产地规则，加强对广西自贸试验区各片

区和企业的原产地规则培训，引导企业熟练运用 RCEP 原产地累积规则和经核准出口商制度，指导企业将原产地规则纳入企业产品的生产管理，并根据原产地规则选择合规的产品供应商，实现原产地合规化管理。探索电子商务自由贸易规则，着力削减数字贸易壁垒，在跨境数据流动和数字产品非歧视待遇等方面先行先试。

二、优化产业集群，加快构建 RCEP 跨境产业链

要在构建面向东盟的产业链、供应链和价值链过程中将广西自贸试验区打造成为区域经济发展重要门户和贸易投资核心，重点打造工业集聚区。科学制定《广西自贸试验区提升产业集群发展的总体规划》等统领性的文件，配套制定"主导产业集群"发展规划，确定"1 首位产业+3 个左右主导产业"的领头雁发展模式，打造一批产业影响大、辐射范围广、带动效应强的产业集群"领头雁"。充分利用国际国内两个市场两种资源，积极推动跨境产业集聚发展，充分发挥"两国双园"平台优势，推动自贸试验区主导产业整合区内先进制造业资源，优化配置生产制造环节布局，在境外园区布局原料采购基地，在境内园区布局生产销售基地，打造区域内自主可控产业链。顺应东亚区域产业链供应链重构的大趋势以及越南等东盟国家加速成为 RCEP 制造业中心的格局变化，以电子、汽车、绿色化工以及数字经济为重点，借助西部陆海新通道吸引产业集聚，与 RCEP 区域建立跨境产业链供应链联系，推进制定标准、联合研发创新，提升与 RCEP 其他成员国服务投资合作能级，构建坚实稳固、内外循环的产业链供应链价值链体系。

三、强化协同发展，形成协同发展新格局

自贸试验区协同发展是新发展理念的集中体现，也是构建新发展格局的需要。为推动我国自贸试验区创新发展，不仅要实现自贸试验区内部各片区的协同，还要开创自贸试验区之间的协同。要对标国际规则，制定同国际接轨的自贸试验区政策，提高广西自贸试验区应对国际环境变化的适应性。要通过体制机制创新实践，建立广西自贸区内部片区间决策与协作制度体系，

实现片区间深度融合发展。要有效借鉴国内自贸试验区建设先进经验，加强与上海、云南等地自贸试验区的交流互动合作，力求在体制机制创新、区域协同上实现深度融合。在跨省（市、区）自贸试验区协同发展上，要兼顾内外统筹、协作互动、优势互补，不仅要重视个性，也要重视共性，从而达到互利共赢，开创自贸试验区发展新局面。同时，要主动探索新机制，促进资源共享，促进要素资源尤其是数据、技术等现代型要素的自由流动。

四、重点引进应用型人才，实施超前培训计划

人才培养应以广西自贸试验区的发展需求为导向，提前考察企业的具体需求，评估未来的需求前景，以实施前瞻性的人才培养计划。努力加快改革，实现以需求和就业为导向的结构性改革。与广西高校合作，共同培养人才，加强人才储备，以避免高校因不了解当前自贸试验区需求，盲目进行人才培养，造成人才资源的浪费。共同培养的人才将是高层次的应用型人才，不仅符合广西自贸试验区功能的特点和多样化需求，也符合企业需求。要制定更强有力的人才引进政策，为人才来广西自贸试验区工作创造优惠便利的条件，确保引得进、留得住、用得好。同时，要培养、储备一批懂规则、懂实务、接轨国际的经贸专业人才，运用规则保障区内企业权利，为高水平开放保驾护航。

五、改进营商环境，提升服务水平

按照世界银行最新营商环境评价标准，对标中国（上海）自由贸易试验区，向营商环境先进的地区学习，在市场准入、投资建设、融资信贷、生产运营、贸易便利化等方面开展深层次改革，重新塑造中国（广西）自由贸易试验区的营商环境，提高中国（广西）自由贸易试验区贸易便利化水平。着力培植 RCEP 营商沃土，率先在广西自贸试验区三大片区开展营商环境综合改革试点，探索营商环境改革创新，构建与 RCEP 相衔接的制度体系，不断激发市场活力，打造营商环境高地。要多举措放宽市场准入规则、简化人才流动程序、推行企业注册登记网上一站式服务，实行市场准入负面清单制度。

要扩宽融资渠道、简化融资手续、降低信贷利率，缓解企业特别是中小企业资金短缺压力。积极推进法律服务体系建设，重点引进 RCEP 成员国的国际仲裁机构开展仲裁业务，为企业从事国际化经营活动提供全流程法律服务。

参考文献

［1］宋明倩，慕慧. 广西自贸试验区供应链体系存在问题与提升对策［J］. 商业经济，2023（02）：52-54，77.

［2］苏建健，杨柳艳. 广西自由贸易试验区制度创新的前提动因与驱动条件［J］. 法制与经济，2021（01）：96-103.

［3］李世泽，尚毛毛，钟蕾. RCEP 对中国（广西）自由贸易试验区建设的影响及其对策［J］. 广西社会科学，2022（02）：85-93.

［4］王水平，周洪勤. 广西自由贸易试验区产业升级的对策研究［J］. 现代商业，2022（23）：62-64.

［5］张蔡雨薇，雷思雨，赵宇. 新加坡经验对广西自贸试验区的启示［J］. 国际商务财会，2022（20）：43-46.

［6］杨素琳. RCEP 框架下中国（广西）自由贸易试验区的发展路径研究［J］. 法制与经济，2022（05）：121-124.

［7］韦金洪，张中秋，玉慧. RCEP 机遇下广西自贸试验区经贸合作的制约因素及优化策略［J］. 对外经贸实务，2022（11）：34-40.

沿边片区篇

第九章　中国（广西）自由贸易试验区片区提升发展成效

第一节　南宁片区提升发展成效

一、南宁片区简介

2019 年 8 月，国务院批复同意设立中国（广西）自由贸易试验区。作为中国（广西）自由贸易试验区重要组成部分，南宁片区位于五象新区核心区，实施范围 46.8 平方公里，重点发展金融、智慧物流、数字经济、文体医疗等现代服务业，大力发展新兴制造产业，打造面向东盟的金融开放门户核心区和国际陆海贸易新通道重要节点。

截至 2023 年 6 月底，南宁片区充分发挥中国—东盟信息港、面向东盟的金融开放门户、西部陆海新通道等国家级开放合作平台叠加优势，大胆试、大胆闯、自主改，努力打造全区新时代改革开放新高地，一是改革创新大力推进，国家赋予南宁片区的 91 项改革试点任务实施率达 100%，累计形成 132 项制度创新成果（全国首创 23 项），57 项试点经验和创新案例获自治区复制推广；二是政策体系不断完善，出台《加快建设中国（广西）自由贸易试验区南宁片区支持政策》《中国（广西）自由贸易试验区南宁片区促进外商投资股权投资类企业发展暂行办法》《中国（广西）自由贸易试验区南宁片区支持外商投资若干措施（试行）》等，政策红利持续释放；三是牵引带动作用初步显现，截至2023年6月底，累计新增企业近5.3万家，其中，外资企业突破400家（含迁入及分支机构），累计完成外贸进出口总额超2000亿元，累计实现实际使用外资金额突破12.5亿美元（含投资性公司），共引进20家世界500强公司新注册成立50家企业，17家中国500强公司新注册成立35家企业。一批项目在试验区内外落地建设、协同发展。

二、南宁片区提升发展成效

（一）以自贸试验区南宁片区建设为驱动，全面提升对外开放水平

1. 进一步加大制度创新力度

全力承接自贸试验区新一轮深化改革任务，更加突出深层次改革、高水平开放，"金融中后台服务基地跨境合作新机制"等4项创新成果获自治区推荐上报商务部，获评第四批自治区级制度创新成果14项，新增"物流数字化平台赋能实体经济发展新模式"等22项围绕产业发展的制度创新成果，推动广西首个陆铁联运跨境电商商品安检平行作业试点在南宁片区顺利启动。印发实施片区深化改革实施方案和2023年度工作计划，更加突出深层次改革、高水平开放。突出政策研究，制定出台《〈加快建设南宁片区支持政策〉实施指引（2023年版）》《外商投资股权投资企业试点办法》等政策，组织研究促进科技创新、现代金融、数字经济、服务贸易等四个专项的支持政策。

2. 高质量实施 RCEP

制定出台《南宁片区推进中国（广西）自由贸易试验区贸易投资便利化改革创新若干措施任务分工表》，推进各项任务落实。推进面向RCEP成员国的投资贸易，服务安徽云朗供应链、中韩（广西—江原道）产业园等项目投产入规，支持蓝水星、智慧电子创新开展"保税维修+加工贸易"业务，以及广西北港资源、泛糖科技等企业开展大宗商品进出口业务。持续完善南宁RCEP政务服务中心功能，为企业提供政务、关务、法务以及经贸合作、项目引进等服务，2023年1—5月累计服务企业56家。

3. 大力推进协同发展区建设

按照南宁市"一体两翼"城市空间规划布局，南宁片区首批协同发展区面积约70.2平方公里，涵盖南宁临空经济示范区、南宁东部新城和南宁市邕宁新兴产业园区。《中国（广西）自由贸易试验区南宁自贸片区协同发展区总体方案》和《中国（广西）自由贸易试验区南宁自贸片区协同发展区发展规划（2023—2025年）》已经市政府常务会议审定报自治区，待批准后实施。

（二）以生产性服务业发展为重点，全力打造服务跨境发展的生产性服务业高地和面向东盟的科技中心

1. 充分发挥南宁片区智库专家"外脑"作用

成功举办南宁片区生产性服务业赋能高质量发展交流大会，邀请智库首席专家黄奇帆做主旨演讲，并邀请6位生产性服务业细分领域行业领军人物交流探讨南宁片区生产性服务业高质量发展新趋势、新方向，积极推动生产性服务业赋能南宁产业高质量发展。

2. 加快发展科技服务

围绕跨境产业要素需求，谋划布局生产性服务业高端化融合化发展，加快谋划建设五象新区科技创新中心，成立五象科技创新中心工作专班，印发实施2023年度工作方案，五象科技生态园项目完成策划并进入选址阶段。推动一批标志性项目落地，对接中国科学院大气物理研究所、清华海峡研究院等一批高水平科技创新机构，积极推动广西桂电技术服务中心、卓越工程师学院和中国—东盟应用技术学院加快落地，谋划建设中国—东盟工业设计中心。新增广西人工智能与大数据应用技术创新中心、南宁水木蓝鲸汽车电子信息研究院等两个南宁市新型产业技术研究机构。积极服务广西建设面向东盟的科技创新合作区，配合自治区科技厅开展中国—东盟科技城多轮选址工作，委托中规院编制《中国—东盟科技城概念性总体规划（初步方案）》。

3. 大力发展现代金融

截至2023年5月底，金融城累计入驻金融机构（企业）450家，是2018年末的21.4倍，其中，2023年1—5月新增39家。持续推进金融中后台集聚

和建设,已聚集金融中后台中心20家,其中,中银香港东南亚业务营运中心业务范围已拓展至菲泰老柬马文缅等7个东盟国家,运作效率较业务迁移前提升约20%,业务成本较迁移前下降65%。太平东盟保险服务中心为越南、新加坡等东盟国家"一带一路"重要项目累计提供国际化风险保障420多亿元。持续推进跨境金融创新,跨境人民币同业融资等5项试点在南宁业务金额累计126亿元,其中,2023年1—5月业务量达28.22亿元。本外币合一银行结算账户体系试点、数字人民币试点等创新试点已在南宁片区落地开展,有3家银行网点获准开展本外币合一银行结算账号体系试点,落地全国首笔"碳减排支持工具+可持续发展挂钩+数字人民币"贷款、广西首个数字人民币税费缴纳、数字人民币智慧医疗、数字人民币小微易贷等场景。截至2023年5月末,累计为在华工作境外个人办理薪酬购汇手续52笔,涉及金额190.96万美元。2023年6月2日,举办试点办法政策宣讲会暨政银企对接座谈会,促进相关试点工作在南宁片区进一步深入开展;2023年6月15日在上海举办了"中国(广西)自由贸易试验区QFLP政策宣讲会",向参会机构进一步介绍南宁相关政策,争取更多优质金融企业落户南宁片区。

4. 加快发展数字经济

推动信息港重点项目加快建设,中国—东盟人工智能计算中心开始试运行,中国电信东盟国际信息园(二期)开工建设,云端网络项目协议顺利签订,中国—东盟数字经济生态中心启动运营,意向入驻企业8家。加快数字经济产业集聚提升发展,截至2023年5月,入驻南宁片区的数字经济企业超5500家,核心产值规模同比增长近16%。2023年1—5月,灵活用工运营监管平台营收规模达13.5亿元,共为158万人次灵活就业人员提供服务。大宗商品交易平台交易额累计完成561.3亿元,同比增长31.7%,其中,泛糖科技白糖交易平台价格发现功能已成为国内白砂糖价格变动的权威风向标,成为广西糖料蔗价格指数保险的赔付标准依据。

5. 大力发展商务服务等其他服务业

加快招引国际知名咨询机构普华永道,推动普华永道运营赋能项目加快落地。配合加快建设中国—东盟商品汇聚中心,B2C线上商城小程序已正式发布上线，入驻商家 200 家，上架东南亚各国产品 3000 多件，正在不断扩充、完善中。人力资源产业发展集聚区初步形成，广西（南宁）人力资源产业园入驻企业 58 家，其中，2023 年新增 7 家，营业收入超 38 亿元。充分利用自贸试验区政策以及促进产业集聚、支持企业购买自持商业、办公用房物业入驻五象新区政策等优势，开展总部经济招商，中核广西区域总部等央企区域总部购置办公楼宇入驻，积极服务 Smart 高端智能电动汽车全球销售中心开展业务，2023 年 1—5 月，实现销售收入 64.01 亿元。

（三）以重大项目建设推进为突破，全力扩大有效投资

1. 积极推进重大项目建设

强化计划安排，积极申报项目列入区市层面统筹推进重大项目，以市领导联系重大项目重点企业活动为抓手，南宁片区管委会主要领导作为工作总指挥，充分发挥处级领导服务队、责任部门联动工作机制作用，形成上下合力，推动一批项目加快建设，广西医科大学国际医药教育交流与研究中心（五象校区）等 4 个重大项目开工，五象投资创新型信息产业基地二期项目等 4 个重大项目竣工。

2. 切实强化项目要素保障

积极做好土地供应，南宁片区 2023 年上半年实际成交土地面积为 223.10 亩，实际成交金额 10.49 亿元。积极服务指导五象投资创新型信息产业基地三期有资金需求的项目申报企业债券、地方政府专项债券等专项资金，累计申报 15.07 亿元。指导五象投资公司成功发行全市首单自贸区离岸人民币债券 1.4 亿元，也是广西自贸试验区内企业首次成功发行自贸区债券。探索新型项目融资模式，以 PPP 模式推进一批市政基础设施建设项目，涉及总投资约 60 亿元，楞塘冲片区拟采用 ABO-股权投资+EPC 模式，进一步加强融资能力。

3. 大力推进招商引资加快项目落地

瞄准粤港澳大湾区、长三角等重点区域的重点目标企业和产业项目开展精准招商活动，根据项目落地推进情况，制定外出招商计划，赴广州、深圳、成都等地开展招商活动 8 次。围绕重点行业企业，及时跟进项目落地推进，

深入对接广西东盟跨境电商企业总部基地、南宁德濠五象智能制造创新中心、神光光学合成石英锭料定制化加工生产、广西桂电技术服务中心等一批项目，签约重点项目10个。

（四）以营造最优营商环境为抓手，全面打造自贸试验区高质量建设

1. 持续打造最优营商环境

高标准推进全区优化营商环境第三方评估工作，南宁片区营商环境评估连续两年在广西自贸试验区排名首位。进一步简化行政审批流程，实现片区首宗"标准地"出让工作。南宁片区综合服务大厅积极落实"负面清单"式放权，持续深化"证照分离"改革，大力推行"互联网+政务服务"模式，承接政务服务事项网上可办率达100%。截至2023年6月25日，通过广西"双随机、一公开"监管平台开展单部门抽查任务233批次，抽取检查对象2183户；开展部门联合抽查任务53批次，抽取检查对象862户次。

2. 进一步完善城市配套

加快推进公共服务设施配套建设，广西医科大学东盟国际口腔医学院北地块、广西民族老年活动中心开展室内外装饰装修，广西医科大学五象校区PPP项目主体开始建设，南宁东盟妇女儿童活动中心已完成前期工作。

3. 积极保障高层次人才子女入学

加快RCEP规则落实，在来华外籍高端人才子女入学方面积极探索。2023年4月6日，印发《南宁市教育局关于做好南宁市高层次人才及海外人才子女教育保障工作的通知》（南教招考〔2023〕3号），明确海外人才在享受子女义务教育入学政策咨询、就近入学安置等服务的办理流程、办理时限、办理所需材料等，推进海外人才子女教育保障工作落实见效。

（五）以党建联盟活动为引领，扎实推进党建业务双提升

坚持着眼全局，立足新发展阶段，准确把握五象新区（南宁片区）在服务和融入新发展格局中的比较优势，自觉将党建工作融入自贸工作大局中共

同谋划、推进、检验，找准"党建+自贸协同发展"切入点和突破口，将组织要求和党员需求相结合，以"学思想、强党性、重实践、建新功"为指导思想，针对自贸试验区深化改革中的难点、堵点问题多次开展广西自贸试验区党建联盟主题党日及调查研究活动，不断丰富"党员主题活动日+"内容，坚持以工作目标为抓手推动发展、以组织建设为抓手强化党建工作，站在更高站位、更宽视野全力谋划推进升级版自贸试验区南宁片区建设工作，以推动自贸试验区高质量发展的新成效检验主题教育学习成果。

第二节　钦州港片区提升发展成效

一、钦州港片区简介

中国（广西）自由贸易试验区钦州港片区（以下简称"钦州港片区"）于2019年8月30日获批设立，总面积58.19平方公里，包括中马钦州产业园区、钦州综合保税区、钦州港经济技术开发区等三个国家级园区，是中国（广西）自由贸易试验区面积最大、唯一临海的片区，功能定位为"一港两区"（即西部陆海新通道国际门户港、向海经济产业集聚区和中国—东盟合作示范区），重点发展港航物流、国际贸易、绿色化工、新能源汽车、电子信息、生物医药等产业。片区实行"核心区+功能区"的管理模式，以国家批复的58.19平方公里核心区，撬动临港区域260平方公里资源要素统一配置。片区现有户籍人口2.87万人，常住人口及流动人口约6.5万人。

2022年，钦州港片区GDP完成474.2亿元、同比增长13.5%；规上工业总产值完成1286亿元、同比增长38.5%；固定资产投资完成298.3亿元、同比增长18.7%；财政收入完成126.4亿元、同比增长1.3%；外贸进出口总值完成597亿元、同比增长175%；实际利用外资2.9亿美元、同比增长11.6%。在2022年国家相关评比中，钦州综合保税区在全国参评的137个综保区中综合排名61位，前进13位，在广西参评的4个综合保税区中位列第一；钦州港经济技术开发区首次进入全国经开区百强行列排第94位，前进94

位；钦州石化产业园区成功入选全国 22 家、西部首个国家绿色化工园区。

在向海产业方面：2022 年新开工及在建的百亿元重大产业项目 11 个，建成投产后将新增工业产值 3000 亿元以上。规上工业总产值突破 1200 亿元，比计划提前一年进入广西千亿元园区行列。形成了以中石油、华谊、恒逸、桐昆等企业为龙头的万亿级化工新材料产业集群，及以中伟、中船、见炬等企业为龙头的 500 亿~2000 亿级新能源电池材料、海上装备制造、电子信息等特色产业集群的"四梁八柱"。截至 2022 年底，落户钦州港片区的世界 500 强投资企业 22 家，中国 500 强投资企业 34 家；建成投产规模以上工业企业达 61 家，其中产值超亿元的 20 家，超 10 亿元的 7 家（港青、高能、新天德、泰兴、天恒、澄星、雅保），超 50 亿元的 2 家（华谊能化、国投电厂），超 100 亿元的 3 家（金桂、中伟、中粮），超 500 亿元的 1 家（中石油）。

在国际门户港建设方面：钦州港是西部陆海新通道三条主通道的出海口，是西部陆海新通道和粤港澳大湾区连接西南地区的重要门户港、重要物流枢纽港，拥有海岸线长 98.7 公里，目前已建成泊位 81 个，其中，万吨级以上泊位 41 个，集装箱泊位 8 个；港口吞吐能力 1.8 亿吨，集装箱吞吐能力 600 万标箱；建成广西首个 30 万吨级油码头和全国首个海铁联运自动化码头，具备 20 万吨级集装箱船单向通航、30 万吨级油轮通航能力；在营航线 69 条，其中外贸航线 42 条，通达全球 119 个国家和地区的 393 个港口。2021 年，钦州港位列全球百大集装箱港第 44 位。2022 年，钦州港完成港口货物吞吐量 1.74 亿吨、增长 3.9%；集装箱吞吐量 540.7 万标箱、增长 16.9%。

在西部陆海新通道建设方面：建成投运全国首个非省会、非计划单列市的唯一一个铁路集装箱中心站，全面打通海铁联运"最后一公里"，并与中欧班列实现常态化衔接。截至 2022 年底，西部陆海新通道海铁班列服务范围覆盖 17 省区市、60 市、115 个站点，实现西部 12 省区市全覆盖，并拓展到华中、华北地区；已累计开行班列 2.31 万列，单一年度开行量从 2017 年的 178 列猛增到 2022 年的 8820 列，增长了近 50 倍。2022 年，钦州铁路集装箱中心站集装箱办理量突破 40 万标箱，在全国铁路 13 个中心站中排名提升至第五位，实现一年上升一个新台阶。

在开放合作方面：完成中马"两国双园"升级版规划，成功举办中马"两国双园"10周年系列庆祝活动。挂牌成立 RCEP 企业服务中心、公共法律服务中心和钦州国际商事纠纷调解中心，推动广西金桂浆纸业公司成为广西自贸试验区首家 RCEP 项下经核准出口商。中马钦州产业园区金融创新试点业务量累计达 207.6 亿元，境内信贷资产跨境转让业务的境外对手方范围从马来西亚拓展至东盟全域。建成投运面向东盟的北部湾（广西）大宗商品交易平台，全年注册会员 39 家，交易额近 8 亿元。川桂国际产能合作产业园首批入园企业签约落户。

在改革创新方面：广西自贸试验区总体方案赋予的 94 项改革试点任务实施率达 100%，累计形成制度创新成果 152 项，其中获全区复制推广的累计达 61 项，数量居广西自贸试验区三个片区第一。集装箱多式联运"一站式"全自动化模式获评全区改革创新十佳成果。中马钦州产业园区金融创新试点获评第三届广西建设面向东盟的金融开放门户改革创新十大案例。

二、钦州港片区提升发展成效

（一）狠抓重大项目建设，壮大向海经济规模和总量

1. 建立精准服务"五张清单"

管委领导挂点联系重大项目，制定 30 个统筹推进重大项目清单、13 个重点招商引资项目清单、11 个年度计划竣工项目清单、32 个重点跟踪服务企业（项目）清单、9 个需自治区和市层面跟进协调解决重要问题清单等五张清单，明确目标责任指引和进度时效要求，成立项目要素保障工作专班，组织实施"摸实情、优服务"专项行动，有力有效服务项目建设。2023 年上半年，钦州港片区自治区层面统筹推进重大项目实现新开工 3 个，市层面重大项目实现新开工 7 个。

2. 加快推进百亿项目建设

中石油炼化一体化转型升级项目正在开展强夯工作；华谊三期一阶段甲醇制烯烃项目基础设计已进入中期阶段，已取得施工许可证；恒逸项目厂前

区建筑主体已封顶，正在进行装修施工；桐昆项目正推进项目装置设计及招标工作，配套办公楼已完成建设；格派项目成品仓库和 2 号仓库基础施工完成 80%，正在进行三元前驱体车间桩基施工；中伟一体化年产 8 万吨高冰镍项目已进入试产阶段；中船南翼基地项目第一个厂房已试产，第二个厂房已开始基础施工。

3. 加大企业要素资源供给

协调解决远景能源产品出运价格和码头出运问题，预计风机叶片运费从 100 万元/套降至 25.5 万元/套，为企业每年节约运费成本超 1 亿元；推动协鑫、国创、交科 3 家企业列入天然气大用户市场化改革试点；完成钦州石化产业园供水项目用电双回路牵线工作并投入运营；完成格派项目用地弱电线路迁改；协调推进中石油炼化一体化转型升级、国投三期、金桂二期、建发饲料、雄创、昌德用地范围内高压线缆迁改。加大土地、资金保障力度，2023 年上半年，片区累计完成土地征收 3370 亩；新增供应土地面积 3135 亩；收回低效闲置用地用海 2036 亩；争取到政府债券资金 9.72 亿元、2023 年自治区统筹支持工业振兴资金（第一批自治区重大工业项目）6 亿元。

4. 加快主导产业延链补链

一是围绕绿色化工产业，签约引进金弘宝环保可降解材料、华盈高端树脂新材料、新天德乙醛吡啶联合装置及甲胺装置等延链补链项目；二是围绕海上风电装备制造产业，签约远景钦州智能风机叶片制造基地二期及测试中心项目；三是围绕新能源新材料产业，签约年产 3 万吨 PVB 中间膜研发生产基地、建联钦州建筑新材料加工等项目；四是围绕医疗器械产业，签约引进了欣颜医疗器械、嘉励医疗器械、迈威尔医疗器械等一批项目；五是围绕提升城市功能品质，引进了中马国际一级医院等项目。截至 2023 年上半年，已累计引进 20 个项目、总投资额 87.9 亿元，招商引资到位资金 79.9 亿元。

（二）加快港口能级提升，建设更高水平新通道门户港

1. 港航设施功能持续完善

大榄坪南作业区 9~10 号自动化泊位、钦州港钧达散杂货码头通过竣工验

收，大榄坪作业区 1~3 号泊位正式投入运营。钦州北港物流有限公司 12 号、13 号泊位码头工程项目开工建设。落实金鼓江 19 号泊位新增安全隔断设施建设出资主体并启动施工。推动保税港区边检勤务指挥中心开工建设。建成投用钦州港口岸虫检初筛实验室，相比原来送外地植检缩短约 70 小时。

2. 西部陆海新通道联运织线成网

"洋浦港—北部湾港—云南"海铁联运沥青班列、重庆新能源汽车陆海新通道海铁联运专列、"贵港—北部湾港"海铁联运班列等实现首发，西部陆海新通道辐射范围达到 17 省（直辖市、自治区）61 市 117 个站点。新增"钦州—南京—广州—钦州"内贸集装箱航线已开通，"钦州—南沙"内外贸同船运输路径正式开通运营，钦州港现运营航线达到 69 条，其中外贸航线 42 条、内贸航线 27 条。西部陆海新通道综合冷链物流钦州港基地项目、中储粮钦州港粮食仓储物流项目实现实质性开工，中谷钦州集装箱多式联运物流基地、北部湾国际粮食加工产业园一期等项目实现竣工。北港新通道联运中心、集装箱分拨中心等项目加快建设。

3. 钦州综保区建设有新进展

双胞胎饲料加工项目、木材交易中心一期主体工程完工，金陵饲料加工、农垦饲料加工等项目开工建设。跨境电商清关中心投入运营，跨境电商保税进口 1210 业务正式开展。保税研发进出口额实现零突破。积极协调得邦机电公司重启保税维修业务。综保区 AEO 高级认证企业新增 1 家、累计达 3 家。海关总署争取开展进口矿产品目的地检验试点。完成综保区辅助平台 3.0 系统升级启用。2023 年上半年，综保区外贸进出口预计完成 210 亿元，增长 28%。争取海关部门探索实施综保区大宗商品"区港联动"集成改革，推进进境锰矿、大豆等大宗商品"口岸直提、入区检验""整体申报、分批送货"等监管模式改革试点。

（三）全力稳外资稳外贸，打造特色化国际贸易新高地

1. 延续利用外资"好势头"

创新开展 QFLP 引进外资模式，推动新基石（有限合伙公司）实现广西首笔 QFLP 进资 19.82 万美元,并推进中马启元公司与潜在外资公司合作,争取利用 QFLP 模式引资。跟踪服务重点外资项目,指导雅保公司完善股权交易对价款 824.04 万美元材料;开展雅保二期项目投资合同、政策奖励协调工作,帮助广西中创汇信、广西中控国际贸易等两家新增外资企业开展企业注册、FDI 登记及外币账户开立工作。

2. 推动大宗商品交易"小变大"

完善北部湾(广西)大宗商品交易平台系统多种交易模式,基本完成基差点价交易业务准备。成功争取郑商所南方首个锰硅合金交割库落户片区。落地首单进口锰矿人民币跨境结算。启动北部湾锰产品现货价格指数编制。落实平台系统建设资金补助 152.98 万元。截至 2023 年 5 月底,北部湾(广西)大宗商品交易平台已累计完成交易额 23 亿元,线上资金结算 11.93 亿元,交收锰矿 217.9 万吨,注册会员企业 68 家。建立与平果市合作打造的再生铝进口原料绿色通道工作机制,加快构建片区"大宗商品交易+供应链"运作模式。推动与前海联合交易中心合作落地大豆离岸现货交易试点,已取得国家支持政策突破,并会同海关部门、试点企业商定业务测试方案。积极筹办中国—东盟大宗商品交易商展会。

3. 推进口岸通关"更高效"

继续推行兑现查验无问题费用、中介降费补贴和钦州港口收费目录清单管理制度,提高口岸收费透明度,已兑现 2023 年 1—5 月查验补贴,完成 2023 年降费奖励协议签订和第一季度降费奖励申报手续。2023 年 1—5 月,钦州港口岸进口整体通关时间为 32.94 小时,比 2017 年全年的 267.44 小时压缩 87.68%;出口整体通关时间为 1.37 小时,比 2017 年全年的 43.55 小时压缩 96.87%。

4. 促进商贸发展"规范化"

制定商贸发展合同(标准版),进一步规范片区管委与企业为促进商贸发展而签订的合作协议。研究出台商贸发展奖励申报审核管理暂行办法,进一步规范奖励审核管理。围绕片区重点生产性项目,积极探索贸易批发数据落地路径,推动实现"贸易回流"。2023 年 1—5 月,片区新增入库批零企业 12

家，其中限上批发企业 11 家、限上零售企业 1 家。

（四）加强"两国双园"互动，推动中国—东盟合作走深走实

1. 稳妥推进双边互动交流

钦州港片区管委会领导率团出访马来西亚、新加坡和文莱等东盟国家，深入马中关丹产业园、新加坡裕廊工业园和文莱大摩拉岛恒逸石化等项目调研，拜访新加坡国际港务集团、中检新加坡公司、恒逸实业（文莱）公司、文莱摩拉港公司和马中商务理事会等重点企业或机构，积极推动跨境产业、港口航线和园区开发建设等领域合作。组织参加"投资中国年"（走进东盟）启动仪式暨中马"两国双园"马中关丹产业园十周年庆祝活动等经贸活动。接待马来西亚前总理对华特使、马中商务理事会前主席丹斯里黄家定先生一行、马来西亚森美兰州州行政议员拿督穆罕默德一行和马来西亚彭亨州州议会副议长、美律区州议员李政贤代表团等来访。

2. 推动与马方企业合作"破冰"

与马来西亚国家石油公司上海代表处开展洽谈，推进与马来西亚石油公司开展油气贸易、润滑油加工、清洁能源等方面相关合作事项。与深圳市怡亚通供应链公司沟通，洽谈引入马来西亚投资方到片区参股建设棕榈油贸易加工项目。推动马中关丹国际物流园开发公司与中马钦州产业园管委签署东南亚特色产品进口基地和直销中心建设项目合作协议。

3. 积极开展经贸投资合作

一是推进燕窝产业发展。推动马来西亚 MBN 和碧和燕窝两家毛燕预处理工厂增加毛燕走钦州的贸易量，扩大原材料供应。组织燕窝企业参加 2023 年广西"三三消费节"、消博会、桂品出海、上海燕博会等展销活动。推动入驻片区燕窝企业复工复产，目前已有 5 家企业复工，1 家新入驻企业成功试产，2 家企业筹备复产。2023 年上半年，燕窝进口额累计完成 1 亿元，工业总产值累计完成 2635 万元。二是提升棕榈油、马来西亚榴梿贸易量。2023 年上半年，片区企业经营马来西亚榴梿产品贸易量 948.5 吨，开展棕榈油进口业务量 41999 吨。三是推动跨境项目合作。重点推进炬申物流马来西亚物流项目、

马中关丹产业园怡美粮油加工项目、马来西亚 MBN 收购南洋燕窝项目、中马—辉航新材料产业园、中马"两国双园"乳胶新材料智能制造中心等 5 个与马来西亚相关的跨境合作项目。目前，炬申项目成功获批 ODI 资质，南洋收购案成功签署收购协议，怡美粮油项目在马来西亚注册公司并选定项目用地，平果铝辉航公司赴马来西亚开展项目前期对接和选址工作。

（五）深入推进改革创新，打造高质量发展促进平台

1. 制度创新再结硕果

出台钦州港片区制度创新项目培育库管理规则，加大创新事项培育力度。2023 年上半年，向商务部报送"集装箱跨境物流'全生命周期'管理服务改革"等 3 个特色案例争取全国复制推广；推动 13 项成果获评全区第四批自治区级制度创新成果并在全区复制推广，占全区第四批 30 项成果总数的43.3%，继续领跑广西自贸试验区三个片区。

2. 推动片区深化改革

出台深化改革实施细案和 2023 年度工作计划，部署推动实施"核心示范区"建设 88 项清单化改革任务，聚焦双循环枢纽、双循环经济、双循环开放合作、一流营商环境等方面开展改革创新。2023 年 2 月 24 日，钦州门户港运营中心第一次会员大会在片区召开，大会完善中心组织架构，明确运作项目化清单，合力推进海铁联运一体化、"区港联动"、危化品"直装直提"、规范修洗箱服务、组建秘书处等重点改革事项。

3. 大力推进科技创新

2023 年上半年，完成科技型中小企业培育入库 38 家，累计完成 14 项成果登记。金桂、国投 2 家企业上榜 2022 年度广西高企 100 强。片区"一主体两孵化基地"案例获 2022 年度广西科技体制改革优秀典型案例并复制推广。北投水务、数字城市、金铖锰业已认定为创新型中小企业，并推荐申报自治区级"专精特新"中小企业。广西金桂浆纸业有限公司年产 180 万吨高档纸板扩建项目、中船广西海上风电产业基地南翼项目等 11 个项目成功列入 2023年第一批自治区"千企技改"工程项目。开展"一对一"知识产权指导开发

服务，2023 年上半年共完成 25 项专利申报。

（六）狠抓营商环境建设，营造市场化国际化法治化一流环境

1. 健全营商环境工作体系

制定《广西复制推广营商环境创新试点改革举措任务清单》。设置 50 多个营商环境监测点，到企业开展营商环境调研 100 多家次。实施重点工作联合督查工作制度，开展营商环境工作督查四次。广西自贸区 2024 年第一次营商环境第三方现场监测结果显示，钦州港片区企业满意度位居 3 个片区第 1 名。持续开展"出机关、强服务"行动，促成管委领导层面带队调研 46 次，促进企业降本增效。完善产业服务掌上通、《RCEP 政策宣传手册》、片区政策兑现申报审核规程等服务载体，研发企业运行画像监测系统，推动服务更精准、更高效。

2. 提升金融服务水平

持续开展中马钦州产业园区金融创新试点，累计 14 家银行、48 家机构备案成为试点银行，123 家企业列入跨境人民币双向流动便利化业务白名单，业务量达 261.44 亿元。推动 QFLP 量效提升，累计注册设立 QFLP 企业 9 家，实际到位资金 21.55 万美元。加快构建本外币合一银行结算账户体系，片区试点银行共为 214 家企业开立本外币合一银行结算账户，本币和外币资金交易量分别达 30 亿元和 596 万美元。2023 年 1—5 月，片区累计投放"桂惠贷" 32 亿元，惠及 281 户市场主体，直接降低企业融资成本 0.4 亿元；16 户市场主体获得政策性担保新增贷款共 8961 万元。桂林银行股份有限公司广西自贸试验区钦州港片区科技支行开业，钦州市区农村信用合作联社新设片区分支机构。成立航运保险领域共保体，北部湾保险钦州港支公司"航运保险中心"累计为个人和企业提供 8080 万元货运风险保障。

3. 深化行政审批改革

2023 年 1—6 月，钦州港片区新增市场主体 3550 家，新增注册资本 95.81 亿元；办理各类行政审批事项 1.7 万件，按时办结率 100%；广西政务一体化平台好评率保持 100%。积极推行"极简审批、承诺审批、集中审批"模式，

畅通审批服务"绿色通道",为项目"量身定做"审批流程,高效办结格派新能源、桐昆绿色化工等一批重大项目审批手续。稳步推进道路货物运输经营许可"无感审批"、人力资源服务行业综合许可、工程建设项目"验登合一"、用地规划许可与工程规划许可"两规合一"等系统化集成式审批改革,推行工程建设项目审批全流程网上办理、用水报装等市政公共服务与工程项目审批"一窗受理"等智能审批、智慧政务办理。出台行政许可事项清单管理工作方案,编制政务服务"全链通办"实施清单,出台2023年政务服务便民利企"微改革"实施方案和"政务服务体验官"制度实施方案,提升政务服务标准化规范化便利化水平。

(七)加快产城融合发展,提升民生服务和民生治理能力水平

1. 大力提升城市品质

加强城市规划服务,开展钦州港片区国土空间分区规划、管线综合专项规划、公共停车场专项规划编制,完成大榄坪物流加工区总体规划修编等。加快推进棚户区改造G期工程建设,累计完成棚户区改造G期工程420套一层楼板施工。加快推进自贸新城项目建设,完成一期Ⅱ标高层公寓3栋地下室垫层施工,完成B、C、D区累计118套建设,完成片区新型城乡融合发展示范区(淡水湾)项目施工图设计。建成片区市政道路指路牌及候车亭(二期)工程,推进环珠东大街(一期)、南港大道北段、鹿耳环大道、陆海大道延长线、友谊大道北段、火车站进站路、三小配套道路、综保区五大街和七大街、西港区排水管网雨污分流改造、钦州港石化园区原水管道以及钦州港公共管廊等工程建设。完成2020年蓝色海湾项目全项目整体验收。持续做好国家卫生城市巩固提升工作。持续开展市政环卫保洁、大气扬尘治理、近岸海域海漂垃圾整治等。扎实推进钦州港区中学改革相关工作,实现改革平稳落地。片区九年一贯制学校——钦州港经济技术开发区实验学校获批并挂牌,于2023年9月正式开学。加快推进三小新校区等项目建设。

2. 压紧压实安全生产

大力推行全员安全生产责任制、企业主要负责人履行安全生产职责清单、

数字化信息化监管、"政府+企业+保险"安全监管、第三方安全技术机构协助监管等新模式新机制。强化安全生产责任落实，开展双重预防机制建设，突出防范化解安全风险，组织开展安全生产隐患排查专项整治。持续开展片区特种作业专项整治、自建房安全专项整治、燃气领域安全生产监管、建筑施工安全监管、道路交通安全隐患排查整治和防灾减灾工作。加快推进安全生产数字化监管，安全生产和应急管理系统（一期）已有19个子系统上线投入使用。加快推动化工园区安全技能实训基地和石化园区智慧管廊项目建设。有序推进石化园区一期封闭化项目建设。2023年上半年，片区没有发生较大及以上安全生产事故。

3. 深化平安片区建设

做好市域社会治理现代化试点验收迎检工作，狠抓自治区验收组反馈意见整改落实。做好命案预防治理工作，组织召开命案防范化解暨优化法治化营商环境推进会。加强矛盾纠纷及"三敏感"问题排查化解，排查调处矛盾纠纷204起，调处率100%。落实重大节庆、重要会议、重要活动期间维稳安保工作。成立"两法"衔接联动协作办公室，深入推进"大综合一体化"综合执法改革。加大打击"三抢两违"违法行为，保障华谊三期、国投三期、金桂二期等重大项目顺利落地。开展非法养殖设施清理整治，开展超限超载等交通领域专项执法检查，持续深化打击走私综合治理，"十排联防"工作机制获全国打私办简报登载推广。狠抓食品安全监管，顺利通过创建国家食品安全示范城市验收。

第三节　崇左片区提升发展成效

一、崇左片区简介

中国（广西）自由贸易试验区崇左片区（以下简称"崇左片区"）于2019年8月设立，面积15平方公里，是全国5个沿边自贸片区之一。崇左片区设立以来，坚持以"为国家试制度、为地方谋发展"为使命，大力实施自由贸易试验区提升战略，着力打造服务国内国际双循环市场经营便利地核心区，加快建成沿边产业发展示范区。

（一）制度创新亮点纷呈

崇左片区累计有 25 项工作经验做法实现"全国首创或全国第一、全国率先突破"，有 21 项制度创新成果在国家、自治区层面复制推广，其中《边境地区跨境人民币使用改革创新》是广西唯一获评全国"最佳实践案例"的制度创新成果。全国首创边民互市贸易手机申报 App 应用、越南车辆直通厂区模式（加工企业每车原料可节省运输成本 3000 元左右）。

（二）口岸通关更加便利

崇左片区内的友谊关公路口岸是广西货运通关量最大的口岸，率先在全国沿边口岸实行海关、边检等部门业务"多卡合一"通关模式，车辆通行时间从 5 分钟缩减至 30 秒；口岸货物进出口实现海关"提前审结"。友谊关成为新冠疫情下全国唯一不间断通关的陆路口岸，2022 年进出境车辆 19.93 万辆次，进出口货值 2092.73 亿元；2023 年一季度，友谊关口岸进出境车辆 7.9 万辆次、增长 103.15%，进出口货运量 88 万吨、增长 74.64%，进出口货值 974.7 亿元、增长 239%。

（三）跨境合作蓬勃发展

充分利用国际国内两个市场、两种资源，着力建设加工制造、商贸物流、要素流通"三条纽带"，推动各类资源要素聚集流通。创新推进中越"两国双园"发展模式，吸引企业"在国内研发+落户广西生产+转移越南生产组装"跨境布局产业链。目前片区已形成跨境电子信息、东盟特色产品深加工两条产业链。2022 年，规模以上工业总产值 77.12 亿元，同比增长 26.29%，其中电子信息加工业三年增长近 10 倍。引进行业内"专精特新"小巨人企业 2 家，分别为凭祥市三诺数字科技有限公司（高端音频产品制造，如智能音响、蓝牙耳机）、广西自由贸易试验区良维电子有限公司

（精密型电源线制造，成为 Apple、IBM、Samsung、联想、LG 等国际知名品牌供货商）。

二、崇左片区提升发展成效

（一）聚焦制度型开放，进一步构建与国际经贸规则相衔接的制度体系

1. 提升实施 RCEP 规则质量

崇左片区坚持问题导向，围绕产业升级、企业发展需求和堵点难点加大创新力度，以制度创新破解难题、赋能发展。积极推动落实自由贸易试验区跨境服务贸易特别管理措施（负面清单）；推动落实易腐货物和快运货物 "6 小时通关"；积极申报建设海外知识产权维权援助工作站，提升企业海外知识产权风险防范能力；加快崇左片区计量检测检验中心建设，提升标准对接和标准输出能力。

2. 提升对接 CPTPP 规则能力

探索与 RCEP 成员国数字经济合作，拓展跨境电商 B2B 出口业务，推广跨境电子商务零售进口退货中心仓模式，探索推动跨境电商边境仓、海外仓等 "多仓" 创新联动发展模式。推动在东盟国家建设公共海外仓，实现高效仓储集疏，打通跨境电商货运物流进出口双向通道，促进跨境产业发展；推进跨境支付清算一体化建设，完善东盟国家货币的跨境现钞调运体系，推动跨境人民币同业融资、跨境人民币双向流动便利化；探索中越 "两国两园" 加工产业联动发展新模式，推动三诺公司、运多多公司等有实力的企业 "走出去"，加强与东盟为主的 RCEP 成员国园区之间开展电子信息加工产业链供应链垂直分工、数字服务贸易等合作。

3. 提升制度创新系统集成

充分利用国务院就支持壮美广西建设出台的 "1010" 文件政策红利，积极探索创新园区企业利用跨境劳务人员自由流动、园区企业税费制度改革、园区加工企业进出口商品监管和运输便利等，加快构建园区跨越发展的政策

体系；支持片区企业与越南企业合作，在中越友谊关—友谊国际口岸探索通过政府采购服务贸易方式实施出入境货车通关"一费制"；推动与全国沿边自贸片区建立合作关系，共同就沿边开放创新发展战略有关制度性突破、边境贸易发展政策等开展联合研究和创新；探索崇左片区与南宁片区在强化科技支撑、延长产业链方向的联合创新，探索崇左片区与钦州片区在"海运互市+落地加工"方向的联合创新。

（二）聚焦投资自由便利，进一步构建市场主体平等准入有序竞争的投资管理体系

1. 提升投资自由便利水平

认真执行《中华人民共和国外商投资法》《中华人民共和国外商投资法实施条例》，落实外商投资准入前国民待遇加负面清单管理制度，清理和消除外商投资在市场准入、审批许可、投资经营等环节不符合法律法规的限制和隐性壁垒。

2. 提升营商环境市场化法治化国际化水平

崇左片区积极配合区市场监管局，共同草拟了《中国（广西）自由贸易试验区商事登记确认制改革实施方案》，持续深化"证照分离"改革；加快推进数字化政务服务水平。进一步巩固"微改革""一窗通办""全链通办""免证办"等服务改革品牌。持续优化政务效能，推进依申请政务服务事项"零材料"事项占比率、依申请政务服务事项电子证照关联占比率等指标实现提升。

（三）聚焦贸易自由便利，进一步构建贸易转型升级和通关便利的监管体系

1. 提升贸易转型升级水平

崇左片区正在培育的供应链服务平台重点企业有中优国聚供应链科技（广西）有限公司、广西尚川供应链管理有限公司等4家总部企业。厦门正御集团手机保税检测维修及保税冷链仓储项目预计2024年三季度投产。

2. 提升边境贸易发展水平

崇左片区培育互市商品落地加工企业 1 家，为广西保航农业发展有限公司，凭祥全市范围内有 23 家，主要加工杞果干、坚果、中药材、豆类农副产品等。目前自治区食药监所已初步同意在崇左片区设立自治区食品药品检验所分支机构，正在争取自治区药监局同意支持。基础设施项目实现新突破。崇左片区跨境劳务服务中心项目已竣工验收；标准厂房二期项目已竣工验收、互联互通工程一期项目已完成道路安防工程；已完成临时便道、临时电力、场地平整及硬化、清除表土、临时拌和站等。计量检验检测中心项目已完成综合计量检验检测中心主体封顶。

3. 提升新型贸易发展水平

推进跨境电商公共清关中心围网建设，成功引进菜鸟网络、安永等跨境电商企业落户，其中菜鸟网络拟建设东南亚物流枢纽，鼓励百世物流、广西嗨购等电商企业共建海外仓。

4. 提升贸易平台发展水平

赴南宁片区、钦州港片区考察学习大宗商品交易建设经验，初拟构建崇左片区大宗商品交易平台工作方案，已形成《中国（广西）自由贸易试验区崇左片区大宗商品交易平台项目建议书》。中国（广西）自由贸易试验区崇左片区计量检验检测中心项目综合计量检验检测大楼已完成主体 10 层封顶，目前正在开展主体建筑砌砖相关施工，截至 2023 年 5 月底，砌体工程外墙内墙 1~10 层均已完成。

5. 提升智慧口岸通关能力

推进开展中越浦寨—新清通道智慧口岸项目和中越友谊关—友谊智慧口岸项目，推动 24 小时通关试点。

（四）聚焦跨境资金自由便利，进一步构建金融开放创新和风险防控的服务体系

1. 提升面向东盟的金融开放水平

崇左人民银行反馈，目前崇左市不是本外币合一业务试点城市，将结合企业需求向上级行争取试点资格。联合人民银行、银保监等部门开展"金融服务日"活动，宣传关于支持跨境金融创新相关政策，鼓励金融机构开展金融创新。

2. 提升人民币跨境使用水平

积极引导金融机构、片区企业开展跨境人民币计价结算业务。联合崇左人民银行（外汇局）、中国银行凭祥支行实地走访园区企业，引导企业开展对东盟跨境人民币计价结算业务。联合崇左外汇局召开"2023年金融领域工作推进会""金融服务外贸调研座谈会"，鼓励片区企业开展人民币计价结算。开展金融服务日暨企业接待日活动，了解片区企业金融创新需求，提高人民币计价结算积极性。赴上海开展广西自贸区跨境金融政策推介，积极推广跨境人民币结算工作。

3. 提升跨境保险服务水平

联合自治区、崇左银保监局、崇左保险协会召开"金融服务外贸调研座谈会"，探索推进设立健康、养老、科技等专业保险机构。组织招商小队前往上海交流学习，其中包括，拜访元亨祥集团有限公司，进一步学习元亨祥"保险+康养"先进经验，探索以现有条件推动"保险+康养"创新保险模式。

（五）聚焦运输往来自由便利，进一步构建跨境多式联运高效衔接的交通物流服务体系

1. 建设陆上边境口岸型国家物流枢纽，提升跨境陆路运输能力

西部陆海新通道凭祥公铁联运物流国际港项目已完成立项、可研、环评、初设等。西部陆海新通道凭祥冷链物流仓储项目已完成立项、可研、初步设计等前期工作。

2. 推进跨境班列常态化规模化运行

优化铁路口岸中越班列"一站式"通关、友谊关口岸全信息化智能化通关，确保22条跨境公路物流线路、13条跨境铁路班列常态化规模化运行，构建连接RCEP和国内市场的国际物流枢纽。

（六）聚焦要素资源自由便利，进一步构建面向东盟的跨境产业链供应链体系

1. 提升面向东盟国际产业链合作

跨境电子信息、东盟特色产品深加工等两条产业链在崇左片区已初步形成规模。跨境电子信息产业链方面，成功引入三诺跨境电子深加工产业示范园项目、新秀电子产品项目、良维精密型电源线项目等项目实现了投产；东盟特色产品深加工产业链方面，目前主要有广西盐津铺子、盟区健康科技等 4 家规模以上企业。

2. 提升面向东盟现代服务业合作

积极筹备国家跨境旅游合作区申报工作。目前已拟出《中越跨境旅游合作区合作协议》上报自治区人民政府，并通过市外事部门发给越南谅山省文化体育和旅游厅，待越方反馈修改意见后跟进下一步签订工作。支持凭祥中等职业技术学校（东南亚外语学校）与越南高等院校扩大合作办学规模。

3. 提升制造业与商贸业协作水平

已经初步形成以现代服务业为依托，大力发展跨境电子信息、东盟特色产品深加工两条产业链。以重大项目建设为依托，补齐园区基础设施配套，不断夯实园区发展后劲，其中，跨境劳务服务中心项目可容纳 6000 多工人入驻。中国—东盟特色食品药品深加工产业园项目已完成标准厂房建设，已有广西盟区健康产业科技园有限公司中草药加工项目入驻并正式投产，盟区公司已完成存储量 2000 吨物流中心，恒温冷库，质量检测中心、综合展示体验中心等建设，主要生产熊胆粉、鸡血藤等中草药，年产值 2000 万元以上；自由贸易试验区崇左片区计量检验检测中心项目已基本完成主体建设；中国（广西）自由贸易试验区崇左片区人才公寓已完成地下桩基建设。

（七）聚集人员进出自由便利，进一步构建更加便利的人才发展体系

会同崇左市、凭祥市向国家、自治区层面申请恢复跨境劳务合作试点和

延长入境停留时间，探索适度灵活的外来劳务用工政策和进出口监管制度等，争取越南公民持"边民通行证"入境停留期限延长至 7 天，越南入境务工人员一次性停留期限延长至 90 天。推动建设跨境人才市场，利用崇左片区跨境劳务服务中心建立和完善对跨境劳务工人的管理及服务，营造良好的跨境劳务用工环节，缓解企业用工难等问题。

（八）聚焦数据流动安全有序，提升数字化政务服务能力

1. 加快构建政府、企业统一共享数字化平台

进一步构建符合市场规则和治理能力要求的现代政府管理体系，通过自治区数据共享交换平台与政务一体化平台、事项管理系统、广西公共数据开放平台等系统深度对接，崇左片区发布 21 条资源目录，库表资源数据总量506409 条，文件资源数据总量 207 条，通过系统的建设，实现各部门资源共享和互联互通，数据资产可以实现再利用，有效地推动经济转型发展、提升政府治理能力。

2. 加快构建智慧政务体系

建立健全"跨省通办"和跨片区、跨行业、跨部门统筹协调机制。通过租用"政务晓屋"的形式来推进"云窗口"综合改革试点工作，以"统筹规划、试点带动"为原则，以片区综合服务中心政务服务规范化建设为基础，以"先行先试"为突破，依托"5G+VR 技术"试点"政务晓屋"，多措并举畅通政务服务基层"毛细血管"。依托技术共享，通过"晓屋"的可视化窗口，无须签订合作协议、无须对接业务系统、无须梳理通办事项，办事群众在全省到全国各地任意一个"晓屋"均可享有无地域差别的"面对面"云端服务、"手把手"悉心指导，快速实现跨城通办、异地可办、多城联办，有效缩短通勤距离和时间成本。

第十章　中国（云南）自由贸易试验区片区提升发展成效

第一节　昆明片区提升发展成效

一、昆明片区简介

昆明经济技术开发区（以下简称"昆明经开区"）成立于 1992 年，2000 年经国务院批准升级为国家级经济技术开发区，面积为 156.6 平方公里，现有总人口 32 万人，市场主体 7.7 万户。建区 30 余年来，全区经济社会发展取得显著成绩，二、三产业结构优化为 66∶34，形成了以装备制造、烟草及配套、生物医药及健康产品、绿色食品制造、新材料等工业为主导，商贸物流、信息软件、总部经济、金融等现代服务业共生互促发展的产业结构，综合实力在全国 230 家国家级开发区中位居上游水平，是云南省唯一集国家级经济技术开发区、国家级综合保税区、国家科技兴贸创新基地、国家新型工业化产业示范基地、国家大众创业万众创新示范基地、长江经济带国家级转型升级示范开发区、国家绿色园区于一体的多功能、综合性产业园区，成为昆明市乃至云南省重要的工业聚集区和经济增长极，以全市 0.7% 的土地面积贡献了全市 8% 的经济总量。

2019 年 8 月 30 日，经国务院批准，中国（云南）自由贸易试验区昆明片区正式挂牌，与昆明经开区党工委、管委会合并设立、一体化融合发展。实施范围共 76 平方公里（包含昆明综合保税区经开片区 0.58 平方公里），位于昆明经开区（16 平方公里）和昆明官渡区（60 平方公里）核心区域，在云南自贸试验区三个片区中面积最大、范围最广、经济体量最大，是昆明主城、呈贡新区及空港经济区三大功能组团中心地带和连接点。功能定位重点发展高端制造、航空物流、数字经济、总部经济等产业，建设面向南亚、东南亚的互联互通枢纽、信息物流中心和文化教育中心。改革试验任务包含 94 项国改任务和 47 项省改任务，其中主试任务 101 项、首创任务 10 项。

随着中老铁路通车、RCEP 落地生效、昆明市托管西双版纳州磨憨镇共同建设国际口岸城市工作全面启动，可有效发挥自贸试验区昆明片区、昆明经开区、昆明综合保税区、中老磨憨—磨丁经济合作区"四区"政策叠加优势，通过"探索产业+口岸联动"模式，在中老磨憨—磨丁合作区谋划中老国际物流产业、跨境旅游康养产业、进出口加工制造产业、东南亚金融贸易产业等产业布局，持续扩大口岸经济新优势，实现以大通道带动大物流、大物流带动大贸易、大贸易带动大产业"1+1+1+1>4"的效果。

二、昆明片区提升发展成效

2022 年，昆明经开区（自贸试验区昆明片区）深入学习贯彻党的二十大精神，紧扣"争当全市经济社会发展排头兵"的发展目标，抓住 RCEP 生效、中老铁路开通、昆明市全面托管磨憨镇等重大发展机遇，高效统筹疫情防控和经济社会发展，提升发展成效显著。

（一）经济体量稳中有进

完成主营业务收入 3184 亿元，首次突破 3000 亿元大关；规模以上固定资产投资完成 127.4 亿元、增长 2.4%；规模以上工业增加值增长 2.8%；社会消费品零售总额完成 162 亿元、增长 4.6%；地方一般公共预算收入完成 35 亿元；完成外贸进出口总额 508.8 亿元。

（二）产业发展提质增效

修订"1+4+N"促进产业高质量发展系列政策，出台"5+X 产业链"链长制工作方案，印发稳住经济大盘 20 条措施，全年兑现扶持资金超 10 亿元、累计退税 9.7 亿元。全年新升规企业 68 户，其中工业 9 户，国家新型工业化产业示范基地发展质量评价由三星提升至四星，昆船智能股份 IPO 成功首发。全社会 R&D 投入占地区生产总值比重达 3.5%，新增各级企业创新平台 10 个，培育省级以上专精特新"小巨人、成长型企业"5 户，净增高新技术企业 58 家，科技创新综合指数排名开发（度假）园区第一、全市第二。

（三）招商引资实现提升

坚持"一把手"带头抓招商，与中老磨憨—磨丁经济合作区开展联合招商，先后赴深圳、成都、南京、上海、福州等地，考察拜访正威集团、华为技术、厦门钨业等 30 余家企业，累计签约项目 32 个，引进重大产业项目 20 个，沪滇临港昆明科技城、国际供应链示范中心等项目开工建设。引进市外内资 196 亿元，其中产业类项目到位资金 130 亿元。

（四）项目建设加快推进

全年新入库投资项目 94 个、增长 135%，普洛斯环普产业园、赛诺制药新厂等项目建设快速推进。投资结构进一步优化，非房投资增速超过 40%，其中工业投资完成 38.7 亿元、增长 37%，占比较 2021 年提升 8 个百分点，为近年来最高；基础设施投资 18.3 亿元、增长 36.9%，占比 14.3%、较 2021 年提升 4 个百分点。

（五）制度创新取得突破

141 项试验任务全部落地实施，10 项创新成果入选全省第三批复制推广改革试点经验，"协同打造海外绿色低碳园区新样板"受到国家发改委关注。中山大学发布的"中国自由贸易试验区制度创新指数"中，昆明片区在第 5 批 19 个自贸试验片区中排名第 6 位，其中贸易便利化指数跻身前 5。

（六）开放合作拓展深化

与厦门、大连、钦州港等自贸片区建立联动创新机制，共建"日韩—东盟 RCEP 贸易走廊"。全面参与磨憨国际口岸城市建设，深入研究"四区"联动叠加机制，与中老磨憨—磨丁合作区深度联动发展。探索创新中老铁路多式联运通关便利化模式，首创"澜湄快线""中老铁路+中欧班列"等双向快速通关模式，累计出口货物 7.5 万吨、价值 26.25 亿元。

（七）营商环境持续优化

不断深化"放管服"改革，承接实施省、市 174 项赋权行政管理事项，实施工程建设审批制度改革，从项目立项到实施仅需 12 个工作日。推广"一部手机办事通""e 办通"，549 项政务服务事项实现"掌上办"，9 省事项跨省通办、241 个事项跨区自助办理。提升金融服务便利化水平，实现中老铁路"一单制"融资功能试点；持续深化"银税互动"，为企业发放贷款 42 亿元。

（八）要素保障更加有力

全年出让土地 1059.7 亩，处置批而未供土地 430.5 亩、闲置用地 1471 亩。投入基础设施建设资金 12.2 亿元，经开 263 号、264 号路完成建设，安石公路市政化改造项目正式通车。有效处置区域疫情 3 起，国家肿瘤区域医疗中心项目复工建设，新增 4 所公办幼儿园，实验小学二期、黄土坡九年一贯制学校完工。新增城市绿地 15.3 公顷，空气优良率 98.02%，3 条入滇河道水质均优于水质目标，成功认定为云南省绿色低碳示范产业园区。

第二节　红河片区（河口边合区）提升发展成效

一、红河片区（河口边合区）简介

中国（云南）自由贸易试验区红河片区（以下简称"红河片区"）成立于 2019 年 8 月，规划实施范围 14.12 平方公里，重点发展加工及贸易、大健康服务、跨境旅游、跨境电商等产业，全力打造面向东盟的加工制造基地、商贸物流中心和中越经济走廊创新合作示范区。河口边境经济合作区（以下简称"河口边合区"）成立于 1992 年 9 月，规划面积 4.02 平方公里，主导产业为进出口加工、跨境商贸物流。2022 年 4 月至今，红河片区党工委、管委会实行合署办公、一套机构，加挂河口边合区党工委、管委会牌子，与河口县融合设置，实行"区政合一"。

2019 年 8 月成立至今，累计上报省自贸办经验案例 47 项，获得全省复制推广 19 项，入选商务部评选经验案例 10 项。累计新设企业数 2429 户，新增外商投资企业数 19 户，外贸进出口总额 534 亿元，实际利用外资 1573 万美元，工业总产值 38 亿元，固定资产投资 188 亿元。

1. 改革成效不断凸显

承担的 147 项国家和省级改革试点任务已全部落地实施，"互联网+边民互市"贸易监管模式作为典型经验做法获得国务院通报表扬。

2. 基础配套不断完善

生活配套设施项目建成保障性租赁住房 288 套，完成供水厂、污水厂、标准厂房等 5 个项目建设，中小企业孵化园、坝洒监管区等 14 个项目加快推进，水、电、路和厂房等基础配套逐步完善。

3. 重点产业不断集聚

跨境电商产业园二期开通跨境电商"9610""9710"等出口业务，签约企业 26 户，完成贸易额 2134 万元。唐立特纺织产业园一期入驻园区试生产，兴嘉年产 18 万吨糖蜜产品项目投产。

4. 营商环境不断优化

深入实施打造一流营商环境三年行动，开展营商环境提质培优年活动。181 项省州管理权限实现"区内事、区内办"，48 个主题事项实现"一件事一次办"。实现重点项目全程免费代办、"承诺即开工"，建设项目自申请至开工时间压缩至 5 个工作日内。推行政务服务"一门办、网上办"等"十办"改革取得新突破。2022 年，营商环境在红河州考评中获优秀。

下一步，红河片区（河口边合区）党工委、管委会将深入学习贯彻党的二十大精神，实施好自贸试验区提升战略，按照云南省委"3815"战略发展目标谋划和红河州委"337"工作思路，抓好以制度创新赋能沿边开发开放示范区建设，全力推动园区高质量跨越式发展。

二、红河片区（河口边合区）提升发展成效

（一）改革创新取得成效

红河片区承担的 147 项国家和省级改革试点任务已全部落地实施，累计上报省自贸办经验案例 47 项，占全省上报总数的 50.5%，获得全省复制推广19 项。"互联网+边民互市"贸易监管模式获国务院第九次大督查通报表扬，"创新成立边境贸易服务中心"得到人民网宣传推介。创新全流程电子化边民互市结算"红河模式"，实现"跨境直通、电子批量"模式在全省推广，跨境人民币结算量位居全省三片区之首。实现 RCEP 多边协定下首笔跨境人民币结算业务、首笔远期购汇原价展期业务等多个"首笔"成功落地片区。

（二）拼好园区经济

1. 聚焦经济指标拼进位

2023 年上半年，红河片区完成外贸进出口总额 29.87 亿元，同比增长53.88%；实际利用外资 100 万美元，同比增长 100%；新设企业数 502 户，同比增长 301.6%。

2. 聚焦招商引资拼产业

建立链长制及招商工作专班，在长三角、珠长角、越南设立驻点招商工作小组开展驻点招商，紧盯电子信息、纺织服装等产业主链开展精准招商。2023 年上半年，"一把手"招商 8 次，小分队招商 9 次，招商工作小组拜访企业 79 家，在谈项目 25 个，投资约 44.45 亿元。举办"东盟华商会"河口投资考察招商推介活动等多场招商活动，参加广交会等多个会展活动，签约合作项目 7 个、协议投资 17.8 亿元。

3. 聚焦基础配套拼项目

建立"一个项目、一名领导、一个专班、一张清单、一抓到底"的"五个一"推进机制，服务保障重点项目建设。累计投资 11.79 亿元的标准厂房、

跨境电商物流产业园（二期）项目、金竹坪变电站建成投用；坝洒监管区、配电网入地配套设施、中小企业孵化园等总投资 61.4 亿元的在建项目提速推进；南溪河联检楼、东盟国际服装服饰采购交易中心、园区停车厂等项目可望 2024 年内投用。2023 年上半年，争取到预算内及专债资金 9.9 亿元，完成固定资产投资 38.28 亿元，同比增长 40%。

4. 聚焦营商环境拼服务

承接省州赋予的 181 项管理权限办理事项 4890 件。落实省州营商环境提质年行动方案，开展服务企业见面例会、政务服务体验师等活动。

5. 聚焦市场培育拼主体

落实好"区县"领导挂包联系重点企业等制度，组织召开服务企业见面例会 11 次，解决问题 52 个。新设内资企业 498 户，外资企业 4 户。

（三）基础配套不断完善

完成跨境产能合作园区等 3 个项目可研编制，统筹开展矿压、环评、地灾等 11 项评估评价工作。开展河口边合区总体规划、红河片区"十四五"建设规划编制工作，编制完成河口边合区小组团滚动发展实施方案及高质量发展"一园一业"三年行动方案，河口边合区列为云南省第一批 18 个重点园区之一。推进重点在建项目 12 个，总投资 79.87 亿元。园区供水厂、污水厂、标准厂房和跨境电商物流产业园（二期）清关中心等项目建成投用在即，生活配套设施项目完成 288 套住房主体工程，跨境产能合作园区、纺织园区保障性租赁住房、中小企业孵化园、坝洒监管区、国际口岸停车场等项目加快推进。把安全生产贯穿园区建设全过程各方面，认真落实安全生产责任制，党工委、管委会会议研究安全生产工作 4 次，开展安全生产大检查 25 余次，压紧压实了部门监管责任、企业主体责任。

（四）重点产业不断集聚

聚焦电子信息制造、跨境电商、跨境旅游、大健康服务等七大重点产业链，制定推行链长制落实"六个大抓"实施方案和"一把手"招商"产业链"招商工作方案，建立产业链长制工作专班，推进以商招商、产业链招商、点对点招商，促成项目签约 9 个，投资额 25.15 亿元。完成省外到位资金 20.15 亿元，实际到位外资 155.51 万美元；完成 3000 万元以上新签约项目 8 个，3000 万元以上新开工项目 2 个。成功举办 2023 年中越（红河州）招商推介会，中越企业贸易合作签约总金额 10.3 亿美元。跨境电商"9710""9810"出口业务顺利通关、"9610"完成系统测试，边民互市落地商品加工产业园加快推进。跨境电商物流产业园（一期）现有入驻企业 82 户，完成销售额 2.5 亿元。

（五）营商环境实现优化

大力实施"打造国际一流营商环境示范三年行动计划"，深入开展"五极"营商环境行动，着力营造市场化、法治化、国际化一流营商环境。2022 年，"区县"每千人拥有市场主体增长率、办理建筑许可、中小微企业申贷获得率、出口退税办理时间等 13 个指标优于和等于全省最优值，第三方评估综合得分位列全州前列。推行项目审批"容缺制+承诺制+代办制"模式，实现工程建设项目自申请至开工时间压缩至 5 个工作日。成立 RCEP 企业服务中心，为企业提供政策咨询、行政审批等"一站式"服务。实施"双随机一公开"部门联合监管模式，联合抽查完成率达 100%。

（六）联动发展得到加强

注重加强与云南省州部门和金融机构的对接，累计争取到上级财政资金 1.71 亿元、前期贷 1 亿元，争取支持园区产业发展、规划建设项目及项目前期经费 1.56 亿元，全力保障园区产业发展、项目建设顺利推进。与蒙自经开区红河综保区研究下发《联动发展工作机制》，形成联动工作机制。创新海关保税货物租赁模式，探索开展保税业务"区外监管"，实现红河片区、红河综保区政策联动。通过联动，香港祥晟隆科技 SMT 智能终端制造项目落地红河片区（河口边合区）。项目于 2022 年 8 月投产至今，已实际利用外资 718.8 万美元，完成工业总产值 4000 万元。共同赴福建、重庆联合招商 2 次，通过第二十二届投洽会签约瑞迈加工产业园项目，协议总投资 1.5 亿元。起草红河片区（河口边合区）与蒙自经开区红河综保区干部挂职交流工作方案，拟采取平级挂职交流的方式，选派 1~2 名优秀干部进行互派挂职。与昆山经开区、陕西自贸试验区中心片区（经开）管理局、自贸试验区崇左片区、曲靖经开区分别签订东西部联动、西部联动、沿边开放联动合作协议。先后派出 3 个代表团赴越南、老挝等国家开展考察活动，探索到越南河内设立跨境企业服务联络处，积极促进与周边国家联动发展。

第三节　德宏片区提升发展成效

一、德宏片区简介

2019 年 8 月 30 日，中国（云南）自贸试验区德宏片区（以下简称"德宏片区"）正式挂牌成立，位于德宏州瑞丽市，实施面积 29.74 平方公里，实施范围包括瑞丽主城区和姐告边境贸易区核心区。德宏片区工管委为中共德宏州委、德宏州人民政府派出机构，与中共瑞丽市委、市政府融合设置，实行"区政合一"。聚焦"为国家试制度，为地方谋发展"两大主线任务，德宏片区重点发展跨境电商、跨境产能合作、跨境金融等产业，打造沿边开放先行区，中缅经济走廊的门户枢纽。全面落实中央关于加快沿边开放的战略部署，力争经过三至五年改革探索，将自由贸易试验区建成贸易投资便利、交通物流通达、要素流动自由、金融服务创新完善、监管安全高效、生态环境质量一流、辐射带动作用突出的高标准高质量自由贸易试验区。自 2019 年挂牌至今，德宏片区突出"沿边""跨境"两大特色，以制度创新为引领，以问题为导向，走沿边特色差异化改革探索之路，"边境地区涉外矛盾纠纷多元处理机制"成为全省唯一一项获国务院自由贸易试验区部际联席会议办公室认可并在全国复制推广的"最佳实践案例"，"一颗印章管审批"瑞丽模式在全省推行，探索实施"集群注册""容缺预审""先建后验"等系列管理模式。"三跨"工作取得实效，实现跨境电商"9610""9710""9810"模式全覆盖，全国首推人民币对缅币兑换参考报价，创造引领中缅货币兑换汇率的"瑞丽指数"，跨境人民币结算量连年突破百亿元，创新"一线两园"跨境产能合作模式，中缅跨境农业合作取得新成效。

二、德宏片区提升发展成效

（一）制度创新有新成绩

以问题导向、企业需求导向，总结提炼上报经验案例 10 项，其中有 2 项（跨境园区联动优化产业链布局新模式、中缅跨境贸易服务创新模式）上报商务部。

（二）先行先试有成效

印发《德宏片区深化改革开放实施方案》，新一轮 101 项改革试点任务有序推进；创新制度培育新产业新业态，姐告海外上市药品、仿制药、肿瘤药、新药等消费试点，天然牛黄等贵细药材加工试点稳步推进，率先实现央地合作"一县一科"示范中心建设；创新开展大麻二酚（CBD）产业试点；创新人发准入试点标准，开展发制品进口贸易及落地加工企业入园；创新开展玉米压片（蒸汽压片）进口。

（三）"三跨"产业有业绩

2023 年 1—8 月，跨境人民币结算完成 79.17 亿元，跨境保险完成入境车辆承保 2.7 万单、参保车辆 1.8 万辆、保费 148.94 万元；成功办理首笔"人民币对外汇期权"业务、首笔"带押过户"二手房贷款业务、首笔缅籍务工人员工资汇回缅甸业务，片区金融服务水平持续提升。深化中缅跨境人力资源合作；与省农科院签订合作协议，招引境内外意向合作企业 7 户，与缅方开展地方沟通会晤 9 次，从地方层面推动缅方调整姐告通道贸易政策。跨境电商"9610"进口顺利通过测试，完成跨境电商"9610"进出口货值 449.69 万元。

（四）营商环境有提升

设立"一件事一次办"16 个主题事项综合服务窗口，办理事项 1062 项，政务服务事项网上可办率和全程网办率已分别达到 98.91%、91.21%；"区市联动"承接赋权审批模式改革有序推进，片区综合监管和行政执法体系初步构建。

（五）姐告核心区转型升级有力推进

编制《中缅边合区·姐告商务核心区综合开发规划》《姐告拓展区一期成片开发方案》，成功争取水利部同意将姐告拓展区纳入伊洛瓦底江流域综合规划。实施姐告商务核心区综合开发项目，明确州国控集团作为项目实施主体。起草《姐告产业转型升级工作思路及近期重点任务实施方案》，明确七大重点任务。截至 2023 年 10 月 10 日，姐告区新增市场主体 776 家（企业 121、个体 655），新增 32 家第三国商品经营企业，区内 44 家第三国商品经营企业完成销售额 5.63 亿元，同比增长 100%。

第十一章 中国（黑龙江）自由贸易试验区片区提升发展成效

第一节 哈尔滨片区提升发展成效

一、哈尔滨片区简介

2019 年 8 月 30 日，中国（黑龙江）自由贸易试验区揭（授）牌仪式暨建设动员大会在哈尔滨举行，标志着黑龙江自贸试验区建设工作正式启动。作为黑龙江自贸试验区三大片区之一的哈尔滨片区，规划面积 79.86 平方公里，重点发展新一代信息技术、新材料、高端装备、生物医药等战略性新兴产业，科技、金融、文化旅游等现代服务业和寒地冰雪经济，重点建设对俄及东北亚全面合作的承载高地和联通国内、辐射欧亚的国家物流枢纽，打造全面振兴全方位振兴的增长极和示范区。

（一）区位优势明显

哈尔滨片区地处东北亚中心位置，是连接中蒙俄经济走廊和亚欧国际货物运输大通道的重要节点以及联通欧亚与北美的航空枢纽，与俄罗斯远东地区、蒙古、日本、韩国均处在 2 小时航空交通圈内，航运可与俄罗斯远东港口相通，可对接国际陆海联动大通道。

（二）对外开放利好

作为黑龙江省首个 QFLP 试点地区，首批 50 亿元基金额度顺利获批。跨境电商快件一体监管中心顺利竣工并通过海关验收，国际贸易"单一窗口"哈尔滨新区暨自贸片区专区正式上线运行。在黑河大桥开通"9710"转关出口业务，首次实现与边境口岸通关协作。格林伍德离岸孵化基地稳定运营，阿斯图国际人才交流中心正式入驻。成功引进俄运通、龙链通、万科中俄产业园等项目。2022 年，对俄进出口总值同比增长 116.8%。

（三）创新资源富集

哈尔滨片区是国家双创示范基地、国家服务贸易创新发展试点。与哈工大联合申建国家航天高端装备未来产业科技园，获批成为国家首批十大未来产业科技园。集聚各类孵化器 53 个、122.2 万平方米，形成了全省规模最大的孵化经济群。全社会研发经费投入强度达到 3.4%，保持先进地区水平。同创普润、腾讯安心平台、科大讯飞、奇安信等一批战略新兴产业领军企业先后落户。

（四）宜居宜业宜游

哈尔滨片区位于松花江和呼兰河交汇合围的三角洲区域，万顷天然湿地奠定了生态基础，形成了一纵、四横、两湿地、十二湖的水脉结构。拥有太阳岛和冰雪大世界、雪博会等国家 5A 级景区，拥有可四季滑雪的万达文旅城、可四季戏水的波塞冬海洋世界，拥有体验异国风情的枫叶购物小镇等旅游资源。哈尔滨大剧院、哈尔滨音乐学院每年举办专业演出 300 余场。定期举办哈尔滨国际马拉松比赛、F1 摩托艇等重大国际赛事。每年接待中外游客约 2300 万人次。

（五）惠企政策叠加

哈尔滨片区围绕聚投资、聚产业、聚人才、聚企业，从供给端和需求端同时发力，推出了促进产业集聚的"黄金三十条"、支持改革创新的"新

'驱'二十五条"等利好政策，不断为区内企业高质量发展赋能。

二、哈尔滨片区提升发展成效

(一) 聚焦主责主业，制度创新成效显著

一是总体方案系统落实。围绕政府职能转变、投资领域改革、贸易转型升级、金融开放创新、培育东北振兴新动能、打造对俄及东北亚开放合作新高地等重点推进76项试点任务。目前，已经完成67项。二是复制推广全面开展。国家前六批改革试点经验和最佳实践案例共计278项，除沿海地区和指定区域复制推广的经验外，我省能复制的有257项。目前，已落地推广224项，占比93.33%。三是制度创新定向突破。立足特色开展差异化探索，已经推出六批150个创新案例，其中42个入选省级创新实践案例。四是区域联动务实高效。与黑河、绥芬河自贸片区聚焦"建立产业联盟"等八方面重点任务加强联动协作。推动与长三角地区企业、商协会的联动交流，构建双向互动的贸易新平台。

(二) 聚焦争先晋位，营商环境不断优化

对标国际一流营商环境，为高水平开放塑造最佳氛围。一是积极推进"放管服"改革。根据国家和省市等相关工作要求和国内其他先进地区营商环境创新经验，结合自贸片区实际，研究出台《哈尔滨新区暨自贸区哈尔滨片区2023年营商环境专项行动方案（升级版）》。二是稳步承接省级事权下放。按照2023年黑龙江省人民政府3号令要求，本次赋予哈尔滨片区共332项省级权力事项，涉及19个行业部门。三是全面开展优化营商环境专项行动。加强与省、市对口专班沟通联系，明确指标任务的考核标准和评价体系，严格按照考核标准，逐项逐件抓好任务落实。

(三) 聚焦深化改革，审批服务持续领先

推出"跨境发证""一业一证""无感续证""视频验证""承诺代证"等五

证服务，推动"精简审批要件"向"精简审批事项"转变。一是推进"签约即发证"改革。制定印发《哈尔滨片区签约即发"证（照）"实施方案》，通过相关单位在项目签约前期召开联席会议，将招商洽谈与审批服务相结合，充分发挥领办帮办全代办作用。二是推动商事登记制度改革。使在自贸区内注册经营的小型住宿、美容美发、博物馆、展览馆等11类公共场所，具备开业条件后只需自主承诺即可经营，无须办理公共卫生许可手续。三是推进建设项目综合评审改革。研究制定《哈尔滨片区建设项目综合审批改革工作实施意见（试行）》，将审批环节由原来的最多36个压缩至6个，审批时限由原来的18个工作日最短压缩至1个工作日。

（四）聚焦对俄合作，开放能级全面提升

主动融入国内国际双循环，全力打造"面向俄罗斯和东北亚全面开放的承接高地"。一是充分发挥"哈洽会"效用。组织百余家片区企业参展，涉及汽车制造、航空航天、新材料、现代通信、人工智能、健康医疗等十几个行业，充分展示对外开放新形象；各参展企业共接待洽谈800余人次，意向客户70余家，意向金额达8000余万元。二是培育二手车出口新业态。为二手车出口试点企业提前开展利用跨境电商平台拓展国际二手车市场专题培训，并持续做好跟踪服务，目前4家试点企业均已通过商务部备案。三是完善跨境物流体系。以"哈欧班列"为龙头的国际物流体系初具规模，自2015年成立以来累计发运118030标箱，运送货值210亿元；中俄农产品交易中心一期投入使用，日均果蔬交易量达1000吨以上，高峰期近2000吨；跨快一体监管中心正式运营，首票"9710"货物顺利通关。

（五）聚焦招商引资，项目建设提档升级

以"跳出新区看新区"的开放格局，立足产业优势和短板，引进优质企业、优质资产，实现资源的最优化配置。一是聚力"国际化"招商。成功举办"对俄招商大会""哈尔滨—韩国科创企业产业技术对接会""德企中国行""俄企中国行"等大型国际经贸活动，辐射北京、香港、重庆、吉林、山东、

安徽等共 11 个省份、29 个城市，创新"预约制"洽谈模式，推动企业进行"点对点"对接，在园区合作、职业教育、电站建设运营、对外贸易等领域签订多项合作协议。二是用好"平台式"招商。与广东贸易促进会、俄罗斯工商会、俄罗斯中小企业联合会、对俄企业联盟、对俄新产业促进会、华国之窗等商协会保持长期合作，利用商协会和平台公司资源为区内企业提供与俄罗斯企业沟通合作平台。三是突出"展示性"招商。升级"哈尔滨新区驻莫斯科投资服务促进中心"，正式建成投用"龙粤（深哈）俄罗斯展销中心"，为国内企业商品展示、商贸洽谈、跨境交流、产品销售等提供极大便利，有效提升对俄贸易综合服务功能。

（六）聚焦跨境金融，对俄结算更加便利

整合本外币、内外贸、离在岸、商投行一体化的便利化跨境金融服务，为集聚跨境贸易总部经济提供保障。一是引进中俄金融联盟。联盟成员已由初期的 35 家拓展到现在的 83 家，推动对俄金融合作拓展到资金清算、跨境结算、外汇交易、现钞调运等领域。二是拓展外资利用新通道。制定印发《自贸区哈尔滨片区合格境外有限合伙人境内股权投资管理办法》，填补了黑龙江省在此方面的制度空白，首批 50 亿元基金额度顺利获批。三是打造对俄结算服务中心。支持哈尔滨银行成立全国首家对俄结算服务中心，依托 CIPS 直接参与者资质，成功上线 CIPS 标准收发器，有效提高了跨境结算的安全性和时效性。

第二节　黑河片区提升发展成效

一、黑河片区简介

黑龙江省黑河市是"向北开放"的重要窗口，是中俄开展全方位交流合作的最前沿。中国（黑龙江）自由贸易试验区黑河片区是中国最北自贸试验区，是"一带一路"中蒙俄经济走廊国际区域中心城市的新引擎，与哈尔滨、

绥芬河三个片区形成黄金三角支撑态势，被中央赋予建设跨境产业集聚区和边境城市合作示范区、打造沿边口岸物流枢纽和中俄交流合作重要基地的功能定位。

中国（黑龙江）自由贸易试验区黑河片区于 2019 年 9 月 17 日正式揭牌。占地面积 20 平方公里，以中央街商脉延伸为主线，培育六大功能区：一是国际自由岛。以大黑河岛为主体，依托建设中的中国黑河—俄罗斯布拉格维申斯克跨黑龙江索道，重点发展免税购物、主题娱乐、歌舞演艺等产业。二是国际商务港。以中俄黑河—布拉戈维申斯克黑龙江大桥联检区为核心，重点发展企业总部、金融服务、专属人才公寓等业务。三是文教智汇谷。以黑河学院和黑河职业技术学院为依托，重点发展产业育成、文创休闲、科创研发、影视网红等产业。四是智造加工园。以进出口加工园区和跨境电商园区为依托，重点发展先进制造、跨境电商、综合服务等产业。五是产贸物流园。以中俄跨境物流枢纽、互市贸易交易和加工区为依托，重点发展综合保税、进出口加工、跨境物流等产业。六是新型智慧街区。以东部新城区为依托，重点建设数字街区、国际社区、智能设施，打造产城一体化功能区。

按照国家赋予的总体任务目标，加快推进制度创新，打造优良营商环境，集中建设七个服务平台：国际合作政策平台、跨境物流平台、互市贸易平台、投融资平台、跨境电子商务平台、科技和人才服务平台、涉外法律服务平台。按照国家赋予的"培育东北振兴新动能"任务目标，立足中俄两种资源、两个市场，着力培育和壮大"6+N"跨境产业体系。依托中俄东线天然气和俄电进口项目，壮大跨境能源资源合作产业。依托中俄天然有机农产品，做大绿色食品加工产业。依托黑龙江大桥开通木材进口量增加，扶持跨境木材加工产业。依托黑河机电产品出口指定口岸和俄罗斯市场，做强跨境机电加工产业。发挥互市贸易植源性中草药进口政策，培育跨境新型制药产业。依托黑河特色旅游资源，发展跨境旅游康养产业。依托黑河国家寒地试车基地资源，提升汽车高寒试验产业（跨境）。同时，培育边民互市贸易、跨境电商、跨境物流、沿边金融等产业。打造以跨境产业集聚区为重点的中俄跨境合作新典范。

黑河片区将努力探索边境城市扩大对外开放新路子，打造以"双循环"为核心的跨境合作新格局，建设中俄边境最具活力的经济功能区，助推东北全面振兴、全方位振兴，承担起国家开放创新试验田的重大使命和责任。

二、黑河片区提升发展成效

（一）经济实力整体稳步攀升

2023 年 1—6 月，黑河自贸片区规模以上工业增加值预计完成 2.8 亿元，同比增长 29%。固定资产投资预计完成 4.2 亿元，同比增长 11.3%。一般公共预算收入完成 1.5 亿元，同比下降 7.8%。实际利用内资预计完成 1.3 亿元，同比下降 75.3%。实际利用外资完成 25.5 万美元，实现自贸区成立以来一季度首次破零。争取地方政府一般债券资金 22800 万元。

（二）改革创新力度不断加大

一是围绕营商环境优化、人才培养、跨境金融等领域生成第七批制度创新案例 20 项，上报省自贸办。修改完善跨境电商货运物流"多仓联动"数据集成集运新模式、创新自走机械通关新模式、创新专用车出口取得高标准国际认证新模式、边民互市贸易进口商品落地加工新模式等 4 项创新案例，进行新一轮"最佳实践案例"评选。二是省级、国家级媒体发布或转载宣传报道 57 篇，上报省自贸办简报 9 期，推送动态类信息 22 期。顺利完成省自贸办对黑河片区 2022 年建设工作考核的目标任务。三是体制改革稳步推进，完成黑河龙飞投资集团有限公司组织架构设置，任命董事长、总经理，完善投资、薪酬、绩效考核等管理制度，初步搭建现代化企业管理框架。

（三）特色产业项目凸显优势

推进省市重点项目 22 个，年度计划总投资 11 亿元，其中纳入省级重点项目 8 个，年度计划总投资 6.45 亿元；市重点项目 14 个，年度计划总投资

4.55亿元。开复工项目17个，开复工率77.2%；完成投资3.2亿元，完成投资率29.1%，均超过全市平均水平。发挥五秀山加工区中国东北最大硅硼新材料加工基地效应，加快谋划发展有机硅、多晶硅等产业；利用中俄天然气合作优势，建设国家能源储备基地；加快构建新能源化工产业链，以LPG、LNG、液氨、戊烷等气体为主进口转运项目实现破题，海南振荣、东岱能源、远东气体已完成选址，正在推进规划、土地、设计、运输资质等前期工作，东岱能源进口液氨项目在2023年7月份开工建设；牵头推进黑河市化工园区申建工作，聘请北京石油和化学规划院能源化工及低碳发展中心专家赴黑河调研建设化工园区可行性，正在推进申建工作。

（四）营商环境持续优化改善

一是组织国源豆业、新丝路木业、英大光伏等企业参加政企银对接、座谈、推介会，缓解企业资金紧缺问题。帮助合盛硅业解决2台15000KVA炉供电难问题。为合盛硅业、元泰硅业等企业争取技术改造项目补助奖励共计101万元；为申隆硅材料、龙翔基业建材两企业争取2022年规上企业入统奖励资金各20万元。梳理规模以上工业企业R&D研发投入共计1527万元，完成重大科技成果项目归集3项。联合外汇管理局出台《支持黑河自贸片区中小微企业开展汇率避险的扶持办法》，是全省首例政府部门出台的支持企业开展外汇避险业务的政策。二是通过优化服务、帮办代办等服务模式完成发改、生态环境、应急、人社、住建及水务等领域审批共计40项。优化企业开办服务，为企业免费刻制印章562套（2810枚），减免费用545140元，实现企业开办"零成本"。新增注册企业317家，新增注册资本179119万元。压缩工伤认定流程，受理工伤认定申请7起，认定7起，认定率达100%；组织参加市劳动能力鉴定8人次，行政复议和行政诉讼案件发生率为零。三是完成省级和谐企业申报和培育工作，俄品多科技有限公司和坤鹏生物科技有限公司2家企业纳入省级和谐示范企业培育目录。开展劳动保障守法诚信等级评价活动，对全区规模以上企业进行等级评价，评选出2020—2022年度劳动保障守法诚信等级评价A级企业5家，B级企业21家。

（五）对外贸易增长态势强劲

进一步发挥公路和水运口岸"双通道"优势，对外贸易进出口总值预计完成 110 亿元，同比增长 70%，占全市对外贸易进出口总值的 95% 以上。其中，出口预计完成 23 亿元，同比增长 480%；进口预计完成 87 亿元，同比增长 42%。民营企业迸发强劲活力，有业绩企业超 170 家，进出口总值预计突破 30 亿元。一是跨境电商突破前行，黑河跨境电子商务产业园区完成交易额 5.54 亿元，同比增长 30%；直播基地完成交易额 0.82 亿元，同比增长 101%，1210 业务通过拼多多全球购业务销售化妆品、保健品等 9596 单，累计贸易额 50.38 万元。启动对俄跨境电商出口"9610""9710""9810"查验场站建设工作。二是互市贸易完成边民信息采集超 1.5 万人，合作社备案 30 余家；首批 3000 箱、合计重量 25.5 吨、总货值 57.5 万元的预包装商品（固体饮料）正式实现通关并完成核销；首批 39.2 吨大豆到港，待海关查验合格后开展落地加工。三是黑河保税物流中心（B 型）预计进出口货物达 2.63 万吨，贸易额预计完成 7.78 亿元，在全国 84 个同类型海关监管场所中排名前 30 位。

（六）招商引资开启强力引擎

实际利用内资有进账项目 4 个，其中新增项目 1 个，为东奥气体 45 万吨戊烷加工项目，完成到位资金 1.5 亿元。实际利用外资项目 2 个，到位资金 25.5 万美元。一是结合"4567 产业体系"和工作实际，完成"两谱、两库、两单"制作。修改完善投资优惠政策二十条及实施细则，做好招商引资投资优惠政策兑现工作，确保各项优惠政策奖励资金落到实处。二是充分发挥消博会、阿洽会、哈洽会的平台作用，组织 30 余家外经贸企业参展，共完成贸易签约近 20 亿元。三是与省交投、深圳赛格集团、深圳华强北在线集团开展合作，谋划建设电子市场展销交易中心，逐步发展为建设边境电子出口中心、境外电子集散中心，打造边境贸易新生态。共开展线上线下招商对接 37 次，接待来访客商 330 余人次，完成签约项目 6 个，签约金额 5.7 亿元；谋划招商项目 56 项。

（七）基础设施建设不断提质扩容

紧盯项目开工率、投资完成率、资金到位率、按期竣工率，全力推进基础设施项目建设 16 项，其中新建项目 6 项正稳定推进建设中；结转工程 5 项已基本建设完成；拟建项目 5 项正积极规划准备启动。全面提升基础设施建设质量监督服务水平，逐步完善监管模式，实行实名制管理。配合完成高纯荧光粉微粉项目、中国移动黑河云能力中心项目的建设工程规划许可证核发工作。安全质量管理水平不断提升，受理质量安全监督工程 15 项（含新建 2 项，结转 13 项）；对 8 项在建工程，开展质量安全专项检查 5 次，共发出整改意见书 33 份，停工、局部停工通知书 6 份，目前问题全部整改完成。强化生态环境治理，对辖区内医疗机构和园区企业环境整治相关工作开展检查。深化落实消防职能，对在建项目设计施工图纸进行提前审查和办理竣工验收的项目进行现场指导等。

第三节　绥芬河片区提升发展成效

一、绥芬河片区简介

中国（黑龙江）自由贸易试验区绥芬河片区（以下简称"绥芬河片区"）位于黑龙江省绥芬河市，2019 年 9 月 29 日正式挂牌启动，面积为 19.99 平方公里，主要包括绥芬河边境经济合作区、黑龙江绥芬河综合保税区、中俄互市贸易区、公路口岸作业区、铁路口岸作业区、金融服务区、跨境合作区七大功能区，是沿边地区深度融入共建"一带一路"、落实兴边富民行动、深化新时代中俄全面战略协作伙伴关系的重要平台。按照国家赋予的定位，绥芬河片区立足区位优势，突出对俄特色，优化产业结构，重点发展木材、粮食、清洁能源等进口加工业和商贸金融、现代物流等服务业，建设商品进出口储运加工集散中心和面向国际陆海通道的陆上边境口岸型国家物流枢纽，打造中俄战略合作及东北亚开放合作的重要平台。

绥芬河片区立足区位优势，突出对俄特色，聚焦贸易便利化、投资自由化、金融国际化三大领域，围绕加快政府职能转变、深化投资领域改革、推动贸易转型升级、扩大金融领域开放、服务东北振兴、全面提升对俄合作等六个方面开展制度创新，依托授权大力探索对俄沿边开放及面向东北亚合作的"首创性"制度举措，积极构建与俄罗斯远东大开发战略、自由港制度协同开放机制，打造与国际通行规则接轨的审批流程、贸易监管、企业服务体系，以规则、制度型开放更好地促进商品和要素流动型开放。

绥芬河片区优化产业结构，深入对接国际国内两种资源、两个市场、两类规则，依托重点开发开放试验区、边境经济合作区、综合保税区、互市贸易区、跨境经济合作试验区、跨境电子商务综合试验区和境外园区功能叠加、配套联动优势，重点发展木材、粮食、水产品、绿色食品、清洁能源等进出口加工业和商贸、金融、现代物流等服务业，探索开展离岸贸易、离岸金融等新兴服务贸易，建设商品进出口储运加工集散中心和面向国际陆海通道的陆上边境口岸型国家物流枢纽，打造沿边地区营商环境优良、贸易投资便利、高端产业集聚、服务体系完善、监管安全高效的高标准高质量自由贸易试验区，更好服务新时代全方位对外开放大局。

二、绥芬河片区提升发展成效

（一）先行先试，探索改革开放新经验

聚焦贸易、物流、金融、营商等领域，突出"对俄、沿边、跨境"特色优势，在探索差异化、特色化、首创性上下功夫。截至目前，绥芬河片区承接省总体方案（共89项）改革试点任务60项，实施率100%。国家复制推广改革试点经验（共278项），片区适用203项，已复制推广200项，复制推广率98.5%。三年以来累计形成172项制度创新案例，其中39项获评省级案例。"绥芬河片区深化金融创新助力跨境贸易新业态发展"成为黑龙江省首个在自由贸易试验区国务院部际联席会议简报刊发的创新成果，为全国自贸试验区建设提供了"绥芬河金融创新经验"。

（二）拓展合作，构建沿边开放新格局

获批绥芬河—东宁陆上边境口岸型国家物流枢纽，在承接"中欧班列"基础上，自主运营"哈绥俄亚"班列，创新内贸货物跨境运输查验通关模式，辟建内贸货物跨境运输通道，与96个国家和地区实现贸易往来，与国内16个沿海港口合作推动了内贸货物跨境运输，实现了"借船出海，通海达洋"。拓展口岸资质丰富贸易品种，综合保税区开展二手车出口业务，2023年以来累计出口汽车120辆，贸易额2500万元。获批肉类进口口岸资质，已成功实现俄罗斯鸡爪和白俄罗斯牛肉进口，主要销往省内及山东、四川等地，2023年1—5月肉类进口贸易额1289万元。中药材进口指定口岸资质即将获批，将成为口岸贸易品种新增长点。2022年绥芬河片区外贸进出口总额实现165.3亿元，同比增长22.4%，占绥芬河市外贸进出口总额的89.1%，占黑龙江自贸试验区的41.6%。2023年1—5月，绥芬河片区外贸进出口额实现71.09亿元，同比增长28.2%。

（三）聚焦产业，开辟振兴发展新路径

创新形成了"自贸+"发展模式。一是"自贸+园区平台"。综保区发挥"两头在外"政策优势，带动全市粮食和食品加工产业，打造"头"在境外、"尾"在境内的全产业链经济，10余家粮食加工企业落户；边合区复制"小组团滚动开发"模式，带动木业规模以上企业增至72家。二是"自贸+互市贸易"。建设了全国首家铁路互贸交易市场，互贸进口拓展至7个国家，实现边民合作社首次通过海关互市贸易2.0系统进口亚麻籽，以铁路运输的方式入境，运至绥芬河市互贸加工产业园试加工。三是"自贸+金融平台"。建设绥芬河片区中俄跨境金融服务站，集合银行、证券、保险、融资担保等金融机构，打造全方位跨境金融服务。打造线上线下相结合的自贸片区金融超市，自揭牌以来，线上金融超市受理咨询企业175余家，对接意向贷款3.9亿元，平台累计浏览量21万余次；线下金融超市已为720家市场主体提供帮办代办服务，为市场主体节约成本近27万元。实现跨境陆路现钞双币种调运，常态

化开展人民币现钞调运 18 次，4.44 亿元。

（四）优化服务，打造营商环境新高地

持续深化"放管服"改革，当好企业的联络员、信息员、战斗员、服务员，打造"有温度的自贸区"，2023 年 1—6 月新设企业 527 户，同比增长67.83%，新设外资企业 11 户，同比增长 1000%。全面启动"证照分离"改革全覆盖试点，推进商事主体登记确认制改革，推行"一业一证，证照联办"改革，推行"承诺即开工""一枚印章管审批"等改革，实现协同办理、并联审批，大幅提高审批服务效率，建设项目审批时限压缩 50%。设置了全省首个"电、水、气联办"窗口，实现企业和群众办事"只进一扇门""最多跑一次"。探索推行包容审慎监管"四张清单"，为各类市场主体投资兴业营造稳定、公平、透明、可预期的良好环境提供法治保障。

典型案例篇

第十二章　制度创新水平提升发展典型案例

第一节　中国（上海）自由贸易试验区——扩大金融服务业开放，促进服务贸易创新发展

根据国务院 2023 年 6 月印发的《关于在有条件的自由贸易试验区和自由贸易港试点对接国际高标准推进制度型开放的若干措施》，中国（上海）自由贸易试验区（以下简称"上海自贸试验区"）进一步扩大金融服务业对外开放，不断促进服务贸易创新发展。

一、主要做法

（一）持续优化金融创新业务审批服务

为进一步扩大金融服务业对外开放，促进服务贸易创新发展，上海自贸试验区持续优化金融审批服务，更好地支持外资金融机构开展创新业务。比如，高盛工银 QDII 额度申请用时 1 个多月获批，并于 2023 年 6 月发行了第一款产品；南洋商业银行信贷资产证券化业务申请用时不到 3 个月获批；瑞士再保险集团子公司瑞再企商保险申请增资支持公司业务拓展，10 个工作日内即获批准。此外，在企业展业的过程中，上海自贸试验区主动向前一步，了解企业诉求，并把这些诉求转化为下一轮高水平开放的新动力。

（二）以金融创新发展推动区域绿色转型

浦东作为我国改革开放"先行者""排头兵"，在打造社会主义现代化建设引领区的过程中，不仅要体现中国式现代化的总体要求，还要在推进高质量发展，尤其是推动经济社会绿色转型方面体现引领作用。因此，上海自贸试验区围绕服务经济社会绿色转型，发挥浦东金融产业规模优势、金融要素高度集聚的优势、金融开放创新"试验田"的优势，全面推进绿色金融创新发展。结合产业特色，浦东加大金融服务实体经济力度，推出绿色金融三大专项服务计划，即绿色信贷计划、绿色证券计划、绿色租赁计划。在绿色信贷计划方面，推动银行信贷资源与浦东绿色产业项目有效对接，推动绿色信贷扩量提质，打造全国绿色信贷最佳实践区。在绿色证券计划方面，打造全国绿色证券产品创新、认证评价、推介发行、配置管理的中心枢纽，鼓励基金、资管等金融机构发行挂钩浦东绿色指数的理财、资管产品，引导更多资本投入浦东绿色产业。在绿色租赁计划方面，从资金需求端和供给端同时发力，支持租赁公司通过信贷、发债等多种方式拓宽资金来源，降低实体企业绿色租赁业务成本。此外，中证指数有限公司上线运行中证浦东新区绿色50ESG指数、中证浦东新区绿色主题信用债指数，选取ESG评级较高、绿色低碳产业领域的企业作为指数样本，鼓励企业自愿遵循环境领域的企业社会责任。

二、实践成效

（一）金融领域首创性、引领性开放项目接连落地

按照负面清单模式落地各类金融项目150多家，包括外资银行、外资保险公司、外资券商等，如首家外商独资券商、首家外商独资公募基金管理公司、首家外商独资保险控股公司等一大批金融项目落户上海自贸试验区，80家国际知名资管机构设立了120家各类外资资管公司。

（二）金融助推区域绿色转型成效显著

截至 2022 年底，浦东地区 20 家主要的中外资银行绿色贷款余额达到 2214.75 亿元，同比增长 53.49%。根据绿评机构中诚信统计，浦东企业已累计发行绿色债券规模总额 1586 亿元，其中，2022 年发行规模为 614 亿元，占全市的 72%，较 2021 年翻了一番。

（三）成功发布中证浦东新区绿色 50ESG 指数、中证浦东新区绿色主题信用债指数

绿色指数是绿色金融中比较有特色的工具，以可持续发展理念为核心，在指数样本选择和权重分配上，体现证券发行人在支持环境改善、应对气候变化和资源节约高效利用的经济活动中所面临的机遇和风险。发布指数有利于发挥绿色金融在双碳落实中的作用，完善绿色基金产品体系。两项指数于 2023 年 5 月 8 日正式发布，截至 2023 年 7 月底，浦东绿色 50 ESG 指数涵盖 50 个注册在浦东的上市公司样本，合计总市值 2.3 万亿元；浦东绿色主题信用债指数涵盖 169 只绿色债券，总市值 6300 亿元。其中，浦东绿色 50 ESG 指数样本公司平均绿色收入总额超出 A 股总体水平 23%，单位温室气体排放量低 66%，85% 的样本公司具有碳减排措施、实行绿色办公或设立专门的环境管理部门，平均社会贡献值超过 A 股总体水平 49%。有利于引导资产管理机构发行符合绿色投资理念的基金产品，并进一步引导上市公司提升 ESG 质效，共同服务绿色金融的创新发展。

第二节　中国（黑龙江）自由贸易试验区黑河片区——创新自走机械通关新模式

黑河与俄罗斯布拉戈维申斯克是中俄边境线上距离最近、规格最高的对应口岸城市。受俄乌冲突、新冠肺炎疫情等因素影响，世界经济发生衰退的风险上升，国际货币基金组织（IMF）进一步下调全球经济增速预测值。虽

然黑河地处偏远，相关产业与国际关联度不高，但国际经济大环境带来的一系列连锁反应势必波及黑河，使其不能独善其身。

2022 年 6 月 10 日，随着黑龙江公路大桥正式通车，黑河公路口岸同步启用，实现黑河市与俄罗斯布拉戈维申斯克市直接互联互通和四季通关，在我国东北和俄罗斯远东地区之间开辟出一条新的国际运输大通道，为深化中俄区域合作、加快区域经济发展带来全新动能。由于口岸还处于运行磨合期，外加黑河市受此前新冠疫情影响外贸企业流失、进出口货源不足、运输成本过高，以及俄罗斯卡尼库尔干公路口岸建设进度迟缓等，与预期目标还有一定差距，只有采取减少运输环节、调整运输方式、降低运行成本、提升口岸通关效率等应对措施，才能有效促进中俄贸易增长。

一、主要做法

（一）严格贯彻落实口岸疫情防控

牢固树立"防疫情就是保通关"的理念，充分认识疫情防控的艰巨性和复杂性，始终保持高度警惕，杜绝一切侥幸心理、短期思想，严格落实各项防疫措施。切实把各项责任压实到每个地区、每个领域、每个环节、每个岗位、每个工作人员，形成环环相扣的责任链条。同时，投入基础设施建设资金 149.7 万元，建设 3 条自动喷淋消杀通道及配套设施，有效保障了疫情防控条件下的口岸运输安全。

（二）建立对俄常态化会商联动机制

口岸发展不是一个部门、一个城市、一个国家的单边事项，需要各领域通力配合、齐心向前，打出双边贸易发展"组合拳"，只有这样才能促进进出口货物增长实现共赢。黑河片区主要就俄方货运费用过高、通关效率低、口岸功能待完善等事宜加强对俄沟通会商，敦促俄方降低运费、提高工作效率、加速建设口岸配套设施。企业运营成本降低，成本压缩后，利润自然增加，有了利润才有竞争力、才会有市场。同时，黑河片区也在及时协调解决各类问题。

（三）创新提升口岸通关效能

为更好发挥公路大桥和公路口岸的战略作用，针对中方机械设备出口持续走高的客观实际，主动与俄方会谈对接、反复磋商，积极进行特色化、差异化通关模式探索，在全省首创推出自走机械出口业务，主要方式为俄方入境货车搭乘 1~2 名俄方司机至黑河口岸，驾驶自走机械出境。该业务于 2022 年 11 月 2 日起，俄方在保留原有货车搭乘司机模式的基础上，使用专用客车运送多名司机至黑河口岸，驾驶自走机械出境，每日三个班次，每车不超过 20 人，并将视情况适时调整客车班次和司机数量，持续提升自走机械出口通关效率。

二、取得成效

（一）进出口货物明显增多

据海关部门统计，2022 年，黑河市货物贸易进出口总额为 165.4 亿元，为 2014 年以来最高值，比上年增长 135.8%，居全省第 4 位，增速居全省第 2 位。其中，出口 24.9 亿元，增长 169.1%；进口 140.5 亿元，增长 130.7%。此项数据表明，黑河口岸对外贸企业吸引力逐步增强，外地注册企业选择黑河口岸出口货物明显增多，目前包括江苏、山东、吉林等多省份的企业选择在黑河口岸出口货物，货物品种主要为工程机械产品和汽车类产品。

（二）外贸呈现较强发展韧性

2023 年以来，面对错综复杂的国内外经济形势及诸多风险挑战，黑河市外贸顶住压力保持较快增长，从指标数据上看表现出韧性强、潜力大的特点。黑河口岸外贸进出口总值自 2015 年以来首次过百亿元，体现了外贸出口企业适应外部需求变化的能力较强。随着稳外贸政策持续发力，成效不断显现。

（三）自走机械出口表现亮眼

与原有"车载车"通关方式相比，自走机械通关模式效果突出、优势明显，既可降低通关成本，还可提高通关效率。与霍尔果斯、满洲里等口岸相比，黑河公路口岸具有货物出口后在俄罗斯境内全部变为国内运输，无须途经第三国的优势，实现了我国出口的货物可以在布市直接转关至莫斯科清关，提高了出口货物在俄通关速度。自走机械出口业务自 2022 年 8 月 4 日至 12 月 31 日，累计出口自走机械 4192 台、货值 14.6 亿元人民币，机械覆盖大型矿山自卸车、客车、吊车、小汽车等诸多类型，黑河公路口岸也成为黑龙江省首个国产小汽车整车出口口岸。

（四）贸易便利化水平提升

黑河公路口岸按照"乙类乙管"相关要求，于 2023 年 2 月 10 日正式恢复为常态化运输模式，中俄司机可以在出境和入境货检联合办公大厅与工作人员面对面办理各项出入境手续，中俄进出境车辆实现双向通关。口岸日进出境车辆由疫情前的每日 100 台次提升至 200 台次左右。2 月 22 日黑河旅检口岸恢复开通当日和 3 月 13 日先后分别取消了俄货车和专用摆渡车搭乘俄方工程机械司机通过货检入境的临时性措施，大大提高了通关效率。3 月 19 日自走机械出口数量再创新高，单日出境达 110 台。自 2022 年 8 月 4 日开通自走机械出口业务以来，累计出口自走机械 9306 台，货值超 27 亿元，企业运输成本下降 60%。

第十三章 沿边开放水平提升发展典型案例

第一节 中国（广西）自由贸易试验区崇左片区——
中越跨境电商人民币结算新模式

随着崇左片区跨境电商产业的迅速发展，跨境电商出口业务结算规模也日益扩大，但结算资金回收难，结算过程复杂、汇款耗时、汇率损失大的问题也日益突出。为进一步推动跨境电商产业发展，崇左片区创新中越跨境电商结算新模式（见图13-1），通过加强与越南清关公司合作、引入第三方支

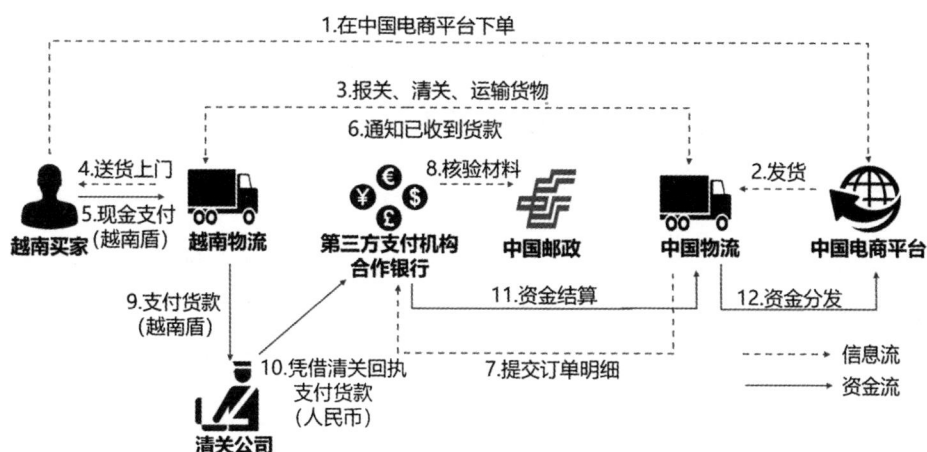

图 13-1 中越跨境电商结算新模式流程

付机构结算、联动邮政公司监管数据等方式，破解越方资金汇出难、多次兑汇、贸易背景监管难等问题，实现了中越跨境电商业务的人民币结算，助推了崇左片区跨境电商产业发展，加快跨境金融开放创新，促进人民币国际化。

一、主要做法

（一）构建以越南清关公司清关回执为凭证的付款模式，破解越方资金汇出难问题

根据越南的海关和外汇政策，越南方向境外汇款需要出具采购合同及关单。由于中越跨境电商出口业务多为个人海外直邮业务，单笔金额低于50美元即享受越南海关免税政策，越南海关对免税货物不予出具关单，导致中国出口卖家无法完成结算回收资金。为解决因缺乏关单导致越南方无法付汇的问题，崇左片区在积极梳理越南海关电商小包裹清关流程以及越南外汇管理政策的基础上，主动对接越南清关公司（货代公司），协调越南边境付款银行，探索构建了以越南清关公司清关回执为凭证的付款模式。

具体做法是：由越南清关公司先代为收缴跨境电商货物款项，并以在代理清关、报关过程中获取的由越南海关出具的小包裹清关回执作为付款凭证，作为代理付款主体向边境银行代付货款，从而切实解决了跨境电商出口中越南方资金"汇出难"的问题。

（二）构建以第三方支付机构为支点的本币结算模式，破解多次兑汇问题

在实际操作中，越南银行在进行国际付汇时，需先将越南盾兑换成美元再进行结算，而中国企业收到美元后再兑换成人民币，这样不仅造成汇率损失，也增加了汇款时间。针对跨境电商付款中的货币汇兑问题，崇左片区积极引入第三方支付机构，支持其在中国边境银行开立跨境人民币待结算资金专用存款账户，代理跨境电子商务人民币结算业务，从而构建了以第三方支付机构为支点的本币结算模式，成功运用市场化手段降低了换汇过程中的汇率风险。

具体做法是：越南买家收到货物后，一般通过现金形式将货款给越南物流公司；由越南物流公司告知中国物流公司收款事宜后，中国物流公司可以向第三方支付机构提交订单明细，发起收款申请；第三方支付机构和合作银行分别通过中国邮政的系统核验材料，核验无误后反馈给中国物流公司；再经中国物流公司核验后，通知越南物流公司将货款支付给第三方支付机构合作的越南清关公司；越南清关公司在越南边境地区银行开立结算账户，通过中越两国边境银行双边本币结算渠道，在越南将越南盾按中越实时汇率兑换成人民币，直接汇至中方支付机构在边境银行的跨境人民币业务待结算资金专用存款账户。随后，由第三方支付机构将资金清算至中国物流公司，再由中国物流公司把资金分发给各电商企业，实现越南盾和人民币直接兑换。

具体流程是：越南买家（支付越南盾）→越南物流公司（代收）→越南清关公司（收缴越南盾，通过合作的越南边境银行支付人民币）→第三方支付机构（收缴人民币）→中国物流公司（代收）→中国电商平台（收缴人民币）→各电商企业。

（三）构建以邮政数据为核心的交易真实性数字监管模式，破解贸易背景监管难问题

崇左片区充分发挥中国邮政广西分公司为电商客户提供广西区域海关清关系统平台的优势，联动协调邮政广西分公司，为银行和支付机构开发跨境电商海关清关系统数据校验平台。监管部门可通过跨境电商海关清关系统数据校验平台，获取系统订单明细信息，核验客户提交清关信息的准确性，为银行和支付机构提供有效核验渠道，开展贸易背景真实性审核，降低边境金融风险。

二、实践效果

（一）创新付汇渠道保障业务发展

通过推动越南银行认可以货代公司清关回执为付款凭证，崇左片区关于中越间跨境电商出口业务的付汇难题得到有效解决，保障了跨境电商企业的

商业权益，促进了中越跨境电商结算业务规范化、阳光化发展。

（二）创新结算模式降低汇兑成本

通过引入第三方支付机构代理跨境电商出口结算业务，不仅帮助跨境电商企业解决了小额贸易申报频次高、流程多的问题，还实现了对越跨境电商业务的人民币结算，省去了越南盾兑换人民币时需要应用美元兑换的汇兑流程，越南方面汇款当日款项即可汇入第三方支付机构在中国边境银行的跨境人民币业务待结算资金专用存款账户，继而通过国内网联银联清算系统即时结算给中国跨境电商企业，汇率以越南汇出银行当日的中越实时牌价进行结算，能帮助跨境电商企业节省至少 1 个百分点的汇率成本。

（三）规范数据核验保障资金安全

通过中国邮政数据校验平台核验客户清关数据，实现订单流、资金流、物流等三流匹配核验，解决物流监控与资金结算问题，保障了电商企业的合规收款及资金安全，有效提升了外汇管理部门对跨境资金的监管力度。

第二节　中国（黑龙江）自由贸易试验区绥芬河片区——构建跨境集疏运物流模式

中国（黑龙江）自由贸易试验区绥芬河片区立足"一带一路"建设中的重要节点、对外经贸合作最前沿的区位优势，切实维护国家"五大安全"，借助独特的口岸区位优势和通道平台优势，构建了陆路边境口岸跨境集疏运物流模式，形成了对国家重大战略的坚强支撑。

一、主要做法

（一）全面构建口岸集疏运物流体系

1. 规划口岸物流集散体系
围绕木材、煤炭、粮食等资源能源类大宗商品进口，形成大宗商品进口储运集散。扩大中药材、食品等产品进口和小百货、五金等轻工产品出口规模，形成消费商品交易集散。积极开展保税仓储、保税展示、转口贸易，形成保税物流集散。发挥特色口岸资质优势，推动肉类、水产等实现进口，形成冷链物流集散。

2. 打造口岸物流跨境通道

打造"公、铁、海、空、邮、网"六条国际物流通道。一是公路物流通道，国际通过境外 05A-215、216 公路辐射俄罗斯远东地区，国内通过 G10、G301、G331、S317、S315 连接全国公路网。二是铁路物流通道，打通"滨海1号"交通走廊，国际与远东铁路接轨，国内通过绥满铁路联通腹地。三是海运物流通道，通过远东铁路和公路连接符拉迪沃斯托克、纳霍德卡、东方港，打造辐射到东北亚、北美等地的海运通道，实现"借港出海"。四是航空物流通道，绥芬河机场与符拉迪沃斯托克国际机场形成国内和国际航空物流枢纽。五是邮路物流通道，继续运营"非邮"跨境电商物流运输通道，进一步推动跨境邮路恢复开通。六是网络物流通道，积极开通各类电子商务、物流信息等跨境网络通道。

3. 完善口岸物流服务功能

口岸功能全方位拓展，相继获批粮食、汽车整车、食用水生动物和冰鲜水产品进口及肉类进出口等特许经营口岸和跨境电商综合试验区、市场采购贸易试点，实行境外公民进境免签、卢布现钞使用、境外旅客购物离境退税等政策。建设首站进口冷链物流基地、互贸（国际）物流加工产业园、国际汽车配件出口基地等黑龙江省重点项目。

（二）全面畅通口岸集疏运物流走廊

1. 打造"中外外"国际货物走廊

以哈尔滨为起点，连接"哈牡绥东"外向型产业带，以绥芬河为窗口，经符拉迪沃斯托克港口群到达日本、韩国等国家。

2. 建设"中外中"内贸货物跨境运输走廊

以哈尔滨为核心，连接"哈牡绥东"外向型产业带，以绥芬河为窗口，经符拉迪沃斯托克港口群至中国上海、宁波、天津等地区。

3. 贯通"外中外"欧亚国际运输走廊

实现货物从日本新潟、横滨，韩国釜山、东海等国家和地区的港口出发，经符拉迪沃斯托克港口群至绥芬河，再以绥满铁路为中轴，连接"哈欧班列"至欧洲。

（三）全面运行口岸集疏运跨境班列

1. "单一窗口"首创"内贸跨境运输办理"模块

全国范围内，首次在国际贸易"单一窗口"平台设计"内贸跨境运输办理"模块，将内贸跨境运输所覆盖的运单生成、海关报关、税务清算、运费结算等业务全流程纳入线上一窗办理。

2. 全面畅通跨境班列

运营"哈绥俄亚"班列，承接"中欧班列"，开通莫斯科至绥芬河"中俄直列"，打通哈萨克斯坦至绥芬河"互贸专列"，与"滨海1号"交通走廊互动对接，开通了"五定班列"（定点、定时、定线、定站、定运价）。

3. 建设国际物流枢纽

获批绥芬河—东宁陆上边境口岸型国家物流枢纽。创新"宽轨重出"跨境运输模式，充分利用境外铁路跨境车辆，以境外空返车直接装载国内的出口货物，或者以境外平车直接装载集装箱宽轨出境。

二、实践效果

（一）通道路线持续优化

"中外外"走廊货物运输比经大连港运距缩短224公里，到日本新潟、横滨分别缩短1390公里、740公里，到美国西海岸缩短2000公里。"中外中"走廊目前已开通上海、宁波、厦门、黄埔等16个入境口岸。

（二）通道运能持续提升

铁路、公路两个国家级一类口岸年综合换装能力提升至 3850 万吨，全市注册物流企业超 400 家。2023 年，绥芬河对外贸易额 237.69 亿元，同比增长 28.2%；2022 年口岸过货量 896 万吨，占全省陆路口岸 88% 以上。2023 年全年监管进出境中欧班列 847 列 85098 标箱，标箱数同比增长 5%。

（三）通关优势持续显现

"95306" 数字口岸系统，使列车申报到放行时间由 12 小时缩短至 30 分钟内，最快只需几分钟。公路口岸开辟车辆联检快放新模式，信息采集备案时间由原来 30 分钟缩短到 2 分钟，车辆查验通关时间由原来的 10 分钟缩短到 30 秒；"五定班列" 使自绥芬河至远东港口的铁路运行时间由原来的 3~5 天缩短为 9 个小时左右。"宽轨重出" 释放铁路口岸运力，每月出口车皮供应增加了 300 节。

（四）运输效率持续提升

绥芬河铁路货场改造完成，装车作业由一次 5 车到一次整列，完成一列的装卸时间由 7 天缩短为 5 小时。绥芬河海关推进通关便利化系列改革，出境通关时间由 2 天缩短为 6 小时。远东格城海关对绥芬河的过境货物见单放行，不开箱、不查验。绥芬河至远东港口群的铁路区间运行时间由 3 天缩短至 13 小时左右。

第十四章　服务国家战略能力提升发展典型案例

第一节　中国（云南）自由贸易试验区昆明片区——服务互联互通助力开放共赢：中老铁路综合利用集成创新

中老铁路是高质量共建"一带一路"倡议的旗舰项目，也是我国铁路规则、规制、管理、标准在海外的集中应用，更是以中国式现代化推动构建中老命运共同体的生动展现。为此，中国（云南）自贸试验区始终牢记习近平总书记"要再接再厉、善作善成，把铁路维护好、运营好，把沿线开发好、建设好，打造黄金线路，造福两国民众"谆谆嘱托，集成发挥"自贸、综保、经开、跨合"开放平台联动效能，创新探索中老铁路综合利用场景，推动园区经济、口岸经济、资源经济提质增效、集中发力。至 2023 年 8 月，中老铁路通车满 20 个月，全线已累计发送旅客超 1900 万人次、货物 2300 多万吨，运营安全持续稳定，客货运输提质增量，中老铁路成了联通内外、辐射周边、双向互济、安全高效的国际黄金大通道，为高质量共建"一带一路"、高水平扩大对外开放提供了有效示范。

一、主要做法

（一）强化顶层设计前瞻性

学习各地支持中欧班列经验，云南省政府出台《贯彻落实习近平总书记重要讲话精神维护好运营好中老铁路开发好建设好中老铁路沿线三年行动计划》《中老铁路年度工作要点》等政策文件，成立省级运营平台、设立专项支持资金、明确重点项目清单。高位统筹昆明市托管西双版纳州磨憨镇，实现在中老铁路国内段首尾呼应、优势互补、统筹联动。云南、四川、陕西、广西、湖南、重庆自贸试验区与中国铁路昆明、成都、西安、南宁、广州、乌鲁木齐集团公司签订合作协议，积极培育市场主体。

（二）全力保障通关便利化

建立昆明王家营铁路场站海关监管作业场所、昆明综保区国际班列无轨站、磨憨铁路口岸进境水果、粮食、冰鲜水产品海关指定监管场地，形成"1+1+3"一站式通关布局，推行"区港联动""场场联动""运抵直通""铁路快通""附条件提离"等通关改革试点，保障特定商品能进能出、快进快出，服务大宗商品大进大出、优进优出。针对进境热带水果保鲜期短、对运输要求高等特点，强化信息互通，优化作业流程，开辟水果跨境"绿色通道"。推出"中老铁路+跨境电商""中老铁路+市场采购"等监管新模式。用好西部陆海新通道合作机制，实现"中老铁路+中欧班列"无缝对接，争取9类产品获准输华进口，提升中老铁路运力运能。借鉴中国铁路12306系统成熟技术，合作研发老挝铁路互联网手机App售票系统，支持老、中、英三种语言及VISA、银联、微信、支付宝等多种支付方式。

（三）提升运营安全管控力

加强海关、铁路数据共享、协同监管，畅通"单一窗口""数字口岸"双路传输，应用非侵入式扫描、"雷达感应"喷淋消毒、门式辐射探测等技术，列车单列查验仅需 1~2 分钟，实现严查快放双提速；与老挝通力合作，克服境外段人少线长、地形复杂、装备不足、经验欠缺等困难，严厉打击偷盗破坏，排查治安隐患，防范外部破坏，加密重点区域巡逻，加强民众安全教育，确保铁路安全运营；设置 16 条旅客出入境智能通道，具备红外测温、自助申报、行李扫描等功能，支持六种语言操作提示，充分保障国际旅客顺利便捷通关。探索"边民互市+中老铁路"新模式，开发"边互通"生物识别技术，将银行结算、边民互市、海关数据实时联通，实现跨境数据安全流动。

（四）提升关联产业带动力

打造铁道职业教育国际品牌，提升老挝铁路"造血"功能，依托昆铁职院培养老挝职教骨干。针对老挝学员"短周期、多岗位"实训需求，构建"一站（即铁路站场）双车（"复兴号"动车组、25T 客车）五中心（驾驶、调度、信号、供电、工程）"仿真实训体系。首创职业教育双语模式，专设国际汉语教育课程，一改传统援外职教语言不同步、教学效率低、成果不稳固等问题。首推中老铁路"一单制"，实现由昆明至万象一张运输单证通关，优化本外币结算、信用证开立、进出口融资等服务流程，有效解决贸易企业收款慢、融资难等问题。

二、实践效果

（一）黄金通道作用凸显

截至 2023 年 6 月 1 日，中老铁路累计发送旅客 1633.4 万人次、运输货物 2094.6 万吨，其中，跨境货物运输 428.7 万吨，跨境旅客列车开行 100 列，跨境旅客 2 万人。2023 年 1 至 7 月，全线累计发送旅客 1017 万人次，同比增加 540 万人次、增长 113.4%。据世界银行报告，中老铁路通车使万象到昆明货运成本降低 40% 至 50%，其中，老挝国内运输成本降低 20% 至 40%。此外，中老铁路在中国与东盟铁路运输总量占比升至 44.7%，进出口贡献率超 60%。中老铁路货运网络已覆盖国内 31 个省市区及老挝、缅甸、越南等 13 个"一带一路"共建国家和地区。跨境货物列车单日开行增至 8 对，商品类别突破 2000 种，带动老挝就业 10 万人，增进了中老两国人民友谊，打破了西方媒体不实炒作。

（二）通关时效全国居前

货运品牌"澜湄快线"实现每日开行，单程用时（含通关）压缩至 26 小时，水果通关时限由 6~7 小时压缩至 2 小时，老挝糯米、泰国榴莲仅需 3 天即可送达中国消费者餐桌。全国首条中老泰全程铁路运输顺利发出，进一步完善了泛亚铁路全线物流产品，提高了铁路货物运输时效。

（三）带动服务贸易增长

老挝铁道职业技术学院建设全面收尾，首批在昆明来华培训的 40 名骨干教师于 2023 年 7 月底学成回国，泰国、马来西亚等国驻昆明总领事馆提出联合培养铁道人才需求。中老班列国际旅游列车于 2023 年 4 月 13 日开通，从昆明南站、万象站双向对开国际旅客列车；自 7 月 25 日起，国际旅客列车全程运行时间压缩了 1 个多小时，自开行至 8 月，累计有 49 个国家和地区的 4.7 万名旅客选择乘坐中老铁路动车跨境旅行。老挝留学生在云南自贸试验区注册成立全国首个中老合资国际旅行社，重点服务海外来华旅游市场。

（四）园区经济注入活力

中老铁路进一步激活了昆明省会的轮轴效应和磨憨口岸的支点作用，使昆明托管磨憨成为可能，也将这一制度创新红利迅速转化为发展动力。四区政策叠加优势逐渐显现，一批高质量、高外向度产业项目汇聚两地，造福两国人民的民生项目先期启动。

第二节　中国（广东）自由贸易试验区广州南沙新区 片区——打造港澳青年安居乐业"南沙样板"

建设港澳青年安居乐业的新家园，是《广州南沙深化面向世界的粤港澳全面合作总体方案》明确赋予的重大使命。2022年12月，《广州南沙新区（自贸片区）鼓励支持港澳青年创业就业实施办法》（简称港澳青创"新十条"）正式印发，首创薪金补贴、职业资格和技术职称补贴、促进就业奖励等条款，以"真金白银"支持港澳青年发展。

一、主要做法

（一）加大支持力度，汇聚青年人才

1. 深化平台建设

粤港合作咨询委员会及其青创小组等机制运行卓有成效，落户广东政协港澳青年人文交流基地、省粤港澳青少年交流促进会、穗港澳商会协作中心等平台，设立港澳青年"五乐"服务中心，以创享湾为龙头集聚不同维度、各具特色的港澳台侨青创基地11家。

2. 强化政策支持

实施港澳居民个人所得税优惠政策。针对港澳青年关心的痛点、堵点问题出台普惠扶持政策港澳青创"新十条"。支持符合条件的港澳青创项目享受南沙"科技创新十条""元宇宙九条"等优惠政策，吸引港澳科技团队参与建设大湾区国际科创中心重要承载区。

3. 优化政务服务

出台《广州南沙新区构建一流湾区青年创新创业服务体系工作方案》。向国家和省争取到人才出入境和停居留便利化15条措施。全国首创港澳工程专业人才职称评价标准体系，推进13个领域港澳专业人才资格认可。设立24小时港澳自助服务点、"乐业百事通""港澳一站式社保服务站"，满足港澳青

年"自助办""智能办""随时办"的服务需求。

（二）提升交流热度，集聚青年人气

1. 助力实习就业

深入推进港澳大学生研学实习，引进 19 名港澳青年人才担任公职人员，发动穗港澳商协会对接筹集优质岗位超 200 个，打造"百企千人"实习计划、"职场菁英"就业见习计划品牌活动，累计吸纳超 2000 名港澳青年学生。

2. 助抓创业机遇

举办亚洲青年领袖论坛、粤港澳大湾区青年高峰论坛，承办第九届"青创杯"港澳专项赛等活动，依托各青创基地举办各类政策宣讲会、辅导会等近 140 场次，为各青创基地聘任一批"首席服务官""政务服务官"，广泛组织开展创业指导交流活动。支持香港科大百万奖金（国际）创业大赛连续七年在南沙举办决赛，吸引参赛青创项目超 6000 个，累计 120 多个港澳项目入驻南沙。

3. 助推文化融合

发挥广东省粤港澳青少年交流促进会、广东政协港澳青年人文交流基地等平台作用，携手港澳方面举办多元文化音乐会、美食嘉年华、"青年说"公益对话、创新科技赋能环保视频大赛等各类青年喜闻乐见的创意活动，以青年文化融合吸引粤港澳青年汇聚南沙。

（三）增强关爱温度，凝聚青年人心

1. 解决后顾之忧

建立"安居补贴+人才公寓+共有产权房"人才安居保障体系，"港澳新青寓"投入使用，落地民心港人子弟学校、港式金牌全科门诊部等国际化公共服务机构，加快规划建设港式国际化社区，挂牌成立"湾区社保通"，率先开展跨境数据流通试点，逐步构建与港澳趋同的公共服务和社会保障体系。

2. 把稳思想之舵

积极引导港澳青年树立正确的国家意识，厚植爱国主义情怀。依托南沙鸦片战争遗址、星海故里等资源，组织开展港澳青年历史文化教育活动。支持港澳台侨青年自办自演多场庆祝香港回归祖国、庆祝澳门回归祖国、庆祝国庆等主题活动，线上同步展演吸引港澳两地青年广泛关注参与，共同唱响爱国爱港、爱国爱澳的湾区主旋律。

3. 送达关怀之情

重视做好港澳青年心理关怀工作，通过走访慰问、座谈交流等方式深入倾听港澳青年所思所虑，促成南沙区新的社会阶层人士在港澳青创基地设立"心理茶馆"。在传统节日之际，策划开展"创享粽夏"、中秋"邮"园、港澳年货市集等活动，大力支持参与粤港澳台青年春节晚会、元宵晚会等节目，通过"湾区团圆"公益行动帮助港澳青年家庭团圆过年，营造温馨和乐的融湾氛围。

二、实施成效

依托创享湾打造一个集规则衔接、资源对接、活动承接于一体的青年交流发展平台。由区委统战部牵头相关部门协力打造的创享湾，进驻了广州南沙粤港合作咨询委员会服务中心、粤港澳大湾区暨"一带一路"法律服务集聚区和6个港澳青创基地，落户了广东省粤港澳青少年交流促进会、广东政协港澳青年人文交流基地，规划建设了港澳青年五乐服务中心和民族文化展示中心，设立了新的社会阶层人士创新实践基地"心理茶馆"，集聚了粤港澳政产学研各界优质资源，多维度地为穗港澳青年开展交流交往和创新创业提供引导、服务、支持。

南沙区港澳青年工作得到上级和社会各界充分认可，日渐成为港澳青年认识内地、筑梦湾区、融入祖国发展大局的向往之地。全国政协副主席梁振英和省、市主要领导多次莅临指导南沙港澳青年工作，并给予充分肯定。国家、省、市各部门以及全国各地相关部门频频前来考察交流港澳青年工作，南沙区多次在上级会议中作经验交流，创享湾缤纷音乐节入选香港特区政府奖励计划。粤港澳社会各界人士纷至沓来，对粤港澳青年融合发展给予关注支持。央媒和大湾区各级各类媒体聚焦青年融合发展的"南沙案例"宣传报道数百篇，创享湾三度"上镜"中央广播电视总台特别报道，青春洋溢、开放活跃的南沙形象广泛传播，吸引越来越多的港澳青年通过南沙知穗来粤、融入国家发展大局。截至2023年7月，全区累计入驻近500个港澳台侨青创项目团队（企业），累计带动来南沙创业就业的粤港澳三地青年超4000人。

第十五章　带动区域发展能力提升发展典型案例

第一节　中国（广西）自由贸易试验区钦州港片区——构建面向 RCEP 的陆海联运新通道协同发展新路径

为解决西部陆海新通道中线运能接近饱和，以及华中和华北地区物流线路开拓不足等问题，中国（广西）自由贸易试验区钦州港片区抢抓 RCEP 实施机遇，争当广西"面朝大海、向海图强"的排头兵，充分发挥港口区位优势，坚持创新引领、合作共赢，通过优化陆路启运港退税试点服务、完善陆海新通道协同机制、开辟中部地区海铁联运班列、拓展和加密国际航线网络等，构建面向 RCEP 的西部陆海联运新通道协同发展新路径，促进陆海双向发力，推动出口货物向北部湾港集聚，加快推进北部湾国际枢纽港建设。

一、主要做法

（一）服务全国首个陆路启运港退税试点

深入开展全国首个陆路启运港退税试点政策出台的前期调研，在广西壮族自治区相关部门大力支持下，争取国家层面将钦州港等纳入离境港参与陆路启运港退税试点，引导外贸货物从陕西省西安国际港务区铁路场站（即启运港）通过铁路转关运输聚集到钦州港等特定港口或口岸（即离境港）离境出口，增强了西部陆海新通道货源集聚能力。同时，优化启运港经钦州港出口的货物查验措施，对接收到查验布控指令的，实行优先查验和快速放行，为陆路启运港退税试点落地创造良好条件，将西安打造成为北部湾港的"内陆喂给港"，推动连接陕甘宁等西北地区与 RCEP 等海外国家的货运新通道加速形成。

（二）完善西部陆海新通道跨省区协同机制

依托西部陆海新通道省部际联席会议和"13+2"省际协商合作机制，借助自贸试验区协同发展优势，推动钦州港片区与河南郑州、湖南长沙等自贸片区（经开区）形成战略合作关系，加强双方在货源组织、通关便利化、招商推介等方面的协同合作，汇集西部陆海新通道特色产品优势资源，挖掘中部省市对外开放合作潜能，促进华中地区借助西部陆海新通道快捷联通 RCEP 成员国等国际市场。积极争取广西壮族自治区发改委、财政厅、商务厅、北部湾办和南宁铁路局等部门支持，促成自治区发改委与河南省发改委共商豫桂海铁联运班列开行补贴政策。河北省发改委明确河北陆港建设集团有限公司代表河北省参与共建西部陆海新通道跨区域综合运营平台，并得到陆海新通道运营有限公司函复商确。湖南省也加快推动在钦州设立临海产业园（商贸物流基地）。

（三）开辟中部地区经钦州港海铁联运班列

钦州港片区紧抓中部地区与东盟经贸合作体量庞大的契机，积极推进多区域合作，开拓河南、河北、湖南等中部地区海铁联运班列，合力推动将湖南省怀化市列为西部陆海新通道省际联席会议成员，成功开行西部陆海新通道 RCEP 经北部湾港至河南漯河、河北石家庄等海铁联运班列，西部陆海新通道海铁联运班列运行范围首次拓展至中原和华北地区，着力参与推动构建全国统一大市场，促进跨区域物流、贸易和产业融合发展。

（四）创新提升国际门户港综合服务能力水平

完善国际门户港航运服务体系，建成投运北部湾航运服务中心，推动口岸联检部门、金融机构、船公司、船代公司、报关货代等单位企业入驻，吸引打造"一站式"航运服务模式。组建西部陆海新通道钦州门户港运营中心，引导港航物流产业链条重点企业以战略合作联盟方式，合力为客户提供高效率、低成本、一揽子、可预期的优质服务，共同促进高水平建设钦州国际门户港。加强与北部湾港其他港区、西部陆海新通道沿线省市港口、粤港澳大湾区港口、海南自贸港等协同联动，推动开行"两湾快线""洋浦快线"，深入拓展内外贸同船运输业务，推进"水水中转，互为干支"的航运服务模式创新落地。加强与各外贸集装箱船公司的联动协同，共同拓展钦州港至马来西亚等 RCEP 成员国的班轮航线，优化南美、南非等远洋国际航线运输布局，不断扩大海外"朋友圈"，着力构建西部陆海新通道重要枢纽港口。

二、实践效果

（一）启运港退税加速了货运组织和物流集聚

我国陆路启运港退税试点政策的实施，使得班列发出后可享受"即发即退"的退税政策，企业办税时间大幅缩减，由过去平均 1 个月减少至 2~3 天，进一步提升企业资金周转效率，推动西北地区外贸产业链和供应链畅通运转，提升中转至钦州港出口的集装箱量，促进航运、物流集聚，提升国际门户港的竞争力。陆路启运港退税试点政策的实施，有效避免因国内段运输等原因造成的退税等待，提升中小微企业资金的循环速度和回笼速度，"西部陆海新通道海铁联运班列+陆路启运港退税试点政策"叠加构建了新的物流运输通道，为企业提供稳定、安全、高效、便捷的运输服务。

（二）促进多方多层级跨区域开展协同合作

推动中国与马来西亚两国企业在马来西亚—中国（广西）投资论坛期间签订涉及中马"两国双园"的 11 个项目协议，其中包括广西钦州港和马来西亚关丹港打造西部陆海新通道物流重要节点合作、共建中马"两国双园"+国际陆海贸易新通道、中马国际物流园、马中关丹产业园冷链物流运营等跨境物流合作项目等。在第 19 届中国—东盟博览会期间，广西壮族自治区人民政府与河南省人民政府达成合作共识，广西北部湾国际港务集团与河南中豫国际港务集团、中国—马来西亚钦州产业园管理委员会与郑州经济技术开发区管理委员会分别签订战略合作框架协议，就共建西部陆海新通道、依托海铁联运对接RCEP国家等事项达成共识。同时，广西钦州市人民政府与河南漯河市人民政府、钦州港片区管委会与河南自贸试验区郑州片区管委会、湖南自贸试验区长沙片区雨花管委会在共建面向RCEP国家物流新通道等方面全面开展战略合作。

（三）西部陆海新通道中部拓展成效明显

成功开行西部陆海新通道RCEP—北部湾港—河南海铁联运双向班列、陆海新通道RCEP—北部湾港—河北海铁联运班列，湖南在怀化地区首开"怀化—钦州—越南"中越国际铁海联运班列，江西开出首趟西部陆海新通道"南昌—钦州—越南"专列。西部陆海新通道海铁联运班列运行范围首次拓展至中原和华北等地区，改变了以往通过公海联运模式走连云港、天津港等耗时长的弊端，构建了华中、华北地区与RCEP成员国之间新的贸易大通道。以河北为例，其出口至东盟的货物经铁路运输到钦州港再走海运，相较原有线路时间缩短7天左右，对中部省区企业开拓RCEP市场具有重要意义。截至2023年3月，西部陆海新通道海铁联运班列累计覆盖17省（区、市）60市115个站点。2022年，钦州港完成集装箱吞吐量541万标箱，在全球集装箱港口排名提升至第35位，进入全国沿海港口前10强；西部陆海新通道海铁联运班列2022年全年累计开行量突破8800列，同比增长44%，日均发车24列；钦州铁路集装箱中心站集装箱办理量增长28.7%，全年突破40万标箱、达40.8万标箱，办理量排名提升至全国第5位。

（四）海运服务网络与航线密度不断完善

2022年，钦州港新增JCV日本航线、新海丰集运CVX海防快线、太平集运TCV泰越快线等10条外贸航线，其中RCEP流向占8条。截至2023年7月，钦州港共有外贸集装箱航线42条（远洋航线6条），联通至马来西亚、新加坡、泰国等RCEP国家港口的航线30多条，实现了东盟主要港口全覆盖。外贸航线可直达东南亚、东北亚、印度、南非、巴西、加拿大、美西北以及太平洋岛国等地区，有效提升了西部陆海新通道的国际联通性。

第二节 中国（山东）自由贸易试验区济南片区——东部自贸试验区服务西部产业发展新模式

习近平总书记对深化东西部协作和定点帮扶工作作出重要指示时强调，要完善东西部结对帮扶关系，拓展帮扶领域，健全帮扶机制，优化帮扶方式，加强产业合作、资源互补、劳务对接、人才交流，动员全社会参与，形成区域协调发展、协同发展、共同发展的良好局面。为深入贯彻落实习近平总书记关于深化东西部协作的重要指示精神，充分发挥自贸试验区改革开放"试验田"作用，更大发挥中国（山东）自由贸易试验区济南片区（以下简称"济南片区"）开放通道、资源要素、产业集聚优势，共同服务黄河流域生态保护和高质量发展，济南片区围绕文化"出海"、中医中药、文旅融合、跨境电商等重点领域，通过延伸服务链、拓展价值链、提升销售链，服务甘肃省临夏回族自治州产业发展，有力探索自贸赋能东西部协作的新路径，打造东部自贸试验区带动西部地区发展的示范样板。

一、主要做法

（一）以品牌化和本土化延伸服务链，推动文化协同"出海"

为改变西部地区特色文化产品价值不高、出口渠道不畅等问题，济临两地搭建东西协作服务模式，依托济南片区海外渠道优势，以及临夏州特色文化资源，推广济南片区创意设计、品牌孵化、海外推广、人才引育等文化"出海"全服务链条，联合打造两地元素互融的黄河流域文化品牌系列产品，协同融入"黄河流域生态保护和高质量发展"等国家战略和"一带一路"倡议，发挥双方特色文化资源优势，推动沿黄河流域要素资源整合和产业链协同培育；设立济南片区国家文化出口基地黄河文明探源（临夏）研究中心、出口商品集结中心，以及临夏州博物馆展示中心，推动优秀文化产品"走出去"，打造集文化IP提取、数字贸易、品牌孵化、海外推广为一体的文化贸易全链条服务模式。

（二）以数字化和标准化拓展价值链，推进特色中医药发展

高效整合临夏地区中药材供应链资源，联合龙头企业，推广"产地仓+交易分中心"模式，引入道地药材全产业链数字化管理云平台，在平台设立"临夏专区"，开展道地药材产区建设试点，吸引本地种植企业（合作社）、道地产品、中药饮片企业在平台注册并展示，打造集标准化种植、就地采收、加工仓储、产地发货为一体的产地直供体系，解决临夏州中药材品质不稳定、价格波动大等问题，提升中药材产业规模和效益。推动中医药全产业数字化发展，探索引入山东互联网中药（材）交易平台"公司+基地+合作社+农户"产业化运营体系和道地药材全产业链数字化管理云平台，促进临夏州、武隆区中药材种植全产业链现代化、标准化、品牌化，实现中药材资源高效整合，提升产业规模和效益，培育具有地方特色和竞争力的中药文化品牌。

（三）以特色化和项目化提升销售链，加强产业深度合作

构建"跨境电商+特色产业"合作模式，发挥济南片区跨境电商龙头企业供应链生态服务平台优势，以及临夏州畜牧业、武隆区山羊产业、特色农产品优势，联动仓储、物流、平台、人才等要素，开展跨境电商人才培养和孵化，共建临夏州数字经济出海中心，深化"一带一路"经贸合作。打造"文创+旅游"融合发展模式。利用互联网、大数据等数字化方式，结合两地资源禀赋和产业基础，推动济南片区文创人才、技术、市场优势与临夏州、武隆区特色文化旅游资源有效联结，以非遗工坊为依托，以非遗特色产品为切入口，扩展"文创+旅游"市场空间，创建特色文旅融合品牌。与阿里国际等跨境服务商合作建设 MCN 直播中心，开展多语种互动直播，共享全球 14 个海外仓，解决中小文化企业海外推广渠道不畅的问题，带动西部地区优秀文化产品"走出去"。

（四）以专业化和实用化搭建人才链，推动人才交流互动

深化"组团式"人才帮扶。在人才互动、人才培训等方面持续发力，开展跨境电商人才培养。鼓励济南片区互信集团、贝壳视频等龙头企业与临夏

州、武隆区企业开展合作，开展跨境电商实用人才培训，打造"人才+项目""人才+产业"培养模式。探索设立东西协作自贸人才培训计划。采取"企业+职业院校"联合培养模式，依托临夏州、武隆区相关职业院校及重点企业开展专业人才培养，开展 MCN 直播培训，全面推进东西部协作向纵深发展，为东西协作提供坚强有力的人才支撑和智力保障。

二、实践效果

（一）协作领域不断拓展

通过搭建东西部协作和产业合作机制，推进文化"出海"、中药材交易、跨境电商、文旅融合、人才孵化等重点领域合作，通过组织项目对接会、政策推介会等形式推动双方企业交流对接，先后促成济南片区与临夏州商务局、临夏经济开发区、东乡区人民政府签订 3 项合作协议，文化尚品、互信集团等行业龙头企业已与临夏州达成合作，推进文化 IP 联合研发，提取和转化文化 IP 1300 余个，带动 100 余家西部企业首次实现文化"出海"。

（二）协作平台持续增效

针对临夏州产品价值不高、销售渠道狭窄等问题，通过"跨境电商+特色产业"合作模式，推进跨境电商人才培养与孵化，助力特色产业深度对接，开展跨境电商人才培训 1000 人次，培育元素互融黄河流域文化品牌 260 余个，展示商品 4000 余个，打造集文化 IP 提取、品牌孵化、海外推广、中医中药为一体的东西产业协作全链条服务模式，共享济南片区全球 14 个文化中心海外渠道。

（三）协作模式创新赋能

依托济南片区制度创新优势，结合临夏州特色资源布局，依托产业链"补链—延链—强链"，实现临夏州中药材供应链资源高效整合，与 30 家中药材种植合作社精准对接。依托跨境电商孵化基地，共建临夏数字经济出海中心 1000 平方米，扩展"文创+旅游"市场空间，创建特色文旅融合品牌 30 余个，推进协作双方特色产业协同发展。

第十六章　产业特色与质量提升发展典型案例

第一节　中国（广西）自由贸易试验区南宁片区——糖业数字化智慧发展模式

我国是全球第三大食糖消费地，食糖是事关民生的战略物资，由于我国食糖产需缺口较大，糖业存在进口依存度高、定价权缺失的问题。广西作为我国第一大产糖省区，面临着糖业数字化水平不高、中小规模糖企生产方式传统、制糖业综合开发程度较低等问题，导致广西糖业"大而不强"，同时，本地产销供需信息不通也导致糖价波动较大，蔗农收益不稳定。为进一步壮大广西蔗糖支柱产业，推动糖业智慧化提档升级，在广西壮族自治区人民政府统一部署下，广西壮族自治区糖业发展办公室、中国（广西）自由贸易试验区南宁片区等部门共同牵头，在全国率先以"政府+国资+民企"合作的方式，协同广西十大糖企与国资平台建立糖业全产业链平台公司，同时依托国资平台打造了广西第一朵"糖业云"，通过产业数字化赋能糖业全产业链发展。由政府牵头设立糖业数字化平台，解决了中小企业数字化转型难、成本高的问题，进一步推动广西壮族自治区糖产业链的农工贸一体化运营，提升了生产效率与监管效能。

一、主要做法

在各级政府与南宁片区管委会支持下，广西十大糖业集团和中国—东盟信息港股份有限公司共同出资组建了广西泛糖科技有限公司，着力构建糖业数字化基础设施、开放共享的数字赋能工具、智慧糖业的业务与数据中台。同时，广西糖业发展办从系统规划、顶层设计抓起，委托数字广西集团旗下广西数广全网融合科技有限公司承建广西第一朵"产业云"——广西糖业大数据云平台（"糖业云"）。

通过"政府+国资+民企"合作的方式，广西建立起了涵盖前端生产购销、中端储运融资以及后端多层次交易体系的糖业全产业链综合服务平台，为广西糖业生产加工、经营管理和销售服务提供信息化数字化解决方案，同时依托糖业"数字大脑"提高对产业供需的预测、服务、监管和调控能力。

（一）数字化订单平台赋能前端糖料蔗购销

《广西壮族自治区人民政府关于深化体制机制改革加快糖业高质量发展的意见》中提出完善糖料蔗市场购销机制，推行订单农业。泛糖科技积极响应文件精神，在广西糖业发展办公室指导下，将传统制糖产业与互联网相融合，为广西糖业发展办与11个地市糖业主管部门搭建订单农业服务平台，对糖料蔗购销市场实施规范化订单农业管理，解决糖料蔗线下签约效率较低、纸质购销合同难以统计查询等问题。

订单农业服务平台主要服务于糖企、糖厂、蔗农和政府机构，设有订单合同签订、地块采集、统一结算、蔗农电商等功能模块。糖厂与蔗农可在线上签订合同，明确糖料蔗价格、收购范围，同时保障糖厂供应与农民收益。合同签订后可进行一键备案，降低订单备案人力成本，并通过大数据提高风险预警能力。此外，蔗农能够在订单农业服务平台进行粮种补贴申报，糖业主管部门在线审核后进行补贴发放与公示。

（二）供应链服务保障中端储运融资

1. 智慧化仓储物流提高运营效率

泛糖科技智慧仓储平台以溯源系统和销售中台、智能仓库管理系统为基础，对各环节流程实施货品监控及仓单实时跟踪，实现在库及发运数据实时在线化，提高仓库监管效率；智慧物流平台融合糖物流产业链上下游全环节，提供相关物流需求、代发运、车辆和司机调度等业务。

2. 供应链金融塑造产融新生态

中国人民银行南宁中心支行、广西壮族自治区糖业发展办公室联合印发《关于金融服务广西糖业全产业链发展的若干措施》，提出大力构建和利用泛糖交易平台，开展糖业产业链存货质押、仓单质押、保税仓等增值服务。泛糖科技率先开展金融监管认证仓服务体系建设，将主产区食糖主要仓库纳入平台的仓储物流管理体系中，打造基于物联网技术的电子仓单融资体系，为糖企、贸易商和白糖终端客户提供电子现货仓单交易与质押融资服务，促进广西糖业竞争力提升。

除仓单融资外，泛糖科技积极对接相关金融机构，打造蔗款兑付融资、生产服务预付款融资和现货质押融资等融资产品。同时，通过建设蔗农诚信评级系统与糖企诚信评级系统，降低金融机构面向蔗农与糖企的金融资产违约风险。

（三）交易平台推动构建后端多层次市场

一方面，为解决传统的白糖线下交易存在的价格信息不透明、交易效率低下等弊端，泛糖科技推出"泛糖现货交易平台"，推动了全国食糖贸易与"互联网+"融合，通过线上多种交易模式满足客户不同的采购需求，同时配套物流与金融服务，在提高交易效率的同时降低成本。另一方面，泛糖科技作为郑州商品交易所白糖期货服务实体经济"产业基地"，不断探索白糖期货及衍生品市场、现货交易平台以及传统贸易市场"期现结合"多层次协同发展。

为响应广西壮族自治区政府《开展期现结合服务广西大宗商品交易市场建设实施方案》的要求，广西壮族自治区地方金融监督管理局、广西壮族自治区糖业发展办公室及泛糖科技与郑商所深化合作，上线"白糖基差贸易泛糖专区"，助力企业利用期货市场及现货交易平台进行价格风险管理，提升食糖流通效率。

（四）"糖业云"深化区域产数融合

广西壮族自治区政府相继发布了《广西糖业发展"十四五"规划》等行

动计划和相关政策，着力以新经济、新模式构建智慧蔗区，推动制糖等广西传统优势产业发展智能制造，同时加快大数据、物联网等新一代信息技术的深度集成应用。面对全区糖业信息化程度低、数据孤岛等诸多难点、堵点问题，广西糖业大数据云平台与广西政务一体化平台等数据系统对接，汇集人口、土地、税务、工商、气象、地理等产业数据，形成"2平台、1中心、1门户、1App、N个系统"的产业服务体系，为蔗农提供耕种砍收、智能化调度运输、糖蔗资源需求对接、数据监控订单履约等服务。

此外，"糖业云"采集气象、财政、地信中心、农机中心等涉糖委办局数据以及76县区良种补贴数据，梳理数据资源目录130多个，制定了网络通信、信息安全、信息资源和应用系统等《广西糖业数据交换标准》。通过构建糖业"数字大脑"——数据中台，"糖业云"能够输出蔗源监控、地块与品种交叉监控、蔗农流失监控、合同履约监控、砍蔗周期分析、糖厂成本监控、糖厂估产等7个业务场景数据分析报告，为政府、糖企提供决策依据，提升政府监管能力和实现糖企降本增效。

（五）智慧糖业3.0助推数字化转型升级

泛糖科技"智慧糖业3.0"聚焦食糖产业农业端的数字化转型升级，为甘蔗代管代收、全程托管等社会化服务的推广提供强大的平台支撑。"数字蔗田"平台是泛糖科技智慧糖业3.0的核心载体，该平台在完善数字化系统建设的同时，以甘蔗种植所需的社会化服务为切口，整合国内优质农资、农服企业资源，构建专业化服务、社会化分工、标准化流程、企业化运营、平台化赋能的农业社会化服务体系。甘蔗规模化种植户通过智慧糖业3.0平台电脑端或者App获得从种植前规划到收获全生育期的一整套智能种植决策，包括最优的种植方案、农事及进度管理、农资及设备管理、遥感监测服务、灾害预测预警等服务，从管理、技术业务等层面为耕种管收全环节提供全方位指导和跟踪管控。种植生产全环节管控，投入产出一目了然，全生育期信息线上化和数字化，这些为产业金融服务的引入奠定了良好的基础，银行等金融机构可以根据业务场景设计出多种金融服务方案，满足种蔗大户的资金需求。

二、实践效果

(一) 糖业综合效益提升，产业链向高价值端延伸

通过政府引导、市场主导的糖料蔗订单农业改革，全区蔗款兑付明显加快。蔗糖精深加工取得新成效，近 20 个产品实现了产业化生产。制糖副产品逐步向高值化利用转化，广西已成为全国酵母及提取物、绿色高档餐具的重要生产基地，糖业新经济增长点逐步形成。截至 2023 年 7 月，泛糖科技已累计为糖业实现了近 3 亿元的降本增收，带动了一大批糖产业链中小微企业共同发展，成效显著。

(二) 多层次市场体系构建，助推打造食糖流通新格局

泛糖科技在郑商所综合业务平台开设的白糖基差贸易专区，自 2021 年 12 月 27 日开设至 2023 年 4 月以来，累计成交 4.06 万吨，成交金额 2.36 亿元，参与专区的客户已覆盖广西、上海、北京、广东、福建、河南等 6 个省份，初步形成期现融合的白糖市场体系。

(三) 数字化转型升级赋能，助力蔗民稳产增收

泛糖科技"智慧糖业 3.0"紧跟 2023 年中央一号文件提出的"实施农业社会化服务促进行动，大力发展代耕代种、代管代收、全程托管等社会化服务"的指示精神，聚焦食糖产业农业端的数字化转型升级，实现订单合同管理系统、地块管理系统、种植管理平台、种苗溯源系统等数字化平台的链通，通过甘蔗代管代收、全程托管等社会化服务的推广，实现帮助农民种好甘蔗、农民种蔗稳产增收的目标。2023 年 3 月，泛糖科技在南宁横州市建设的 1000 亩"智慧蔗田"示范实验基地正式开工。该基地由广西金穗农业集团有限公司提供全程托管服务，使用泛糖科技"数字蔗田"种植管理系统进行田间数字化管理，引入银行机构的产业金融扶持，合作开启甘蔗种植业向"种植托管+数字农服+金融科技"的模式探索实践。

第二节　中国（云南）自由贸易试验区红河片区——跨境农副产品和食品"第三方"溯源体系

建立第三方溯源体系对拟进口的农副产品和食品进行检验检疫和溯源管理，以追溯码为信息载体，实现货物来源可追溯、流向可跟踪，责任可追究，确保进口农副产品和食品质量安全可控。毗邻国家与我国在农副产品和食品方面贸易往来密切，但由于毗邻国家生产管理较为落后，出口至中国的农副产品和食品存在农残超标、微生物污染及携带有害生物的风险。为保证鲜活农副产品进口安全可控，中国云南自由贸易试验区红河片区（以下简称红河片区）通过建立第三方溯源体系对拟进口的农副产品和食品进行检验检疫和溯源管理，以追溯码为信息载体，实现了货物来源可追溯、流向可跟踪、责任可追究，确保进口农副产品和食品质量安全可控。

一、主要做法

（一）建立溯源信息平台

中检公司建立第三方溯源信息平台，将进口农副产品和食品的产地信息、生产商信息、物流运输信息录入溯源信息平台，终端消费者和市场监管部门可以通过手机扫码的方式快速查询货物的生产运输、检测报告等。

（二）前置进口商品检验检疫流程

由中检公司派检验及技术人员赴毗邻国家对果园内果实、枝、叶和加工厂内原料以及待进口货物进行随机取样，带回国后经国内检验检疫机构对样品进行植物检疫、农残及微生物等检测，并录入溯源平台。

（三）装运全流程监管

对拟进口货物进行监装和监贴溯源标签，并在中检溯源信息平台同步录入货物产地信息、生产商信息、物流运输信息，在货物运抵河口口岸前将溯源标签激活。

（四）加强对外政策宣讲

向毗邻国家果农、加工厂负责人及出口商，宣讲中国关于农副产品和食品进口检验检疫的相关要求，以及海关政策法规，在提升农副产品和食品检验检疫合格率的同时让出口商了解我国相关法律法规，少走弯路。

二、实践效果

（一）确保食品及农副产品质量安全

通过赴毗邻国家实地随机采集样本，确保样本客观性，并由国内有资质的检验检疫机构对样本进行检测，全流程监贴溯源标签，确保进口货物的质量安全。

（二）精准溯源产品信息，实现来源可查

终端消费者可通过扫描二维码在第三方检验平台了解货物产地、生产商、物流等信息，确保终端消费者享受透明消费和安全消费。

（三）全流程监管，实现流向可追、责任可究

溯源码实现了对问题产品的全流程监管，便于发生安全事故时对责任主体的追责，以及问题产品的召回，解决了进口农副产品和食品跨境长途运输及层层批发分销过程中产品分散、责任不清等问题。

（四）提升企业宣传效果

进口企业可以将产品和企业宣传信息录入溯源码中，当终端消费者扫描溯源码时即可浏览相关产品和企业的宣传信息，对企业和产品起到积极的宣传作用，有助于提升其产品的市场占有率。

第十七章　要素聚集能力提升发展典型案例

第一节　中国（安徽）自由贸易试验区芜湖片区
——芜湖港智慧港口建设新模式

芜湖港，作为中国内河主枢纽港之一、国家一类口岸、安徽省唯一的港口型国家物流枢纽，积极探索信息技术与业务融合的智慧港口建设新模式。依托于芜湖港朱家桥外贸综合物流园区一期项目码头工程，通过 5G、云计算、物联网等现代信息技术的加持，建设智能无人道口、智慧集装箱堆场、生产智慧调度等智慧服务功能，推进港口向智能调度、智能操作、智慧交通迈进，并通过试点项目的建设运营，形成可复制可推广的一套内河智慧港口建设经验，带动全省乃至全国内河港口智慧化水平的提升。

一、主要做法

（一）打造"5G+"智慧港口创新应用

基于芜湖港集装箱和煤炭生产区域，融合 5G 通信技术、设备远控技术、自动化控制技术等，开展 5G 应用场景建设。建设支持高带宽、高可靠、低时延、海量连接的 5G 网络，实现朱家桥码头 5G 全覆盖。全国首次落地 C-IWF 信令互通网关。引入 MEC 边缘计算技术保障港口数据安全、降低通信时延，打造芜湖港 5G 专网，并在此基础上广泛开展 5G 创新应用，提升了芜湖港自动化、信息化、智能化水平，打造"绿色、环保、高效"的智慧港口，为港口解决好自动化设备的通信问题提供了全新方案。

（二）建成长江上第一座"集装箱无人智能堆场"

综合采用物联网、大数据、5G 通信等现代信息技术，构建设备智能远程控制、智能无人闸口等智慧服务功能，实现港区"物流自动化、服务便捷化、管理高效化"。设备智能远程控制功能可实现场桥设备自动行走、智能寻箱、自动取送，最大限度减少人工参与。集卡车进入闸口，司机扫码进入，车号、箱号等相关信息会被录入数据系统，自动分配位置，集卡车到指定场桥停泊，场桥自动识别、自动执行作业，实现场桥终端、智慧堆场无人场桥、集卡终端、皮带秤集中控制等场景应用。

（三）开展内河港口集装箱区块链 DO 模式应用

加快推进港口集装箱业务单证电子化进程，在集装箱单证无纸化平台基础上，探索开展内河港口集装箱区块链 DO（Delivery Order 提货单）模式，率先在全国内河港口中实现了区块链无纸化进口放货，打破了以往客户在芜湖港完成进口业务流程需在船务公司、港口及其他相关单位之间往返多次的困境。该模式基于区块链技术实现了货主、船公司和码头间的资源共享、信息互通，提供数字化、无接触进口提货方案，客户几乎足不出户，即可在网上一键完成所有进口换单操作。

（四）建成新型港口无人道口

建设新型港口无人道口，通过道口联网与远程控制系统，包括车辆号牌的识别、集装箱箱号识别、RFID 电子标签阅读器、路障系统、电子地磅自动称重、声光报警、LCD/LED 显示屏、电子栏杆等先进技术，实现道口智能远程控制、无人值守等功能，提供车辆、货物的联网管理、风险分析等服务，极大地提高了道口通行效率。

二、实践效果

（一）显著提升物流效率

芜湖港智慧港口新模式优化了进口集装箱运输业务模式，降低了物流企业通关成本，提升了水路运输服务水平。相比传统的人工场桥，单机作业效率整体提升 50%。行走速度提高 122%，小车行走速度提高 33%，起升速度提高 66%。实现集卡扫描进港，通过时间控制在 1 分钟内，最短可实现 5 秒过闸，通行效率提高 75% 以上。

（二）大幅降低物流成本

原来一座场桥需要配备 3 名作业司机，8 座桥需要 24 名司机。通过人机分离，设备操作模式由"一对一"转变为"一对多"，8 台远控场桥三班作业现最多只需 9 名操作人员，人力资源投入减少 67%，综合人工成本每年节约 200 余万元，且有效降低了安全风险和职工劳动强度。

（三）有效防控交易风险

基于区块链技术，与物联网、云计算结合，可以对商品运输交易的整个过程实时查看数据信息，进行追溯、监控，大幅减少可疑交易，降低监管成本，促进市场透明化和监管的便捷性，降低交易过程风险，规范市场发展。截至 2022 年 10 月末，EIR 平台注册各类船、货代、运输公司客户量 120 余家，注册集卡车辆 1000 余辆。累计完成电子设备交接单 90 万余箱。收到电子装箱单 20 万余份；通过区块链平台接收和办理进口箱放行近 2000 自然箱。放货提箱过程安全便捷，未发生任何错提、延误等问题。

第二节 中国（云南）自由贸易试验区德宏片区——以跨境物流信息平台创新跨境甩挂直达运输模式

为主动服务"一带一路"发展，支持中国企业面向东南亚市场发展，打通跨境直达运输物流通道，解决信息化程度低、物流信息不对称等导致的跨境运输时间长、成本高、口岸通关效率低等问题，德宏片区基于"互联网+现代物流"，搭建"中缅跨境物流信息大数据中心"，创新两国牌照跨境挂车直达运输模式，以"智慧跨境物流枢纽"项目提供线上线下、全链条系统性解决跨境物流方案。

一、主要做法

（一）支持企业搭建物流数据平台

一是与跨境物流龙头企业共同探索数据中心搭建，积极寻找项目资金，支持企业在德宏片区和毗邻国家分别建立"跨境物流信息大数据中心"，利用云计算、人工智能对中外车辆和货源信息进行匹配。二是运用北斗、GPS 双模块智能监视系统全程监管运输路线，实时监控。

（二）联合双边有关部门打通跨境运输链条

一是积极与外方相关管理部门对话沟通，争取其发文批复同意一站式供应链智能管理服务系统在木姐 105 码、曼德勒、仰光试行。二是协调德宏片区税务等部门，优化跨境运输征税环节。三是配合外方海关系统，融合平台与清关系统，提前传输过关车辆及货物数量信息。

（三）设立双边运输节点公共挂车池

调查掌握跨境物流运输特点，明确重要运输节点，在重要节点城市设立公共挂车池，实现两国牌照挂车直达运输。依托"跨境物流信息大数据中心"，自动匹配运输车辆与货物，挂货运输车辆入池前完成挂车装货，运输车辆入池后即由牵引车卸挂，再次加挂货物。

二、实施效果

（一）实现物流信息智能匹配，空驶率降低

通过自动匹配、合理调度运输车辆与货物，公共挂车池牵引车卸货挂板即走得以实现，等待时长及空车返回减少。运输时间从以往昆明—仰光 6~7 天、昆明—曼德勒 4~5 天分别压缩至 4~5 天、1~3 天，平均减少 2~3 天。运转率得到提升，运输周期进一步缩短。

（二）实现跨境直达运输，货损率降低

打破传统对拨换装模式，避免卸货、装车的货物损耗和人工费用支出，每车节约搬运费用 600 元以上，大型设备运输可避免 1 万~5 万元装卸费（装卸费视运输物资品种类别而定），节省搬运时间 6 小时以上，货损率降低 50%。

（三）实现预控报关，通关效率及安全性提升

应用"跨境物流信息大数据平台"与自主开发的外方海关清关系统的融合方案，提前预知过关车辆及货物数量，实现预控报关，木姐 105 码的通关速度得到提高，排队抽签时间减少 4~6 小时。通过整合对接各类交易信息及身份信息，全程监控运输路线及车辆，有效控制、打击了走私行为，货物运输安全得到保障。

第十八章 营商环境水平提升发展典型案例

第一节 中国（重庆）自由贸易试验区——"一带一路"全链条涉外法律服务模式①

中国（重庆）自由贸易试验区渝中板块充分发挥自贸试验区鼓励中外律师事务所合作联营政策优势，支持段和段律师事务所联动其境外分支机构，创新"中国律师主导+外国法律顾问辅助"的"陪、跟、护"全链条涉外法律服务模式，探索突破投资东道国原有司法制度和程序，落地乌兹别克斯坦首例以采矿权进行增资的海外投资项目，突破了乌兹别克斯坦采矿权利人无权以其作为注册资本对外出资的原有司法实践，成为全国首例为中资企业投资乌兹别克斯坦采矿权提供直接涉外法律服务的创新案例。

一、主要做法

（一）为中资企业涉外经营提供全链条、集成式服务

支持段和段律师事务所发挥自贸试验区允许聘请外籍律师担任外国法律

---

① 该案例来源于前海创新研究院 QIIR，自贸试验区制度创新案例，2023－1－10，https://mp. weixin.qq.com/s?_ _ biz＝MzAwMzU4NDI5Mg＝＝&mid＝2650758593&idx＝1&sn＝1b0ec640c568ff4c926263 281f37df4f&chksm＝8333058ab4448c9cc7b2a8c82d78f0b88a6424c454cabf5ed6c36a6637eeb5438b99c9c1cc54 &scene＝178&cur_ album_ id＝2565618693247107075#rd.

顾问试点政策优势，打破国内律所因缺乏高素质涉外法律人才及在国际法律服务市场上竞争力较弱，较难为中资企业境外本地化运营提供高质量涉外法律服务困境。突破既往国内律所项目交易结束即停止参与模式，深入 H 公司境外生产经营全过程，为企业在乌兹别克斯坦本地化运营提供跨境投资并购、知识产权保护、海外投资法律风险防范等"陪、跟、护"全链条、集成式涉外法律服务，护航"走出去"企业境外设立、投产、经营全过程。

（二）建立"中国律师主导+外国法律顾问辅助"服务模式

鼓励段和段律师事务所在"一带一路"共建国家和地区设立境外分支机构，支持其联动乌兹别克斯坦分支机构——段和段中亚业务中心，突破国内律所在涉外项目中较常采取的转委托方式，组建"中国涉外律师+外国法律顾问"内外联动的专项法律服务工作组。由专长涉外法律服务的中国律师和乌兹别克斯坦外国法律顾问组成，并由中国律师统筹指导外国法律顾问开展服务，解决中资企业在海外投资过程中需同时面对国内及投资东道国律师不同意见的困扰，减少企业沟通成本。

（三）探索突破投资东道国原有相关司法制度和程序

在原有司法制度和程序中，乌兹别克斯坦矿业主管部门、税务部门和法律届人士普遍认为矿产资源为国家所有，采矿权利人无权以其作为注册资本对外出资。对于如何合法将采矿权作为注册资本对外出资鲜有先例可循。段和段律师事务所通过细致研究、全面分析乌兹别克斯坦《公司法》《矿产资源法》《税法典》《会计准则》等法律法规，多次与乌兹别克斯坦矿业、税务、工商等行业主管部门沟通协调，争取其采用关于采矿权为使用权的相关认定，打通采矿权增资从理论到实践的壁垒。

（四）创新"国内国外双循环"的涉外法律人才培养方式

加快吸纳熟悉"一带一路"共建国家和地区相关法律法规及在国际经贸合作、海外投资保护、跨境投资等特定领域具有丰富实践经验的专业涉外法律人才，针对性采用"内外双循环"方式进行涉外法律人才培养。即，在国内积极储备"一带一路"共建国家和地区小语种法律人才，重点培养司法部千名涉外律师、重庆涉外法律领军人才；在投资东道国，通过其境外分支机构直接聘请本国律师担任外国法律顾问，并由国内律师就中资企业合规经营需求、实际服务需求等对其开展针对性培训，提高其提供的东道国本国法律服务的实际可行性。

二、实践效果

（一）打造了扩大开放的司法实践样本

该涉外法律服务模式是乌兹别克斯坦首例以采矿权进行增资的项目，也是首例中资企业在乌兹别克斯坦实现以采矿权增资的海外投资项目，突破了乌兹别克斯坦原有司法实践，为后续中资企业"一带一路"共建国家和地区开展采矿权投资提供了新的范例。

（二）提升了中资企业海外投资运营效益

该涉外法律服务模式为 H 公司带来了 2.5 亿美元投资收益，进一步影响了乌兹别克斯坦整个采矿权市场，带动了中资企业赴乌兹别克斯坦等"一带一路"共建国家和地区开展项目投资，助力形成"内外双循环"的良性互动。

（三）推动了制造业与服务业联动创新

该涉外法律服务模式充分发挥了国内律所"走出去"优势，通过国内律师全过程参与，深入了解制造业企业海外投资需求，解决了企业涉外投资经营采矿权增资难题，促进了法律服务行业与矿业行业的跨行业联动。

第二节　中国（黑龙江）自由贸易试验区哈尔滨片区——企业许可"无感续证"主动办理

中国（黑龙江）自由贸易试验区哈尔滨片区（以下简称"哈尔滨片区"）以优化企业感受度为出发点，在全国率先开启了"无感"审批新模式。以过程可控、风险可控为原则，以数据共享、提前预警为基础，由审批部门主动通知企业可通过"无感续证"方式办理许可延续。企业可通过智能辅助或人工辅导完成许可延续，无须"主动询问、反复填报、来回跑腿"，让企业群众在"无感"中体验政府"有感"服务。

一、主要做法

（一）自动研判，主动服务

哈尔滨片区建立信息数据库，明确办理"无感续证"条件，系统自动筛选在前序许可证有效期内无违法行为、信用良好、许可条件未发生变化，且在国家和省级质量安全历次监测中未发现问题的企业，变"被动等申请"为"主动送服务"。审批部门主动告知企业可通过"无感续证"方式办理许可延续，让企业实现许可延续全流程"无感"体验，有效适应疫情防控常态化形势下"零接触"办事需求。

（二）系统填单，无感续证

选择"无感续证"方式的企业，由相关信息系统获取企业信息，智能化填充表单并向企业推送。企业确认共性信息、勾选个性化或差异化信息，并作出履行主体责任承诺后，"无须主动询问""无须人工填报""无须来回跑腿"，审批部门按照流程完成审批发放新许可证。在许可证延续后20个工作日内企业将原过期许可证、信息确认书返回审批部门。"无感续证"彻底改变了原有审批模式，使企业在"无感"体验中即可完成许可证延续。

（三）信用共享，严格监管

以信用承诺制为基础构建"极简审批和事后监管"模式，企业确认"无感续证"的同时，做出符合条件承诺，其确认书和承诺内容同步共享至行业监管部门。企业若未在续证后20个工作日内返回原过期许可证和信息确认材料的，将撤销其延续许可。严格证后监管建立"权益黑名单"，对需要重新审核的许可事项，监管部门将于2个月内对享受"无感续证"的企业进行现场检查，对不符合条件的企业责令整改，对拒不整改或整改后仍不具备生产经营条件的撤销其延续许可。监管结果直接与企业的信用记录挂钩，如申请企业连续两个年度均触发撤证处罚措施的，其申请主体将被纳入本事项权益黑名单，并将该企业失信信息纳入信用记录，在未来 5 年无法享受"无感续证"和信用承诺制。

二、实践效果

（一）真正打通服务企业的"最后一公里"

"无感续证"模式创造性地转变了传统政务服务的方式，变被动为主动，实现企业许可延续"零咨询、零材料、零跑腿"。自 2021 年 8 月以来，哈尔滨片区先后选取了娱乐经营许可、食品经营许可（机关企事业单位食堂）等事项纳入"无感续证"试运行范围，哈尔滨市松北区唐会棒棒糖量贩式歌厅、哈尔滨中央红小月亮超市有限责任公司松浦分公司和世纪花园分公司等 10 余家企业成为首批享受该政策的企业。

（二）大数据运用企业获得感明显

运用大数据系统自动导出许可有效期限、筛选出符合"无感续证"条件的企业名单、帮助完成许可证信息填充等工作，节约了企业办事成本、提高了政府服务效能。特别是新冠疫情期间，"无感续证"变被动申请为主动服务的审批模式，为企业快速恢复生产提供了有力支撑。目前，该项改革惠及片区内大型商超、音乐厅、企业事业单位食堂等近 180 家企事业单位。

（三）审批监管服务效能有效提升

"无感续证"模式通过数据共享、提前预警、智能辅助、告知承诺和现场检查等方式，弱化了企业生命运行中政府的主导地位，将诚实守信、依法经营的企业纳入"无感续证"的适用范围，让企业真正享受改革创新的政策红利。同时，以企业信用承诺、"权益黑名单"和严格事中事后监管模式，进一步规范企业的日常经营行为，推动企业自愿履行承诺、合法经营，争做守信践诺的改革试验者，营造更加公开透明、风险可预期的良好营商环境。